中国化する日本

日中「文明の衝突」一千年史

與《よ》那《な》覇《は》潤《じゅん》

文藝春秋

中国化する日本——日中「文明の衝突」一千年史◉もくじ

第3章　ぼくたちの好きな江戸——戦国時代が作る徳川日本（17世紀）

第7章　近世の衝突――中国に負けた帝国日本　189

第8章　続きすぎた江戸時代――栄光と挫折の戦後日本　211

第10章　今度こそ「中国化」する日本――未来のシナリオ

装丁　中川真吾
DTP　浅間芳朗

はじめに　新たな歴史観としての「中国化」

変わってゆく日本、変えてゆく歴史認識

いま、私たちの生きるこの国は、歴史の大きな転換点に立っています。

今日このように書き始めると、多くの読者は２０１１年3月11日のあの東日本大震災を想起するでしょう。もしくは震災に伴って発生した福島第一原発《げんぱつ》事故の衝撃に際して、しばしば「近代科学の限界」が口にされたことを思い出すかもしれません。

――しかし、ちょっと待ってください。私自身も今回の未曾有《みぞう》の災害は、日本という国の大きなターニング・ポイントになるだろうとは思います。ですが、それはあの悲惨な地震さえ起きなければ、日本社会は平穏無事で万々歳だった、ということを意味するものではないはずです。私はむしろ、「２０１０年代」を迎える前後から1～2年間をかけて、「日本社会の終わり」が徐々に明らかになりつつあったのであり、「3・11」はそのことをあからさまにする、**最後の一撃**となったに過ぎない、と考えています。

思い出してください。誰しも記憶を辿《たど》れば、この期間によい方向にであれ悪い方向にであれ、

「歴史が変わった」と感じられる瞬間が、何度もあったことを覚えているはずです。

２００９年夏の衆議院選挙で実現した「史上初の本格的な政権交代」は、少なくとも当時はポジティヴな意味で、日本史の転換点になるだろうという高揚感に包まれていました（その分、幻滅も早かったわけですが）。翌２０１０年春に沖縄から火の手が上がった普天間《ふてんま》基地移設問題と日米同盟の漂流は、「米国に守られている限り日本は安全」という戦後社会の大前提を揺るがし、「平和な日本」が本当に今後も続くのか、多くの人に疑念を掻《か》き立てる出来事でした。

そして、ちょうどその夏に起った尖閣《せんかく》諸島沖中国漁船衝突事件と、２０１１年頭に明らかになった日中のＧＤＰ逆転は、日本が中国に対して優位を誇った時代が終わるのではないか、という不安と、なぜ「遅れている」はずの隣国に追い抜かれ、従属させられるのか、という不満の空気を、社会全体に蔓延《まんえん》させていました。

そのような時期に、不幸にもあのような巨大な天災が起きたことで、否応なしに私たちは**「豊かで幸せな日本」の終わり**に直面させられている。今日の日本人はそのような状況に置かれているといわなくてはならないでしょう。

だとすれば、今ある私たちの苦境を地震のせいだけにするわけにはいきません。むしろ、**震災が起こる前から、すでに日本社会は行き詰《づ》まっていた**のだという前提に立ち、そしてその理由はどこにあったのかを解明する、そのような作業なくしては、あるべき「復興」の道筋も見えてこないでしょう。というよりも、前々から行き詰まっていた以上、もはや「かつてあった幸せな状態に戻す」という意味での「復興」などは、あり得ないと知るしかない。

日本人は一歩ずつ努力してここまで進歩してきたし、だからこれからもそのような進歩は続いてゆく、という聞き心地のよいストーリー自体が、地震の有無にかかわらずどこかで間違っていたのだと考えて、なぜアジアで最も「近代化」に成功し、戦後は「民主化」も実現して経済大国となったはずの日本が行き詰まってしまったのか、それを説明できる**新たなストーリー**を（仮にそれが耳障りなものであったとしても）見出してゆくことで、「それではこれからなにができるか」を考えるしかないのです。

本書は、歴史学の方法を使って、そのような新しい日本史のストーリーを描きなおすものです。そこで鍵になるのが、私たちが「絶えず進歩してきた」とする「古い日本史のストーリー」で頻《ひん》繁《ぱん》に使われてきた「西洋化」・「近代化」・「民主化」などに代わる、**「中国化」という概念**です。

このことば自体は私の造語ですが、文字面だけ見ると誤解を招きやすく、またそれが近年の歴史学の成果にのっとって提出された、学問的な裏づけのあるコンセプトであることがわかりにくいと思いますので、まずはそこをちょっと説明します。

「中国化」とは何でないか

最初に、いかにもありそうな誤解を解いておきましょう。

『中国化する日本』なるちょっとギョッとするタイトルから、「尖閣諸島を皮切りに中国軍の侵略が始まって日本が占領される」とか、「華僑系ハゲタカファンドの敵対的買収で日本企業が食い荒らされる」とか、「媚中的な反日教科書の歴史記述に日本の子供たちが洗脳される」とか、「帰化や外国人参政権を道具にした中国人に日本が乗っ取られる」とか、そういう内容を連想された方は、残念ながらご期待には添いかねます。この本は**そういう種類の本ではありません**し、なによりそういう「お話」はインターネットでいくらでもタダで読めるのですから、ここで本書をパタンと閉じてその手の掲示板にお帰りください。

本書でいう「中国化」とは、そういう現実の日本と中国のあいだの力関係のことを指すのではなく、**「日本社会のあり方が中国社会のあり方に似てくること」**を意味します。

歴史上、そのような変化は何回かありました。中国の政治的・経済的パワーが強大だったために、直接に中国に影響されてそうなる場合もあったし、またそうでない場合もありました。日本人が意識的に中国を模《も》倣《ほう》して、日本社会を「中国化」しようとした結果そうなった事例もあれば、特にそのような狙いはなかったのだが、無意識のうちにそうなってしまった事例もあります。

こう聞くと、第二のありがちな誤解として、「あぁ、遣唐使やシルクロードの話ね」と思われる方もいるかもしれませんが、それも**違います**。どうも、日本の（専門家でない）「中国史ファン」の興味関心は、『三国志』の世界だけとはいわずとも、おおむね日本史でいうと古代の時期に当たる、唐代以前の歴史に絞られがちな印象があります――むしろ、これからの中国を理解する上では邪魔になる、その種の**歴史観の「偏り」を正す**のが、本書の目的のひとつになっています。

一方、「日中間の歴史認識の問題」とか、「東アジアの視座から日本史を捉え直す」とかいう、ちょっとカタめの言葉づかいをすると、今度は途《と》端《たん》に「はいはい、南京大虐殺の話でしょ」とか、「日本人が褒めたたえる『坂の上の雲』の物語は、中国・朝鮮にとっては侵略の歴史だったんだぁ〜、というアレでしょ」とか、狭い意味での近代戦争の話題に**勝手に限定**して、「で、君はどっちの味方なの？」という踏み絵を迫ってくる人が多いのですが、本書の主題はそういう話でもありません。その手の話題をまったく扱わないわけではないし、私なりの立場についても記述しますが、基本的には「どっちの味方」の人であっても、日本社会の過去と未来を考える上ではるかに重要な、**もっと大きな話**について、議論の前提となる歴史像を共有できるように書いていくつもりです。

「中国化」とは、最近の歴史研究の成果に基づいてそのような大きな話をするために、便宜上私が作った概念であり、そこでいう「中国」のフォーカスは古代史でも（狭義の）近代史でもなく、むしろ両者の中間にあり、プロの歴史学者の注目度に比べると、なかなか一般の歴史ファンの方には着目されることの少ない、**「近世（初期近代）」の中国**に置かれています。

ん？　なんだか耳に馴染みのない話になりそうだぞ、とお思いの方もご安心を。本書は最後まで口語体で、普段私が1年間かけてしゃべっている**日本通史の講義**を活字に起こしてみたものですから、必ず読み通せます。しごく平易な日本史に関する常識だけを前提に、最先端の歴史学にアクセスできる、そればかりかいま日本が陥《おちい》っている苦境をも考え直すことができる、その鍵となるのが、この「近世（初期近代）」という時代区分に基づく、「中国化」という概念なのです。

それでは、それは具体的にはどういうものなのか。

「中国化」とは本当は何か

私の学問的な専門は日本近代史です。したがって、中国史や中国社会論の専門家ではありませんし、日本についても江戸時代以前のことは、自分で研究しているわけではありません。しかし、その私が専攻している日本近代史という分野では、今まさに、その研究対象である「近代」（Modern）という概念自体が、大きく書き換わろうとしています。「近世（初期近代）」とは、そのような研究潮流で注目されている時代区分です。

高校までの世界史の教科書では、「近代」はヨーロッパで始まったものとされていますね。だから日本史の教科書でも、長らく「近代」は明治維新以降の、日本が西洋化・欧米化をめざした時代として記述されてきました。これに対し、そのひとつ前の「近世」とは江戸時代のことを指す、日本史にしかない（たとえば、西洋史には古代・中世・近代しかない）特殊な時代区分で……などと言われていたのは昔の話で、実は現在の歴史学では、「近世」をEarly Modern（初期近代）と訳し、全世界に共通するいわば**近代の前半期**として考えるようになったのです（逆にいえば、これまで「近代」と呼ばれてきたものを、**近世の後半期**とみることもできます）。

それでは、世界で最初に「近世」に入った地域はどこでしょうか――江戸時代の日本？　もちろんNO。ルネッサンス期のイタリア？　全然違います。正解は、**宋朝の中国**なのです。

学生にこの話をすると、「え？」という反応しか返ってきません。それはそうでしょう。宋朝といっても特にイメージがないか、せいぜい高校世界史風の「唐の頃の中国は強かったが、宋は周辺の遊牧民に侵略される弱い王朝だった」式の話しか知らないからです。なので、日本史についても「日本は唐からは律令《りつりょう》制を学んだが、唐が衰えると遣唐使を廃止して日本独自の国風文化を発展させ、宋とはせいぜい日宋貿易をした程度だったから、宋以降の中国のことなんて、日本史には大して関係ない」という程度の認識でいる人が多い……

――実は、これが大間違いのもと。宋という王朝は、唐までの中国とはまったく異なるシステムを導入した、文字通り「画期的」な王朝であり、さらにその**宋で導入された社会のしくみ**が、中国でも、そして（日本以外の）全世界でも、現在に至るまで続いているとさえいえるのです。

逆にいうと、「日本が唐までは中国に学んでいたのに、宋からはあまり学ばなかった」というのは、なんとなく自明視してしまってよいことではなく、それ自体が大事件なのです。つまり、中国では宋という時代から「近世」に入り、はっきりいえばその後、中国社会の基本的な構造は、今日の人民共和国に至っても、ほとんどなにも変わっていない。

しかし、唐までは中国を意識的に模倣していたはずの日本は、なぜかこの宋朝以降の中国の「近世」については受け入れず、鎌倉から戦国に至る中世の動乱のあいだ延々とすったもんだした挙《あげ》句《く》に、江戸時代という**中国とはまったく別の「近世」**を迎えることになる。そして、近代というのは「近世の後半期」ですから、中国では宋朝で作られた社会のしくみが今日まで続いているように、日本でも江戸時代のそれが現在まで続いてきた（いわば、**長い江戸時代**）。

ところが、今や様々な理由によって、その日本独自の「近世」である江戸時代のやり方が終焉を迎えた結果、日本社会がついに宋朝以降の「中国の近世」と同じような状態に移行——**「中国化」**しつつある、というのが、本書のタイトルの本当の意味になります。

本書の成分と効能

「えーっ?」という読者の顔が目に浮かびます。いきなりこう書かれても、なにがなんだかわからないかもしれない。「そんな話は聞いたことがない」と思われるかもしれない。ですが、これが最近の歴史研究の成果が、現に示している新しい世界史のイメージなのです（『歴史学研究』特集「『近世化』を考える」。より日本史むきなら、趙景達・須田努編『比較史的にみた近世日本』）。

実際、本書で書かれている歴史像は私の独創というには程《ほど》遠くて、むしろ斯界《しかい》の**プロのあいだでは新たな定説**になりつつある研究視角や学問的成果を、メドレー形式にリミックスしただけだといってもいい。そこのところを誤解されては私も不本意ですので、本論の前にちょっとサンプルをお聞かせしましょう。

たとえば最新の思想史研究では、ヨーロッパの近代啓蒙主義を、宋朝で体系化された近世儒学のリメイクとして考えます。「神」の概念抜きで純粋に人間の理性を信奉する宋明理《そうみんり》学《がく》の教えが、西洋近世の哲学者たちが中世のキリスト教的世界観を脱する上でも触媒になったからです（井川義次『宋学の西遷』）。また、「西洋ルネッサンスの三大発明（火薬・羅針盤・活版印刷）は、実はどれも宋代中国の発明だ」という話は、高校の先生でも気の利いた方なら教えてくれたでしょう。

しかしプロの経済史研究者はそこからさらに進んで、

①なぜヨーロッパのような「後進地域」が、宋朝中国という「先進国」を**奇跡的に**逆転して産業革命を起こせたのか？

を、探究しているのです（E・L・ジョーンズ『ヨーロッパの奇跡』）。

つまり、技術の面でも思想の面でも西洋近世の水準にとっくに達していた中国を、近代（近世の後半期）のヨーロッパは**一時的に**追い抜いていたにすぎず、現在の中国の台頭なるものはいわば、世界がもとの状態に戻りつつあるだけだと捉えたうえで、

②近代には西洋が中国を凌駕《りょうが》するという、**異常な事態**が生じたのはどうしてであり、いかにし

てそのような、**例外的な時代**は終焉を迎えたのか？

という問題に答えようとするのが、大学レベルの近代史の新しい基本線になりつつある。こういう「従来の歴史観の下では思いつきもしなかった問い」を立てて、かつそれにきちんと答えることが、大学では歴史学の目標とされているのです。

……どうでしょう、いかに学問としての歴史研究と、歴史と言えば「高校日本史」やら「史跡旅行」やら「武将マニア」やら「教科書問題」やらを想像しがちな一般の認識とがかけ離れているか、ちょっとは雰囲気が伝わったでしょうか。

そしてそれはもちろん、別に現在ある中国の体制を「ヨイショ」することが目的なわけではなく、むしろそのお隣にあるわが国の国益、さらには世界の中での東アジアの地域戦略を考える上でこそ、必須の知的な営みであるといえます。

実際、いまや（歴史に通じた）プロの国際政治学者にとっても（田中明彦『ポスト・クライシスの世界』）、エコノミストにとっても（榊原英資『ドル漂流』）、現在の世界における中国の大国化を新奇な現象としてではなく、逆にかつての覇権の**当然の復活**として解釈し、日本がそれにどう対応すべきかを考えるのが課題となっています。――「当然」という言葉も「中国礼賛」っぽく聞こえて気に障《さわ》るという方が（この話題になると妙に自意識過剰な昨今の日本人には）いそうですから、より正確に、**歴史的な「必然」**とでもいっておきましょうか。

要するに「中国が好きか嫌いか」とか、「中国の台頭は望ましいか」とかいう類《たぐい》の床屋政談とは別個に、そもそも

③なぜ、「近代化」も「西洋化」も**ちっとも捗《はかど》っていないはず**だったあの国が、妙に最近また大国らしき座に返り咲いているのか？

を説明するために、「西洋と同じように近代化すれば、やがて欧米先進国クラブの仲間入りができる」という**『坂の上の雲』式のおハナシとはまったく違うストーリー**を考える必要が、歴史学の外でも出てきている、ということです。だって現に、「どうみても、西洋と同じような形では近代化していない」国が、お隣で大国化しつつあるのですから、その理由がわからなければ、対策の立てようもない。

よりわかりやすくいうと、いまだに「チベットで虐殺をしている中国が先進国になれるわけがない」とかいっているのは**「逆転」の不安に内心怯《おび》えている**日本人だけで、反対に

④どうして歴史上ほぼ常に先進国であったはずの中国で、人権意識や議会政治**だけ**はいつまでも育たないのか？

という風に頭を使うのが、グローバルな問題のたて方になっている。

すなわち、ことは決して歴史学者だけの話でも、日本近代史に限った事態でもない。歴史をみる目を根本から変えないかぎり、私たちの身のまわりで起こり、私たち日本人の生活に現に影響を与えている政治的、経済的なもろもろの出来事を正しく理解できない、そういう時代に、今日の世界は入ってしまっているということなのです。

本書は、現在の日本社会の抱える様々な問題や、今後の中国社会とのつきあい方について考えるきっかけを提供すると同時に、この**専門家のあいだではもう常識**なのに一般の歴史ファンにはなかなか広まっていかない新しい通史像を、読者のみなさんにわかりやすくお届けすることを目的にしています——「にわかに信じられない」という方のためにも、一般書としてはかなり丁寧に記述内容の**出典表記**をつけて、興味を惹《ひ》かれたテーマについてはどんどん**オリジナルの研究**に当たってもらえるよう、工夫しました。

一方、読み始めていただくにあたっての予備知識は、せいぜい高校レベルの常識的な日本史の知識さえあれば十分（ただし、本書を読み終える頃には、それらの知識が高校までの教科書とはまったく異なるストーリーの上に、配列されていることに気づくはずです）。もちろん出し惜《お》しみする気はありませんから、たとえばここで提示した**疑問①〜④**にも、**全部にプロレベルの解答**をお教えします。

どうでしょう、果たしてどんな答えか、ちょっと気になってきませんか？

前置きが長くなりました。それではいよいよ、世界で最初に「近世」(近代の前半期)が始まった、宋朝中国成立の場から幕開きといたしましょう。

1989年、冷戦が終わり、世界は一千年前の中国に似てきた

第**1**章

終わっていた歴史

宋朝と古代日本

**源平合戦とは、中国化勢力（平家）と
反中国化勢力（源氏）との争いだった。
グローバル時代に読みなおす「日本史」**

「宋朝こそ中国史の画期」と喝破した東洋史家・内藤湖南

２０１１年、中国に似てきた世界

もう裏切られるのは何度目だろう――そう叫ぶ日本人の、いや世界の人々の悲鳴が聞こえてきそうなほどの絶望感が、この２０１１年という年に満ちています。

思い出してください。わずか３年前の２００８年11月、黒人として初めてバラク・オバマがアメリカ大統領に当選した時の高揚感を。あるいは日本でも、翌２００９年８月の衆院選で民主党が圧勝、史上初とも言われた「選挙を通じた政権交代」が帯びていた熱気を。オバマのフレーズ「ＣＨＡＮＧＥ！」は世界で流行語となり、「こんどこそ、世の中はよい方向に変わるはずだ」と多くの人々が素朴に信じたあの瞬間。

しかし、２０１１年のいま、日本の民主党政権は失墜した支持率に「３・11」が止めを刺して青息吐息、オバマのアメリカも（回避したとはいえ）７月には国債が債務不履行《デフォルト》の危機に追い込まれ、ドルが基軸通貨の地位を失うとの未来予測さえ珍しくなくなりました。

一方、１月にチュニジア、２月にエジプトと華々しく民主化ドミノの口火を切ったかにみえた「中東革命」はその後、半年間にわたり全面的な内戦に陥《おちい》ったリビアを典型に、終わりの見えない暴力の連鎖へと暗転。前年に日本を抜いてＧＤＰが２位へと浮上、今年はいよいよ世界経済の覇者へ躍《おど》り出るかとの勢いだった中国も、７月の杜撰《ずさん》な高速鉄道事故が内外からブーイングの嵐を浴びて、ひと休み。

まさしく反原発ソングではありませんが、**「ずっとウソだった」のは人類に希望があるという信仰そのもの**じゃないの、と嘆息《たんそく》せざるを得ない雰囲気が、いま、私たちの社会を覆いつつあります。

いったい、あのときの希望はなんだったのだろう。たとえばたった2年前の２００９年10月、就任1年目で具体的な成果はなにも上げていない米大統領オバマ氏に、「『核なき世界』と言ったから」という程度でノーベル平和賞まで進呈してしまったほどの、いまとなっては奇妙なくらいの明るさとは——

いえ、実はそのような問いは間違っています。

オバマ受賞のニュースを耳にした時、私の心に真っ先に浮かんだのは、「ああ、いよいよ世界も**中国に追いついた**なぁ」という、諦念と羨望《せんぼう》の入り混じった感慨でした。いま私たちが目にしているのは、変化（Change）というよりも**反復**（Repetition）であり、かつてなかった新しい世界の到来ではなく、むしろ**隣国では近世から常態だった社会の再現**なのだろうな、と。そう、たとえばこのような希望から絶望への暗転を、私たちはこれまで何度も目にしてきたのではなかったでしょうか。

……え？　なぜそこで中国が出てくるのかわけがわからないって？　大学で歴史を勉強したことがなければ、まあ、そうかもしれません。その状態のまま、いきなり近世まで遡《さかのぼ》るのでは骨が折れそうですから、ここでは順を追って、まずは**ひとつ前の**「**暗転**」についてお話しするところから始めてみましょうか。話はオバマ受賞のちょうど20年前、１９８９年に遡ります。

冷戦と歴史の終わり：１９８９年の世界

１９８９年、ソ連の衛星国だった東欧諸国は自由化の波に沸いていました。ポーランド・ハンガリー・チェコスロヴァキア・ルーマニアなどで共産政権が倒れ、国境が開放されて社会主義体制に倦《う》んだ人々が雪崩《なだれ》を打つように西側諸国へ脱出。11月にはベルリンの壁が崩壊、12月にはブッシュ（父）とゴルバチョフの米ソ首脳がなかよく「冷戦の終焉」を宣言しました。

この時もてはやされたのが、フランシス・フクヤマの『**歴史の終わり**』論です。世界を分断してきた自由主義と社会主義の争いも、前者の勝利によってついに決着がついた。自由主義こそが人類普遍の真理であることが証明された今、その最大の担い手であるアメリカ合衆国に率いられて、人類はひとつに統一された、もはやこれ以上闘争や革新の余地のない究極の世界へと足を踏み入れてゆく――

つまり、冷戦の終結をもって、人類がその進歩の頂点に達したことで、歴史は終わったのだ（これ以上新しい世の中のあり方が生まれることはないのだ）、という議論ですね。実際、翌１９９０年にイラクがクウェートに侵攻し、中東秩序の改変を企てると、米ソ両国の提携のもとに国際連合は一致結束してこれを非難、91年初頭には多国籍軍を派遣して旧国境までイラク軍を押し戻しました（湾岸戦争）。

この「ポスト冷戦」の世界のあり方（世界新秩序、などとも呼ばれました）の特徴は、以下の2つにまとめられるでしょう。

ひとつは、

①主権国家を超えた全世界的な政治理念の復活

近代のヨーロッパで定着していた、「開戦の当否を決めるのは主権国家の専管《せんかん》事項であり、戦争は各主権国家が国益の最大化のために行う政治手段のひとつである」という考え方（無差別戦争観）——これに忠実に、イラクのフセイン大統領は戦争を始めたのですが——が否定され、「一国の私利私欲のために行われるのは『間違った戦争』であり、そのような邪悪な侵略行為を試みる国は、全人類のためによりよい世界秩序を守るための『正しい戦争』によって粉砕される」という論理（正戦《せいせん》論）が実証されたのです（藤原帰一『「正しい戦争」は本当にあるのか』）。

もうひとつは、

②国家の再分配による平等よりも、世界規模の市場競争がもたらす自由が優先されるという

社会主義という、強力な統治機構によって国民を国家の枠内に縛りつける（自由を抑圧する）代わりに、国境の内側では平等な社会を作ろうとした試みが自壊《じかい》したことで、「平等のために自由を犠牲にすること」や、「国家という単位で世界市場を分断し、国際的な経済交流を妨げること」は許されないのだ、という認識が広く受け入れられることになりました。

この両者があいまって、当時は「国家の退場」ということまで言われた。ついに人類は国家をも不要とするような、真にグローバル（全地球的）でコスモポリターン（世界市民的）な文明の究極段階に到達したのだ、というわけです。

終わったわりには不幸な歴史

――で？　とお思いの方も多いのではないでしょうか。人類がその進歩の最終段階に入ったわりには、その後の世界のあり方に全然希望が持てないのはどういうことなのでしょうか。

ソ連というライバルや、おのおのの主権国家という牽制《けんせい》勢力を失ったアメリカ一国のみが世界のすべてを支配する超大国と化し、「国際社会を守るための『正しい戦争』」という大義名分を盾に、その実かなり恣意《しい》的な軍事行動を行う、**一極支配の構図**が生まれてはいないでしょうか（息子さんの方のブッシュ大統領が２００３年から始めたイラク戦争は、湾岸戦争とは異なり、国連安保理の武力行使容認決議を経ていません）。

　国家による保護が停止され、世界規模での経済競争が強制されるようになった結果、「勝ち組」と「負け組」との格差を当然のものとして肯定する市場原理主義がまかりとおり、**自由（＝機会の平等）の名の下に平等（＝結果の平等）がないがしろにされる**状況に陥ってはいないでしょうか（２００８年のリーマン・ショック以降の世界経済危機は、「勝ち組」の地位さえ常に安泰のものではないことを示しました）。グローバリズムは人類の進歩どころか、破滅をもたらしつつあるのではないでしょうか。

　……と、いうような話は、岩波書店や朝日新聞では昔からおなじみですし、最近は文藝春秋や産経新聞でも読むことが多くなったので、いまさら珍しくもないでしょう。そう、２０１０年前後に私たちが味わった「希望から絶望への暗転」のひとつ前のヴァージョンが、この「冷戦終焉への幻滅」であったのだと、ひとまずはいうことができます。

　実際、そもそもフクヤマの『歴史の終わり』自体が、アメリカの自国中心主義を正当化するイデオロギーに過ぎないという批判は、左派の論者のあいだでは当時からありふれていました。さらに、イラク戦争の際にはそのフクヤマ本人が、冷戦終結時にアメリカを持ち上げ過ぎたことを大いに反省して、今度は『アメリカの終わり』（原題は『岐路に立つアメリカ』）なる本まで出しています。

「遅えよ！」とお思いですか？　フクヤマさんに関しては確かに遅いかもしれませんが、しかし長い人生、10年経って初めて己が過ちを知るというのは誰しもあること、そこは大目に見ようではありませんか。逆に、大目に見てはいけないのは、彼（ら）が「歴史の終わり」に気づくのが**本当に遅かった**ことです。

「冷戦における自由主義の社会主義に対する勝利によって、20世紀末をもって人類はついにその進歩の最終段階に入った」などというから、「歴史の終わり」がたいそう立派な世の中をもたらしてくれるように見えるのです。実は、歴史（人類の進歩）は、とっくの昔に終わっていた――**冷戦後の世界を縮小コピーしてミニチュアにしたような社会**が、実は１０００年前の中国ですでに生まれていました。フクヤマさんは10年ではなく、１０００年遅かったのです。

近世で終わった歴史：内藤湖南《こなん》の中国論

今より１０００年と少し前の西暦９６０年、中国大陸に「宋」という新たな王朝が生まれました。この王朝の下で、中国社会のしくみは一度きりの大転換を遂げ、転換後のしくみは現在に至るまで変わっていない――かくして「中国史を一か所で区切るなら、唐（中世）と宋（近世）の間で切れる」というテーゼを最初に提唱したのが、戦前に活躍した東洋史家・**内藤湖南《こなん》の「宋代以降近世説」**です（『東洋文化史』）。

この学説、当時は内藤が教鞭《きょうべん》をとった京都大学を中心に支持された（逆に、ライバルである東京大学は認めなかった）ので「京都学派」と呼ばれたのですが、今日では東大系の主要なアジア研究の先生方もこぞって内藤説に傾かれているので、むしろ「大学レベルの歴史認識」の基本線といってよいように思います（たとえば、東大教員中心の執筆陣で東京大学出版会から刊行された、いわば「東京学派」の最新の通史である三谷博ほか編『大人のための近現代史』も、「近世」の定義を事実上、内藤説によっています）。

それでは、宋という王朝のどこがそんなに画期的だったのでしょうか。内藤自身のことばを借りれば

①貴族制度を全廃して皇帝独裁政治を始めたこと

もう少し言いかえると

②経済や社会を徹底的に自由化する代わりに、政治の秩序は一極支配によって維持するしくみを作ったこと

に、なります。

しごくおおざっぱにいえば、唐が安禄山《あんろくざん》の乱を典型とする地方軍閥の造反により衰退、最後は五代十国《ごだいじっこく》と呼ばれる国家分裂状況のなかで滅亡したことに鑑み、かの大陸においても**持続可能な集権体制**の設計をめざした結果、見つかった答えが、宋朝に始まる中国型の「近世（初期近代）」——ないし「中華文明」であったと、考えることもできます。

この宋の時代、**科挙**《かきょ》という儒教の経典に基づく官僚採用試験が全面的に採用され、唐までは残っていた貴族による世襲政治が完全に廃止されます。さらに殿試《でんし》と呼ばれる、皇帝陛下直々に試験監督を行う最終試験が設けられ……という話は高校でも習うはずですが、これは試験合格者に皇帝への恩義を感じさせ、あらゆる官僚を皇帝個人の子飼い同然の扱いにして中央集権を徹底するための策略なのです（宮崎市定『科挙』）。これによって、それまで役人の間に私的な党派を作って自分の派閥を維持してきた、貴族の力を削ぐことができる。

さらに、採用後の官僚は自分の出身地には赴任させず、しかも数年ごとに次の任地へと巡回する「**郡県制**《ぐんけんせい》」の下でキャリアを積まされることになるので、地元に地盤を築いて皇帝に刃向かってきたりする心配は無用（「党本部主導の落下傘候補擁立」で、党内派閥や地方支部の意向に左右されない総裁・幹事長直属の子分をジャンジャカ生み出した、「小泉チルドレン」や「小沢ガールズ」みたいなものだと思えばＯＫ）。かくして、政治的な貴族のリストラが完遂されます。

経済的にも貴族は踏んだり蹴ったりです。宋の改革派宰相として知られる王安石《おうあんせき》の青苗法《せいびょうほう》（政府が農民に低利で融資する代わり、国庫返納時には収穫物を貨幣に換金して返すことを義務づけた立法）とは、国家からの融資を通じて**農民に貨幣使用を行きわたらせる**ための政略で、あらゆるお百姓さんが伝統的な物納《ぶつのう》（獲れた作物をそのまま納める）ではなく、農作物を市場で販売してから国に返済することになります（小島毅『中国思想と宗教の奔流』）。つまり、一般庶民が商売に目覚めてお金の味を知る。

貨幣は農作物と違って腐らないから保存がききますし、いざとなったら持ってよそへ移ることもできる。だったらガンガン働いて、バンバン高く売って、今よりもっと儲《もう》かる職業に転職して、ここよりずっと快適な地域へ移住するに越したことはない。かくして自由市場ベースの経済発展が始まるとともに、領民を囲い込んで労役に使っていた自給自足的な荘園経営は成り立たなくなり、貴族の地盤は崩壊します。

すなわち冷戦後、主権国家どうしの勢力均衡《きんこう》に立脚した国際政治のパワーバランス（その最後の事例が米ソの均衡）が崩れ、米国一国の世界覇権へと一気に傾いたように、宋朝の中国でもいくつかの名門貴族が相互に掣肘《せいちゅう》しあう関係が終わり、皇帝一人のお膝元への全面的な権力集中が起きる。かつての社会主義国よろしく貴族の荘園に閉じ込められていた一般庶民も解放されて、中国（≒世界）のどこでいかなる商売に従事してもよろしくなる——ただし、皇帝（≒アメリカ）のご機嫌さえ損ねなければ。

これが、宋朝時代の中国大陸で生じた巨大な変化なのです。ポスト冷戦の「歴史の終わった」世界などというのは、それを全地球大に引き伸ばして拡大したものに過ぎません。

ちなみに大正時代にこのような学説を唱えた内藤自身は、当時のデモクラシーの風潮に後押しされて、かような宋朝下での変化を中国社会の「民主化」と捉えていた節《ふし》があります。これは、近代西洋的な議会制民主主義に向かう流れとはやはり異なるので、正確には啓蒙専制君主の下での「自由化」と呼ぶべきだと思いますが、冷戦後の世界でもやはり同種の変化を「パクス・デモクラツィア（民主主義の平和）」の到来などとはしゃぐ議論が流行したことを考え合わせれば、さすが碩学《せきがく》湖南、その慧眼《けいがん》に狂いなしというべきでしょう。

宋朝中国流・競争社会サバイバル術

こうして宋朝時代の中国では、世界で最初に（皇帝以外の）身分制や世襲制が撤廃された結果、移動の自由・営業の自由・職業選択の自由が、広く江湖《こうこ》に行きわたることになります。科挙という形で、官吏すなわち支配者層へとなり上がる門戸も開放される。科挙は男性であればおおむね誰でも受験できましたので、（男女間の差別を別にすれば）「自由」と「機会の平等」はほとんど達成されたとすらいえるでしょう。

……え、「結果の平等」はどうなるのかって？

もちろん、そんなものは保障されません。機会は平等にしたわけですから、あとは自由競争あるのみです。商才を発揮してひと山当てた人、試験勉強に没頭して頑張りぬいた人にのみ莫大な報償を約束し、それができないナマケモノは徹底的に社会の底辺に叩き落とすことによって、無能な貴族連中による既得権益の独占が排除され、あまねく全員が成功に向けて努力せざるを得ないインセンティヴが生み出されるのです。

また、自由といっても与えられるのは経済活動についての自由だけで、政治的な自由は（科挙への挑戦権を除けば）極めて強く制限されます。貴族を排除して皇帝が全権力を握った以上、その批判は御《ご》法度《はっと》、彼に逆らう「自由」などというものは存在しません。……ほら、自分の商売は好き勝手し放題だけど、「党」の批判は絶対厳禁、のいまの中国と同じでしょう？

――つくづく、ひどい世界ですね。でも、ここでちょっと振り返ってみてください。先ほどまで見てきた「冷戦後の世界」と比べて、そこまでひどいでしょうか？

低賃金の新興国に市場を奪われても、お前の努力不足が原因だ、だったらもっと賃金を切り下げて働け、それができなければ自己責任だといわれる今日の社会。アメリカのご機嫌を損ねられないばっかりに、基地提供でも戦争協力でも唯々《いい》諾々《だくだく》と従うよりほかはない極東の某「先進国」の現状を鑑《かんが》みるとき、「中国は遅れた社会だ」なんて口が裂けてもいえません。むしろ、**「中国こそわれわれの先輩だ」**というべきでしょう。

かくして、１０００年以上前から「歴史の終わり」以降の社会を生きてきた中国の人々は、当然ながらポスト冷戦／ポスト社会主義をサバイバルする技術を発展させています。

まず、**自由競争で振り落とされた時の保険**のために宋代の中国人が開発したのが、**「宗族《そうぞく》」**と

呼ばれる父系血縁のネットワーク。父方の先祖が共通であれば、どこに暮らして何の職業について誰と結婚していようとも、同族と見なしてお互い助けあおうというしくみです（なので、中国人は男女ともに父親と同じ姓を名乗り、結婚しても改姓せずに「夫婦別姓」を貫くわけです）。これなら、今住む地域が災害に見舞われたり、不況で事業に失敗したり、家庭で不和があっても安心で、血縁者のうち誰か一人くらいはどこかで成功しているだろうから、宗族一同みんなでその人に寄生すればいい。

……ん？　どこかで聞いたような話ですね。終身雇用の神話が崩壊し、離婚が日常茶飯事になった現在、今の会社やパートナーに人生すべてを預けるのは危ない。名刺配りでもツイッターでもフェイスブックでもいいから、自分個人の私的なネットワークを充実させて、広い範囲に頼れる存在をキープしておけ。いざとなったら脱出だ——「原発もの」以外に現在の日本で売れている書籍って、ほとんど全部そんな内容ではなかったでしょうか？（「選択的夫婦別姓」の可否なども、ぜひこのような観点から議論していただきたいものです）。

宋朝中国流・権力社会コントロール術

もうひとつ、皇帝および彼のお気に入り集団である科挙官僚たちによる**権力独占をコントロールする機能**を果たしたのが、**理想主義的な理念に基づく統治行為の正統化**です。

すべてが自由化され、確固たる地盤を持った貴族集団がいなくなった結果、皇帝の周囲だけに権力が集中した状態は、怖いですね。どう考えたって怖いですよ。その怖さは、ブッシュ（子）政権時代に世界中に広がった、「これからは何でもアメリカのやりたい放題にされてしまうのか」という恐怖感と同形です。

それでは、そういう世界をどうやって生き延びるか。以下の選択肢４つからお選びください。

①アメリカ（≒皇帝）の悪口をいう。

「アメリカなんて侵略戦争ばっかりの独裁国家だ！　アメリカ帝国主義反対！」と叫ぶ。イラク戦争当時の『世界』などこの路線一色でしたが、実効性は低そうです。

②かつてのソ連（≒有力貴族）のような軍事大国を作り、力でアメリカを抑え込む。

『正論』や『WiLL』の一角を占める反米保守論説（たとえば、日本核武装論）で時々目にしますし、実現すれば①よりは実効力がありそうですが、実現するまでが大変そうです。それと実現した後で、はたして今よりいい世の中になるかどうかがあやしい。

③アメリカに媚びへつらって、自分だけはと命乞いをする。

まあ、結局はこんなところでしょうか。「プードル」だ「ポチ保守」だとさげすまれようと人間わが身が大事。おそらく、宋朝以降の中国庶民の多くも、こうだったんだろうなと思いますよ。でも、なんだか虚しい。

正解は、

④アメリカを褒める、

です。それもただ褒めるんじゃない、徹底的に褒める。軍事も世界一、経済も世界一、それだけじゃなく理念も世界一の国アメリカ。独立宣言、自由の女神、リンカーンの民主主義の演説、キング牧師の人種平等の演説……これらすべてを通じて人々に希望を与え続けてきた国アメリカこそが、全人類にあまねく通用する高邁《こうまい》なる理念の体現者なのであり、それゆえにこそ全世界の統治者として天に選ばれし存在なのである――

からこそ、**「その理念に恥じないだけの政治を頼みますよ」とお願い（に見せかけて要求）する**のです。その昔の日本の政界用語で「ほめ殺し」ということもできますが（宮台真司・仲正昌樹『日常・共同体・アイロニー』）、イヤミのために皮肉で褒めるのではなく、一応は本気で褒めぬいてみるところがポイントです。

宋朝以降の中国の場合、この褒める際の道具として使われることになったのが、南宋時代に朱熹《しゅき》によって大成された**朱子学**です。もともとは個々の人生訓や冠婚葬祭の手続きに関する儀礼規定の集合体という性格が強かった『論語』以下の儒教の経典から、オカルト的な占い趣味を一掃。さらには二度と唐末のように中華世界を分裂させないだけの強力なイデオロギーたることを目指し、体系的に読みぬいて「なにが、人類全員がめざすべき目標であるのか」「聖人とはいかなる存在であり、なぜ彼らの行いこそが常に正しいのか」を明らかにする一個の政治哲学・道徳哲学として編纂しなおしたものですね（橋本秀美『論語』）。

　この朱子学思想が、科挙受験の際の公式マニュアルとなることで、選抜された科挙官僚および彼らを選んだ皇帝は、単なる恣意《しい》的な専制者ではあり得ないことになります。自らの権力基盤の正統性を朱子学思想におく（世界普遍的な道徳の教えを最もよく身につけた聖人であるからこそ、選ばれたというタテマエになっている）以上、皇帝なり官僚なりもまた、それに相応しい振る舞いを求められることになる。

　宋朝以降の皇帝は現実の中国社会に並び立つもののない絶大な権力ですから、朱子学という**全世界的な理念で統制して抑え込むほかない**わけです。もちろん、そんなこと言われても大半の皇帝（とその子分である官僚）は聖人には程遠いロクでもない存在ですから、私腹をたらふく肥やしてわがままに振る舞うでしょうけれども、でも単に強者になびくだけではなくて少しでも世の中をよりよくしていこうと思うなら、もう他に方法はない。

　さて、現在に戻りましょう。２００９年10月にノーベル賞委員会は、就任後1年も経たぬ現職アメリカ大統領であるバラク・オバマに平和賞を贈りました。オバマの能力や手腕がほとんど未知数の状態で、世界最強の国家権力を統御する存在にノーベル賞の権威まで与えてしまうのが、危険な賭けであることは、少し考えれば誰でもわかることです（たとえば「ノーベル平和賞受賞者の俺様が正しいという以上、これは絶対的に『正しい戦争』なんだ」といって、外交面で前任者以上の暴走を始めたら、誰が止めるのでしょうか）。

しかし、逆にいえばそれしかもう手段がない。「あなたは実力だけでなく道徳面でも世界一の政治家なんだから、それに釣り合うだけの政治をお願いしますよ」という形で、世界帝国アメリカを統制するやり方しか、実効性のある方法が残っていない状態こそが、ポスト冷戦のグローバル社会を規定しているともいうことができる――

かくして、私は「いよいよ、世界は中国に追いついたなあ。全世界が宋朝以降の中国と同じ状態になったなあ」と思うのです。次年度の平和賞が「政治犯」の劉暁波《りゅうぎょうは》氏に贈られ、「人民共和国さん、世界の大国を称するなら人権問題の改善も忘れちゃ困ります、よろしく頼みますよ」というクセ球を投じたのもまた、記憶に新しいところでしょう。

私は歴史書を通してしか中国を知らないので、宋朝の末裔に当たる現在の共産中国の人々が（劉氏はともかく）オバマの受賞をどう見たのか、よくわかりません。しかし、「甘っちょろいリベラルが口先だけで平和賞なんぞ獲りやがって」と嘯《うそぶ》く右翼タカ派から、「戦争中の米大統領に平和賞なんておかしい！　『正しい戦争』だなんてあの受賞スピーチはなんだ！」と憤る左翼ハト派まで、**「もはや理念に賭けるしかないという現実」を直視せずに「理念と現実の落差」を鬼**

の首でも取ったかのように騒ぎ立ててしまった日本人というのは、おそらく宋朝以降の中国社会にも、それに似た冷戦後のグローバル社会にも、適応性の低い生き物なのでしょう。

宋朝を真似しそこねた日本

この適応性の低さには、歴史的な由来があります。日本という国が唐代の中国に学んで律令制を導入したことは、小学校高学年から誰でも知っている日本史の常識ですが、逆にいうと日本は、**宋からは多くを学びそこねた国**なのです。

よく考えてみてください。唐をモデルに大化の改新（６４５）を起こし、中国に倣《なら》って律令の導入を図った古代日本。しかし、中国ではその３００年後、宋朝の成立によって社会の全面的な自由化と皇帝への権力集中という、画期的な大革新が起きている……

——なぜ、そちらからは学ぼうとしなかったのでしょうか？　ちなみに、「遣唐使を廃止し、国風文化を育成して日本独自の歩みを始めていたから」などというのは、原因と結果を混同した解答ですから、お話になりません（というか「国風文化」なるもの自体が、後世に作られたイメージに過ぎないというのが、最近の日本文化史の見解です）。

ヒントは、科挙。宋朝以降の新しい中国社会のコアにあるのは、身分の自由化と貴族のリストラを可能にする科挙制度ですから、「どうして古代日本は科挙を導入しなかったのか」というのが、この問題を解く鍵になる。私も長らくわかりませんでしたので、現職に就いた際、早速同僚の古代史の先生に聞きに行きました。その結果、ようやく答えが見えてきました。一言でいえば、科挙を導入できるほど、宋朝成立当時の**日本のメディアは成熟していなかった**から、となるでしょう。

科挙は全国民から志願者を募る試験制度ですから、それによって高能力の官僚を抜擢《ばってき》するには、かなりの数の希望者が、普段から満足のいく受験勉強をできる体制を整えなければならない。具体的には、受験科目を勉強する上での教科書・参考書を大量に印刷して、それらが社会に広くいきわたり、意欲と才能あるものなら容易に入手して事前に勉強に励《はげ》めるという環境（知的・人的インフラ）を、作らねばならない。

それが存在していないのなら、「官僚の世襲は廃止して、これからは試験の上位合格者を採用します」などといっても、「無学で不勉強なバカ」が「**もっと**無学で不勉強なバカ」を抑えて上位合格するだけです。それでは国家破綻してしまう――科挙の全面導入を可能にするくらい、豊富な紙と進んだ印刷技術を完備していたのは、当時、出版最先進国だった宋朝中国だけだったのです（井上進『中国出版文化史』）。

実は、宋朝の治世と並行する西暦1000年前後のわが国平安京でも、中国の皇帝専制化と一見、類似した律令制の再編は進んでいました。ご存じ、「令外官《りょうげのかん》」です。

天皇直属のような形で作られた、律令の規定にはない新設ポストである検非違使《けびいし》だの蔵人頭《くろうどのとう》だの摂政・関白だのの方が（鎌倉以降の「征夷大将軍」も入れていいのかもしれませんが）、大納言《だいなごん》・

少納言《しょうなごん》等の公式ポストよりも実権を握るようになった。貴族に対する天皇権が伸長したわけです。後は「お前ら貴族はもうクビじゃ。これらのポストは衆庶《しゅうしょ》から、試験で朕《ちん》の気に入ったものを選抜するぞよ」と宣言してしまえば、中国と同じですね。ところがそれができなかったので、結局は令外官も貴族の世襲職になってしまう（佐藤進一『日本の中世国家』）。

言い方を変えると、こういうことです。出版メディアが発展していた中国は、１０００年ごろから地アタマ自慢の一般庶民に受験競争に励んでもらって、その勝者を官僚に抜擢するリクルート・システムを開発した。ところが紙が貴重品で印刷技術もない同時代の日本ではそれができないので、「摂政・関白を出すのは代々藤原さんの家」という風に、**上流階級のイエごとに統治機構の内部でのポジションを割り振って、家庭内で後継者を育成していただく**という教育システムでしか、官僚をリクルートできなかった。

かくして、藤原氏を頂点とする大貴族による官位の**家職《かしょく》化・家産化**が進行し、荘園制と物納経済に立脚した貴族政治は、衰えるどころか権勢を誇示します。

ファースト・サムライ？：真説源平合戦

こうして、科挙の導入による貴族の政治的リストラという意味での「中国化」には失敗した日本ですが、宋朝統治下の中国経済が沸騰《ふっとう》するにつれ、嫌でもその影響が及んできます。もちろん、宋朝のもう一つの重要な特徴であった、貨幣経済と市場自由化の話です。こうして、日本は**古代から中世に移行**します。

学生に「中世ってどんな時代？」と聞くと、大概は高校で教えられたとおり「武士の時代」と答えますが、実は、これが大間違い。

だって、じゃあ武士ってそもそも何ですか。武力に基づいて地方を治める人々、といったあたりでしょうが、それなら古代の豪族だって武士じゃありませんか。「豪族とは違う。中世に台頭して実権を握った人々が武士だ」などというのは循環《じゅんかん》論法ですね。「中世は武士、すなわち中世に台頭して実権を握った人々の時代である」というのでは「中世は中世である」といっているだけだから、無内容の定義。

つまり「武士」なる存在に注目する限り、日本史上では古代と中世を区別できないのです（井上章一『日本に古代はあったのか』）。それでは、何をもって中世を定義するか。

最近はその高校の教科書でも、中世を鎌倉幕府ではなく「院政の成立」（１０８６）から始めているそうですが、これがヒント。正解は、日本中世は「武士の時代」ではなく**「中国銭の時代」**、**日本人が中国の貨幣を使っていた時代**、なのです（桜井英治・中西聡編『流通経済史』）。

院政なるものがなぜ始まったのか、長らくその理由は不鮮明だったのですが、最近注目されているのが日宋貿易との関連です。中国大陸で貨幣経済が沸騰し、宋人商人が貨幣を携えて日本沿岸、特に西日本に出没し始める。

これは大きなビジネスチャンスですが、「天皇」でいる限りは貴族政治の先例主義に拘束されて、「穢《けが》れた」（と当時観念されていた）異国人などとつき合うことはできない。そこで皇位をさっさと譲り、場合によっては出家までして、既存のルールを全部リセットして自由に政治ができるようにした――これが院政という発明ではなかったかと見るわけです。

かくして、対中貿易を通じて宋銭をどんどん日本国内に流入させ、農業と物々交換に立脚した古代経済を一新し、かつ荘園制に立脚した既存の貴族から実権を奪い取っていく。この、科挙以外の貨幣経済の部分で、宋朝中国のしくみを日本に導入しようとした革新勢力が、後白河《ごしらかわ》法皇と平清盛の強力タッグ、西日本中心の平氏政権であったということになります（小島毅『義経の東アジア』）。

ところが、こういう市場競争中心の「グローバリズム」に反動が伴うのは今も昔も同じで、猛反発したのが荘園経済のアガリで食っていた貴族や寺社の既得権益勢力（権門《けんもん》）と、国際競争に適した主要産品がなく、没落必至の関東地方の坂東《ばんどう》武者たちでした（東日本でも東北は、金を輸出できるので競争力が強い）。

この守旧派貴族と田舎侍の二大保守勢力が手を組んで、平家一門を瀬戸内海に叩き落とし、難癖をつけて奥州《おうしゅう》藤原氏も攻め滅ぼし、平氏政権下では使用が公認されかけていた中国銭をふたたび禁止して物々交換に戻し、平家に押収されていた荘園公領《こうりょう》を元の持ち主に返す代わりに、自分たちも「地頭《じとう》」を送り込んで農作物のピンハネに一枚噛《か》ませてもらう――かように荘園制に依拠する諸権門に雇われた、よくいってボディーガード、悪くいえば**利権屋ヤクザ集団**が源氏であり（こういう見方を**「権門体制論」**といいます）、彼らの築いた「反グローバル化政権」こそが鎌倉幕府だったわけです。

中世を「武士の時代」といってはいけない第二の理由がここにあります。同じく「武士」とされるなかでも、隣国宋朝の制度を導入することで、古代日本とは異なる**本当に新しいことをやろうと試みた平家（ファースト・サムライ）**は、実は敗北してしまっていた。

むしろ、従来型の農業中心の荘園制社会を維持しようとした**守旧派勢力である源氏（ワースト・サムライ？）**の方が勝ってしまって始まったのが、日本の中世だったのです――それなのに、教科書どころか歴史小説や時代劇まで大同唱和して、「平清盛は太政大臣だから貴族の一味だけれども、源頼朝は征夷大将軍だから本当の武士だ」とか適当なことをいい、悪玉平氏でなく善玉源氏こそが新時代を開く側だったなどという真逆の歴史像をデッチあげ、鎌倉男児こそサムライスピリッツだ武士道だと持ち上げているのだから、なるほど日本人はグローバル化が下手なわけです。

最晩年の溝口健二《みぞぐちけんじ》が吉川《よしかわ》英治の原作を映画化した『新・平家物語』（１９５５）は、映画としての出来栄えは今一つなのですが、鳥羽上皇（院政）の暗黙の支援を受けつつ、比叡《ひえい》山延暦寺を中心とする貴族・寺社の利権に果敢に挑戦する民衆派の革命児として平清盛を描いた点で、異彩を放ちます。「およそこの世に人を苦しめ、世を惑わせる神があろうか！　仏があるか！」と熱弁を奮って僧兵の軍団に単身立ち向かう若き清盛役・市川雷蔵渾身《こんしん》の演技こそ、サムライの中のサムライでしょう。

　幸い、２０１２年の大河ドラマは（どうみても同作を種本とした）『平清盛』だとのこと、国際的な市場統合の下で中国の台頭が進む今日、願わくばこのような「武士」のイメージこそが、今後はスタンダードになってほしいものです。

中華文明VS.日本文明：対立する5つの争点

　かくして、日本史上最初の全国規模の騒乱ともいえる源平合戦が、実は**近世への二つの道**——①宋朝中国で実現した**中華文明**に近い社会を日本でも実現しようとする「中国化」勢力（院政・平家）と、②むしろそれに対抗して独自路線を貫こうとする「反中国化」勢力（源氏）の路線対立から、生じていたことを見てきました。

　逆に言うと、このような国家ビジョンをめぐる二極分裂があったからこそ、源平合戦から戦国時代に至る日本の中世は、**ほぼ常に内戦状態**のようなむちゃくちゃなカオスの時代になったのであり、後者②が前者①を完全に駆逐して**中国とは正反対の日本文明**を確立したがゆえに、続く日本近世（江戸時代）では騒乱がピタリと止んで、それまでの大混乱が嘘だったかのような長期安定社会が実現したのだ、ということになります（岡本隆司『中国「反日」の源流』）。

……おっと、いささか先走り過ぎたかもしれません。しかし、この日本と中国とでは「**近世**」**の形が真逆を向いている**という事実は、本書全体を貫く最重要のポイントですので、ここでいったん、(内容の先取りになる点も含めて)そこのところをまとめておきましょう。

もしここから先、読んでいて「あれ?」と理解に躓《つまず》くところがありましたら、まずはこのページにいったんお戻りいただければ、全体の構図を再確認できるかと思います。

本章でその成立を概観した、現在のグローバル社会の先駆けともいえる近世宋朝中国=中華文明の本質を、あえて一文で要約すれば、「**可能な限り固定した集団を作らず、資本や人員の流動性を最大限に高める一方で、普遍主義的な理念に則《のっと》った政治の道徳化と、行政権力の一元化によって、システムの暴走をコントロールしようとする社会**」といったところになるでしょう。

もっとも、これだけだと抽象的すぎてかえってイメージが湧きにくいかもしれませんので、具体的にその特徴を確認できる、**5つのチェックポイント**を指摘しておきます。

A **権威と権力の一致**……貴族のような政治的中間層と、彼らが依拠する荘園=村落共同体(中間集団)が打破された結果、皇帝が名目上の権威者に留まらず、政治的実権をも掌握《しょうあく》する。

B **政治と道徳の一体化**……その皇帝が王権を儒教思想=普遍主義的なイデオロギーによって正統化したため、政治的な「正しさ」と道徳的な「正しさ」が同一視されるようになる。

C　地位の一貫性の上昇……さらに、皇帝が行う科挙＝「徳の高さ」と一体化した「能力」を問う試験で官僚が選抜されるため、「政治的に偉い人は、当然頭もよく、さらに人間的にも立派」（逆もまた真なり）というタテマエが成立する。

D　市場ベースの秩序の流動化……貨幣の農村普及などの政策により、自給自足的な農村共同体をモデルとした秩序が解体に向かい、むしろ商工業者が地縁《ちえん》に関係なく利益を求めて動きまわる、ノマド（遊牧民）的な世界が出現する。

E　人間関係のネットワーク化……その結果、科挙合格者を探す上でも、商売上有利な情報を得るためにも便利なので、同じ場所で居住する者どうしの「近く深い」コミュニティよりも、宗族《そうぞく》（父系血縁）に代表される「広く浅い」個人的なコネクションが優先される。

逆に、このような世界観を拒否した鎌倉武士たちに始まり、やがて江戸時代という日本独自の近世へと結実していく、日本文明の特徴とはなにか？

察しのよい読者はお分かりのように、実は、ちょうどこの**近世中国の5大特徴すべてを裏返す**と、それがそのまま、いわゆる「日本文化論」（たとえば、中根千枝『タテ社会の人間関係』）でおなじみの『この国のかたち』になるのです。

A′　権威と権力の分離……多くの歴史上の政権で、権威者＝天皇と、政治上の権力保有者（たとえば将軍）は別の人物であり、また現在の政党や企業などでも、名目上のトップはおおむね「箔付け」のための「お飾り」で、運営の実権は組織内の複数の有力者に分掌《ぶんしょう》されている。

B′

政治と道徳の弁別……政治とはその複数の有力者のあいだでの利益分配だと見なされ、利害調整のコーディネートが為政者《いせいしゃ》の主たる任務となるので、統治体制の外部にまで訴えかけるような高邁《こうまい》な政治理念や、抽象的なイデオロギーの出番はあまりない。

C′

地位の一貫性の低下……たとえ「能力」があるからといってそれ以外の資産（権力や富）が得られるとは限らず、むしろそのような欲求を表明することは忌避《きひ》される。たとえば、知識人が政治に及ぼす影響力は、前近代（儒者）から近現代（帝大教授、岩波文化人）に至るまで一貫して低く、それを（ご本人たち以外）誰も問題視しない。

D′

農村モデルの秩序の静態化……前近代には世襲の農業世帯が支える「地域社会」の結束力がきわめて高く、今日に至っても、規制緩和や自由競争による社会の流動化を「地方の疲弊」として批判する声が絶えない。

E′

人間関係のコミュニティ化……ある時点で同じ「イエ」に所属していることが、他地域に残してきた実家や親戚（中国でいう宗族）への帰属意識より優先され、同様にある会社（たとえばトヨタ）の「社員」であるという意識が、他社における同業者（エンジニア、デザイナー、セールスマン……）とのつながりよりも優越する。

言い方を変えると、よきにつけ悪しきにつけ指摘される、日本人の「グローバル・スタンダード」（実際はアメリカン・スタンダード）への適応不全は、なにも今日突然始まったことではないわけです。１０００年前、当時の世界の富のほとんどを占有していた近世中華文明が発信する**「チャイナ・スタンダード」**の受容を拒否したところから、この国独自の歩みはスタートしたのですから。

歴史が「終わる」以前、唐朝に学んでその政治制度を導入したように、宋朝成立の際にも即座にこの新しい社会のしくみを取り入れていれば、日本においても中国と同様の「近世」が実現して、歴史は終わっていたでありましょう。ところが、海を隔《へだ》てて隣国にありながらその受容を拒否し、歴史が「終わっていた」ことを認めまいとするこの国に特殊なプロセスのことを、私たちはこれまで「日本史」と呼んできた。

しかし、いま問われているのは、そのような意味での**「日本史の終わり」**――ついに日本社会もその個性を失い、**中国と同様のグローバルな秩序に飲み込まれる**という事態の可能性なのです……

やはり、先を急ぎすぎました。再び時計の針を巻き戻していただいて、一度は「中国化」勢力＝平家を西の海に叩き落としたはずの「反中国化」勢力、すなわち鎌倉武士たちの命運を見てゆくことにしましょう。

中華皇帝に倣って「普通の王権」をめざした後醍醐天皇

第2章

勝てない「中国化」勢力

元・明・清朝と中世日本

13世紀にモンゴル、16世紀にヨーロッパが
「銀」の流れで地球を一つにつないだ。
そして日本だけでなく全世界が戦国乱世の世に

歴史家・網野善彦は建武新政を「中国化」と見る

「あの戦争」のなかの「元寇」

後に時代劇作家として「世界のクロサワ」になる黒澤明の監督第二作に、『一番美しく』（１９４４）という現代劇があります。戦時中の工場を舞台に、増産に励む勤労女学生の奮闘ぶりをセミ・ドキュメンタリー風の演出で賛美した国策映画なのですが、その事実上の主題歌となっているのが、女学生たちが常に演奏し口ずさむ軍歌「元寇《げんこう》」です。

♪四百余州《しひやくよしゆう》を挙《こぞ》る／十万余騎《よき》の敵／国難ここに見る／弘安《こうあん》四年夏の頃／なんぞ怖れんわれ
に／鎌倉男子あり／正義武断の名／一喝して世に示す

これは、もともと日清戦争の前に「中国なにするものぞ」との意気を煽るために作られた歌なのですが、私はこの映画を見ると、日本人としてなんともいえない諦観《ていかん》に襲われます。ああ、７００年以上前の元寇のときも、たかだか70年前の「あの戦争」のときも、日本は何も変わっていなかったんだなあ、と。

パクス・モンゴリアVS.軍国日本：13世紀のグローバル紛争

東西ユーラシアにまたがる巨大帝国を築いたモンゴル軍団が「野蛮な侵略者、文明の破壊者」であったというのは、実は当時のヨーロッパ人の記録に基づく単なる偏見で、むしろモンゴル帝国こそが、**全世界的な市場統合の礎を築いたグローバリゼーションの原点**だったのだと見るのが、最近のグローバル・ヒストリー（大学では「世界史」のことをこう呼ぶ）の常識です。

モンゴルが短期間にあれだけの広い地域を支配できたのは、自らの世界戦略に従う他の遊牧民を新たな「モンゴル」として次々に自部族に編入する一方、農耕文明に対しても**銀を国際通貨とする自由貿易**のルールに基づく**間接統治形式**をとり、現地の政権がその交易条件を飲めば万事安泰、むしろいざという時は蒙古騎馬軍団の力で守ってやる。反対に逆らう政権は徹底的に攻め滅ぼし、もって他勢力への見せしめにするという、短期決戦型の戦略を展開したからだといわれています。

そう、たとえるなら、新移民を次々に自らに同化させ、強力な軍事力を持ちつつもそれを効率的に使用し、安全保障の供与とセットで自国主導の経済圏に世界を組み入れていく——**現在のアメリカ帝国の先駆**とさえいえる存在が、モンゴル帝国だったというのが、現在の東洋史学の見解です（杉山正明『遊牧民から見た世界史』）。

つまり、こういうことです。宋朝の中国で、「ポスト冷戦」の現代世界の縮図ともいうべき社会が生まれていたのを、ぐーんと引き伸ばして**朝鮮半島から東ヨーロッパにまで拡張**したのが、モンゴル帝国であったと。なかでもクビライ（フビライ）は、帝国内の関所と通行税を廃止し、商品を売り上げた土地で価格の3％を帝国に収めればよいというシンプルな間接税制を導入して、世界規模の市場交易を活性化したとされています。安全保障の代価だと思えば、3％くらい安いものですよね（今や消費税より安いんですから）。

日本人の自称「歴史ファン」が滔々《とうとう》と語る、「織田信長は楽市楽座で商業を盛んにした。こうしたスケールの大きなリーダーが、今の日本にも必要だ」式の「歴史観」のスケールがいかに小さいか、実感していただけましたでしょうか。なにせモンゴルの方は**全世界楽市楽座**ですから、格が違い過ぎる。

元寇とは、このモンゴル帝国主導の自由貿易経済圏に日本も入れ、という要求を、「鎌倉男子」たちが蹴ったために引き起こされた、文字どおり「しなくてもよかった」戦争です。「国難ここに見る」？　なにがどう国難なのでしょうか。朝鮮の高麗《こうらい》王朝は、モンゴル騎馬軍団の侵入を許しましたが、国家としては滅ぼされていませんね（高麗滅亡は、後の李氏朝鮮の建国によるもの）。彼我の戦力差を顧《かえり》みずに徹底抗戦を唱えた武人勢力が、勝てない喧嘩に負けて自滅しただけで、国王はじめ王朝としては立派に生き残っています（以降の朝鮮で日本とは異なり、中国式の文人優位・朱子学中心の王権が成立したのはその帰結です。村井章介『中世日本の内と外』）。

まして、日本は海を隔《へだ》てた地域です。相手の要求に応じてさえいれば、国が滅ぼされるなどということはそもそもあり得ない。にもかかわらず、国難国難と騒ぎ立てて民衆はおろか天皇陛下まで欺き、外国に膝を屈するな式の排外主義を煽動し、和平の余地などないかの如くに偽装して**国民を戦争へと駆り立てた無能な軍閥政府**こそ、かつて平氏政権を葬ってグローバル化の道を閉ざした鎌倉幕府でしょう。

自給自足経済に固執してアメリカ主導のワシントン体制を離脱し、単に「中国大陸からの撤兵」に過ぎない要求をあたかも米国の奴隷になるかのごとくに煽りたてて無謀な開戦に踏み切った「あの戦争」は、正しく元寇の後継者と見るべきです。

「普通の王権」をめざして：真説南北朝

「あの戦争」に敗れた後、本当の国難打開に当たった吉田茂が「戦争で負けて外交に勝った歴史がある」と述べて首相を引き受けた（そして実際に勝った）ことは有名ですが、逆に**「戦争には勝ったが別のところで負けた」**のが元寇でした。どこで負けたかといえば、貨幣経済です。

モンゴルは銀を世界通貨としていたのですが、帝国が広大過ぎて銀の絶対量が不足していたため、交鈔《こうしょう》と呼ばれる紙幣を発行していました。その普及を促進するため、南宋を滅ぼした後の1277年——ちょうど2回の元寇の狭間《はざま》——に、銅銭の国内使用禁止を命令します。

こうなると、中国大陸の人々はそれまで蓄財した銅銭を国内で使えない。だったらどうするかといえば当然、対外貿易で使う。かくして日本と東南アジアに大量の中国銭が流出し、鎌倉時代末期の日本では**年貢の銭納化**が進むなど、平氏政権期以上の怒《ど》濤《とう》の経済革新に見舞われます。

平清盛の日宋貿易でさえ、最後は「中国化派」（グローバル化派）と「反中国化派」（反グローバル化派）に分かれての源平合戦に帰結したのですから、こうなってしまうと鎌倉政権は持ちません。荘園農地をがっちり押さえている鎌倉幕府の公的御《ご》家人《けにん》に対し、北条得宗《とくそう》家の私的使用人だった御《み》内人《うちびと》は貨幣と商業を基盤に急速に権勢を拡大し、両者の内紛で統治はガタガタになっていきます。

その機を捉えて１３３３年、鎌倉政権を葬った人物こそ、異形《いぎょう》の王権・後醍醐――ご存知ない方のために言っておくと、『異形の王権』というのはかの大中世史家・**網野《あみの》善彦**による、建武《けんむ》新政論の名著の書名です。「……その人も知らない」という方は、とりあえず『もののけ姫』（１９９７）の事実上の原作者くらいに思っておいてください（『歴史と出会う』に、宮崎駿監督との対談が載っています）。

後醍醐の画期性は楠木正成《まさしげ》らの悪党をはじめとした漂泊民や商工業者を組織して、農業基盤に依拠する武家勢力を打倒する発想の大胆さと、公家社会の家格や先例を無視して、自身の意のままに人事や政治を刷新する破《は》天荒《てんこう》ぶりにあり、これは歴代天皇の中でも空前絶後ということで、網野は後醍醐を「異形の王権」と呼んだのでした。また最近は、後醍醐が独自の貨幣発行を計画していたことも注目されています。

しかし、ちょっと待ってください。これって本当に「異形」でしょうか。お隣の国中国を見れば、300年前の宋朝の時代から、皇帝主導の人事・既成貴族の排除・商業中心の政策・貨幣経済の振興・移動の自由の称揚《しょうよう》、すべて自明のことです。**世界標準で見れば後醍醐の方が「普通の王権」**であり、彼以外の天皇のあり方こそが「異形」のはずです（「変人宰相」と呼ばれた小泉純一郎氏の政治手法が、新自由主義以降の英米圏ではごく普通のやり方だったようなものでしょう）。

実際、網野も中国史家である谷川道雄氏との対談では、建武の新政を**宋朝の皇帝専制を日本に導入**しようとしたもの、と明言しています*（『交感する中世』）。しかし、やはり網野自身が明らかにしたように、**中世日本では「中国化」勢力が完全には勝ちきれない**。結局、北条氏を倒すために鎌倉御家人の筆頭、つまりもともと「反中国化」勢力の足利尊氏の助力を仰いでしまったのが仇《あだ》となって、後に路線対立から尊氏に離反され、吉野へと追放される——これが名高い網野南北朝史の全貌です（小泉氏が結局、自民党という政権基盤を切れずに「改革」が中途半端に終わったのと似ていますね）。

宋朝で成立した中華世界のグローバル・スタンダード導入の試みは、かくしてあえなく挫折したのでしょうか。おそらく最後の挑戦者となったのが、南北朝統一を達成した室町幕府第三代将軍・足利義満《よしみつ》でした。

「天皇になろうとした将軍」と評されることもあるように、義満は従来は皇室が行ってきた叙任《じょにん》権や祭祀権を次々に取りあげ、明朝から日本国王の冊封《さくほう》を受けて対中貿易を推進したほか**、足利氏以外の有力御家人を次々粛清して集権化を推し進めていきます。まさに南北朝統一と同じ1392年、朝鮮では朱子学思想に基礎づけられた李成桂《りせいけい》による国家簒奪（李氏朝鮮の建国）が成功、日本でも同様の体制変革を行う機は熟していました（小島毅『足利義満・消された日本国王』）。

しかし、突然のその病死——暗殺説も根強い人気があります——によって、ここでも「中国化」の夢は潰《つい》えてしまう。義満に太上天皇（上皇）の尊号を贈ろうという朝廷側の申し出を拒否したのは、当の室町幕府の宿老たちでした。彼らは将軍家が中国皇帝並みの専制君主として君臨し、自身が世襲する領地や家職を取り上げられることを何よりも恐れていた（今谷明『室町の王権』）。

繰り返しますが、鎌倉政権以来、幕府御家人は「武士」といえども守旧派、既得権益を守る側の勢力です。一見、古代貴族への挑戦者のように見えながら、イエ単位の官僚機構を維持して日本社会の自由化（中国化）を抑圧する点では、貴族の一味なのです。

*実は、網野と並行してこれを指摘したのは評論家の山本七平《しちへい》で、70年代前半の連載ですでに後醍醐のビジョンを「中国化革命」と呼び、断片的ながら明治維新や「大東亜戦争」までを——本書と同様に——その系譜の延長線上におく思考を展開しています（『山本七平の日本の歴史』、『日本人と中国人』）。日本史に潜む「中国化」的な要素が戦後、知識人たちにどう認識され論じられてきたのかは、これから探求されるべき大きなフロンティアだと思います（高澤秀次『戦後日本

の論点』）。

＊＊ただし義満の明への入貢を「中華皇帝から日本の統治者としてのお墨つきを得て、天皇の存在自体を不要にしようとしたもの」とする解釈は、現在では否定されており、むしろ天皇家に由来する伝統的な祭祀権と、当時唐物《からもの》を通じて流行した「中華皇帝風」のイメージとを併用するのが、室町将軍家の権威確立政策だったと見られています（橋本雄『中華幻想』）。

明朝は中国版江戸時代？

このように見てくると、ポスト宋朝時代の中世日本というのは**「時々だけ中国に似た政権が樹立されるのだが、おおむね短命に終わる」**という独自の地政学的状況にあったことがわかります。だとすれば（私のように）中国史に不案内な日本人が中国を理解するには、この逆を張ればいい。宋代以降の近世中国とは**しごく稀に日本に似た政治体制が構築されるのだが、すぐまた壊れてしまう地域**だと思っておけばいいのです——この「しごく稀」な例外の一度目が、モンゴル帝国崩壊後に成立した明朝でした＊。

これは、なぜ古代以来の最先進国だったはずの中国が、近代西洋のような世界支配に失敗したのか、という問いの答えとも密接な関係があります。１４００年代前半に行われた鄭和《ていわ》の大遠征のような海外拡張政策が継続されていれば、ヨーロッパの大航海時代などというものは出現せず、とうの昔に中国は世界経済の支配者になっていたはずだというのが、現在の欧米のグローバル・ヒストリーの標準的理解ですから（J・L・アブー＝ルゴド『ヨーロッパ覇権以前』）、21世紀の今になって尖閣沖での漁船衝突やら中国海軍の空母保有やらに慌てふためく日本人などというのは、時勢に600年以上遅れた滑稽な存在です。

モンゴル帝国が衰えたのは、銀不足により紙幣に依存した結果、経済が混乱したためだと見られています。今のように誰もが不換《ふかん》紙幣（ただの**紙切れ**）に慣れていれば、銀不足でもどうということはないのですが、一般人が銀との兌換《だかん》を諦めきれない状況の場合、紙幣が銀に交換できないことは、帝国の正統性を揺るがしてしまう。

人類が金本位制を完全に諦めた（金と交換できない紙幣でも納得して使うようになった）のは第二次大戦期であり、最後の兌換紙幣だったドルと金の交換が停止されるのが1971年のニクソン・ショックですから、モンゴル帝国は遅れていたのではなく、**進み過ぎていたがゆえに滅びた**というべきでしょう。

ところが当時は、そう考えられないのが人間というものです。モンゴル人を北方に追いやって明朝を建国した朱元璋《しゅげんしょう》（洪武《こうぶ》帝）は、銀に依存した経済政策こそ亡国の元凶と見なして、中国史上珍しい「反グローバル化」政策をとります（彼自身が、自由市場競争の下では「負け組」の内陸部で辛酸《しんさん》を嘗《な》めた出自を持ち、沿岸部の海商勢力と激しく敵対しながら天下を獲った経緯も影響したとされます）。

これが里甲制《りこうせい》で、移動の自由を廃止して民衆を地元の「戸《こ》」に縛りつけ、就業の自由も取り上げて各戸ごとに生産物資を国家が公定して世襲させ、複数戸で連帯責任を組ませて逃亡は許さない。徴税も物納方式に戻し、地域の有力者を里長《りちょう》に任命して秩序維持に当たらせる。おまけに海禁《かいきん》政策をとって私貿易を取り締まり、海外交易は朝貢形式でしか許さない。

これは宋朝以前の古代律令制の時代に、中国社会を引きもどしたともいえますが（上田信『海と帝国』）、われわれ日本人にはもっとピンとくる比喩があって、**要は江戸時代**です。中国大陸で後の徳川日本のような社会の建設をめざしたのが、明という例外的王朝といえましょう。鄭和の艦隊は、この洪武帝の統治を否定して即位した永楽《えいらく》帝の決断によるものでしたが、なにせ明朝の基本線が鎖国政策にあるので、彼一代の事業で終わってしまった。

かくして、中国は世界覇権を摑《つか》むチャンスを失い、その隙間をヨーロッパが埋めることになったのです。

ところが中国人は宋朝以降、自由（というかむしろ、**好き勝手**）の味を知っていますから、一度与えた自由を取り上げる政策は後の**アメリカの禁酒法と同じ**で、絶対に成功しない。地域を越えたネットワークを活かしてどんどん闇経済に逃亡、大陸沿岸部はアル・カポネ時代のシカゴよろしく、密貿易を牛耳るマフィアの温床と化します。

このマフィアの呼称がかの有名な「倭寇《わこう》」で、特に後期倭寇が日韓中の混成部隊となったのも理の当然でしょう。というかその意味ではむしろ、戦後広島の闇市をめぐる利権争いから泥沼の抗争が始まる**『仁義なき戦い』（深作欣二《ふかさくきんじ》監督、１９７３）の中世版**といった方が、想像がつきやすいかもしれません。

さて、明朝中国は、なぜそうまでなっても自由市場を規制しなければいけないのでしょうか？——先ほど述べたとおり、銀不足が元朝衰退の要因となった歴史に学ぶがゆえですね。

だとすれば、**銀さえ十分あるなら無理をしないで済む**わけです。銀がほしい。何をおいても銀がほしい。銀さえあれば宋・元時代の自由社会に戻れる。そう熱望しているところに、本当に銀が出てきてしまう。どこで？——ひとつは石見《いわみ》などの日本の銀山、もうひとつはポトシ銀山（現ボリビア、１５４５年開発）をはじめとした、ラテンアメリカのヨーロッパ植民地です。

＊ちなみに、二度目は毛沢東時代の共産中国です。「四人組」の逮捕後、マオイズムの人民公社政策を否定して改革・開放に舵を切った鄧小平《とうしょうへい》を、高島俊男氏は「靖難《せいなん》の変」（１３９９～１４０２年）のクーデターによって洪武帝の建国路線を修正した永楽帝になぞらえています（『中国の大盗賊』）。至言というべきでしょう。

世界を変えた「銀の大行進」：16世紀という分水嶺《ぶんすいれい》

明朝時代の中国人はとにかく銀に飢えているので、銀さえ持っていけば代わりに何でも売ってくれます。かくして西はラテンアメリカから東は日本まで、全世界の銀がブラックホールに吸い寄せられるが如く中国へ一方的に流入するという、１５００年代後半の現象を「**銀の大行進**」と呼びます。これがその後の世界を変えたのだというのが、現在のグローバル・ヒストリーの一番の基本線です。

考えてもみてください。これまで見たこともない大量の銀が、中国へと向かって文字通り世界中から雪崩《なだ》れこみ、その逆に絹や綿布や陶磁器や香料や薬草といった超高級品の数々が、山のように中国から世界へと溢れ出ていくわけです。これで奢侈《しゃし》欲に火がつかなかったら、**聖人か、でなきゃ廃人**ですね。

かくして、日本で戦国時代と呼ばれる16世紀（１５０１～１６００年）は、実は**全世界が戦国乱世**になります。中国では、伝統的な倭寇マフィアのほかに、毛皮と朝鮮人参の交易路を押えた満洲マフィア（後の清朝）、東南アジアからの銀ルートに立脚した台湾マフィアやイスラーム・マフィア、新参者の南蛮マフィア（ヨーロッパ人のこと）がシノギを削り、ヨーロッパではこの沸騰する貨幣欲をどう処理するかが絡んで、たとえば免罪符販売や禁欲主義の当否をめぐってキリスト教会が分裂、カトリック対プロテスタントの血で血を洗う宗教紛争が勃発《ぼっぱつ》します。

そして、この大混乱をどのように収拾したかが、それぞれの地域の将来を決定することになる（岸本美緒ほか編『東アジア・東南アジア伝統社会の形成』）。私は「世界中のいかなる地域でも、**１**

600年頃に作られた社会が、今日まで続いているんだと思え」と、あらゆる授業で学生に言っています（例外は、北米や豪州のような移民国家だけ）。つまり、日本なら江戸時代、中国では明朝にとってかわった清朝、ヨーロッパでは宗教戦争を収束させたいわゆる「ウェストファリア体制」＝近代主権国家のレジームです。

これら三つの地域の秩序は、すべて「銀の大行進」の落とし子のようなところがあります。まず中国では、銀が大量にチャージされたため、遠隔地間の取引はコンパクトに持ち運べる銀で済ませ、重たく不便な銅銭は近郊での日常業務だけに用いるようになります。

その結果どうなるかというと、日本に中国産の銅銭が入ってこなくなる。あの後白河・清盛・後醍醐・義満といった**「中国化」政権の権力の源泉だった、中国銭の流入ルートが根本から断ち切られた**結果、一度は銭納化されたはずの年貢をやっぱり米で納めるという**逆行現象**が生じて、究極の自給自足的農業政権である徳川幕府ができるわけです（次章で詳しくみます）。

一方、「銀の大行進」がヨーロッパにもたらしたのが、かの有名な**産業革命**です。南米のインディオ奴隷を文字通りタダで酷使して分捕った銀で、世界文明の中心たる中国から高級品を買いまくっているのは、盗んだ他人のクレジットカードで贅沢《ぜいたく》三昧しているのと同じですから、一度味を覚えたらやめられません（つくづく、最低な人々ですね）。

といっても、銀の在庫はいつかは切れるわけだから、こちらも中国に何かを売りつけて銀を取り戻さない限り、現在の身分不相応なゴージャス生活は維持できない。かくして、イノベーションへの欲求が生まれます（羽田正『東インド会社とアジアの海』）。そして好都合にも、これまで見たこともないような銀の大量流入によってインフレーション（**価格革命**という）が起きた＊——逆に、モンゴル時代から銀経済に慣れている中国では、インフレは起きません——ことで、同時に投資のチャンスもできる。

長期にわたるインフレというのは、要は今借金をしても返済時には負債が大幅に目減りしているということですから、ここは一発、大規模に資本を投下して起業してみるか、という話になる。こうして産業資本主義が生まれ、「世界の辺境の後進地帯ヨーロッパが、文明の中心たる中国を追い抜く」という奇跡の逆転劇が起きたというのが、現在の西洋史の通説的理解です。

いってみれば、**イカサマ詐欺師が粉飾決算がバレないようにあくせくした結果、たまたま本当にお金持ちになった**というような話で、それを「先取の気風を持つヨーロッパの文明人は、停滞し退嬰《たいえい》的な中国人と違って優秀だから近代化できた」なんぞというのは、**恥知らずもいいところ**です（どちらかというと、今日では欧米人より日本人にそう発言しそうな人が多い気がするのが、心配なのですが）。

＊厳密にいうと、「価格革命」の実態や影響については異論もあり、最近は西洋でのみ産業革命が成功した理由として、排他的な所有権の概念・契約慣行と法の支配・株式会社の発明などに着目する傾向があります（三浦徹ほか編『比較史のアジア』）。本書では詳論できませんが、後の章

で少しだけ触れます。

清朝は「中国化」社会の究極形

中国史上最後の王朝である清朝は、明朝の後半、東シナ海周辺の闇経済の利権をめぐる勃興マフィア勢力どうしの**『仁義なき戦い』**を制した、満洲族が建国したものです。そもそも最初に先手を取ったのは、分裂抗争していたさまざまな組の大合同を達成した日本マフィアでした——これがいわゆる、豊臣秀吉の朝鮮出兵（1592〜98）ですね。

秀吉の狙いは、最低でも朝鮮半島をシベリア近辺まで征服して環日本海貿易圏を独占し、可能なら寧波《ニンボー》（今日の上海対岸にあたる、当時最大の貿易港）に自身の根城を移して東南アジア交易をも支配下に……というあたりにあったといわれています（村井章介『海から見た戦国日本』）。結局、この野望は李氏朝鮮の抵抗と明の援軍の前に潰えますが、これでいよいよ明朝が疲労困憊《こんぱい》したところに、鳶《とんび》が油揚をさらうごとく天下を獲ったのが、満洲マフィアの愛新覚羅《あいしんかくら》一家です。

マフィアマフィアとしつこく書いていますが、これは元来、明朝が社会主義政権のごとく自由経済を抑圧するからマフィアとしてやっていかざるを得なかったという話で、別にマフィアだから野蛮とか遅れているとかいった話ではありません。むしろ、長らく「夷狄《いてき》」として卑しまれてきた満洲族から「天子」を出した清という王朝は、宋朝以降の中国社会の変化を集大成した、ひとつの極点ともいうべき文明でありました。

　そう、愛新覚羅氏の「皇帝就任演説」を、今日風に書き下ろせばたぶん、こんな感じになるでしょうか——

　ニーハオ、北京！　ついに革命（Change）が中国にやってきました。これが今夜、私たちの出した答えです。私たちは漢民族の中国でもない、モンゴル族の中国でもない、チベット族の中国でもない、満洲族の中国でもない、決して朱子学者の省と陽明学者の省の寄せ集めではない。私たちはこれまでも、そしてこれからも、いつも統合されたひとつの中華帝国であり続けるのです……

　紫禁城が「是的！（Yes, We Can）」の大合唱に包まれたかどうかは知る由《よし》もありませんが、これはジョークではありません。バラク・オバマ氏の演説の巧みさが、「差別されてきた黒人である自分でも大統領になれた事実こそが、アメリカというこの国の輝かしい伝統であり希望の証」という形で、**放っておけば自分と対立しそうな（たとえば保守派の白人層のような）人々をも、彼らが奉じる建国の理念に訴えることで味方に取り込んでいく**点にあることは、よく知られていますね。

　実は、「少数民族による多数派統治」というディレンマを抱え込んだ清朝の雍正《ようせい》帝も、自分を批判した漢人の儒学者を教え諭《さと》すという趣旨で書かれた『大義《たいぎ》覚迷録《かくめいろく》』（１７２９）で、まさしく同じことをやりました。主流派である漢民族の人々が掲げてきた理念が全世界に通用する普遍的なものであるからこそ、それを正しく身につけた人物であれば、天子の座についてもよろしいのであって、「夷狄」が皇帝になることは中華帝国の恥辱ではなく、むしろ進歩を示すことなのだと、アピールしたのです。

さらに、満洲族は中国本土に侵攻する前に、モンゴル族とも義兄弟の契《ちぎ》りというか同盟関係を結ぶのですが、その際に元朝以降、彼らの信仰となっていたチベット仏教（昔風にいうラマ教）を摂取しています。そこで、大陸の覇者となりチベットを傘下に収めた後でも、漢族に対して「儒教道徳の実践者」として君臨したのと同様、モンゴルやチベットに対しては「仏教の庇護《ひご》者」として振る舞うという使い分けをしたので、今日とは対照的に、清朝政府とチベット民族との関係はおおむね良好だったと見られています（平野聡『清帝国とチベット問題』）。

この、**相手の信じている理念の普遍性をまず認め、だったら他所《よそ》から来たわれわれにも資格があるでしょうという形で権力の正統性を作り出す**やり方が、宋朝で科挙制度と朱子学イデオロギーが生まれて以降の、かの国の王権のエッセンスです。言い方を変えると、**世界中どこの誰にでもユーザーになってもらえるような極めて汎用性の高いシステム**として、近世中国の社会制度は設計され、そのことを中国の人々は「ナショナル・プライド」にしてきたと見ることもできます（「日本でしか使えない」ことを自慢する「親方日の丸」方式とはえらい違いですね）。

この清朝は、経済政策でも宋朝以降の路線に極めて忠実で、人頭税を完全に放棄して民衆の所在の緻密《ちみつ》な把握を諦め、貨幣流通の管理（たとえば銀と銅銭の交換レートの設定や、地域通貨的な紙幣の発行）も民間に丸投げするなど、**ほとんど政府が社会のために何もしない究極の自由放任政策**をとったことで知られます。この結果、明朝の統制経済から一変して、社会に活気が戻り未《み》曾《ぞ》有《う》の好景気が生まれたことも確かです。

　これはまさしく、世界で最初に身分や職業を自由化した、中華文明の光の側面でしょう――一方、それと表裏一体の影の側面としては、国家が再分配機能を放棄していますから、（現在の中国と同様）市場競争の勝者と敗者とのあいだに、**絶大な格差**が作られることとなりました。

　この場合、できる限り親族ネットワークのメンバーを増やしてサヴァイヴしようとするのが、やはり宋朝以降の宗族主義ですから、清代の中国は空前の人口増加を経験し、そして政府は万事レッセ・フェール（なすにまかせよ）で、それをコントロールする手段を持っていません。

　すなわち、近年まで中国を悩ませてきた**過剰人口時代**の始まりであり、それがやがて、近代にはかの国の（一時的な）衰退を導くことになります。

「土建行政」と「公共建築」の元祖が城郭である

第**3**章

ぼくたちの好きな江戸

戦国時代が作る徳川日本（17世紀）

血みどろの内戦のなかから、
江戸という超長期安定社会が生まれた。
中国とも西洋とも違う「第三の道」

秀吉の失敗に学んで、「質素な権威主義」を確立した徳川家康

百姓は侍を雇ったか？

黒澤明の『七人の侍』（1954）といえば、歴代ナンバーワン時代劇にして日本映画ベスト・テンの常連ですが、日本中世史のプロにはあまり受けがよろしくないようです。理由ははっきりしていて、「野武士と自力で戦えない農民が、侍を雇って守ってもらう」というあらすじが、中世村落の実態とかけ離れて見えるからでしょう（藤木久志『刀狩り』）。

実際には、中世（特に室町時代）の村々というのは「兵農未分離」の状態ですから、村民は自ら武装して自力で村を守ったのであって、泣く泣く「お侍さま」に縋《すが》るような弱々しい存在ではなかった。こういう自己卑下的な民衆観が、これまでの歴史叙述をゆがめ……というわけです。

ただ、私は中世史家ではありませんが映画好きですから、ちょっと違う印象を持っています。確かに、「中世日本の村と戦場」を描いた映画としては、『七人の侍』は失格なのでしょう。しかし、むしろ**「日本が中世から近世に移る際に、何が起こったか」**を語った映画として見れば、これ以上の作品はなかなかないんじゃないかと思うのです。*

それではいよいよ、「歴史ファン」の日本人が大好きな戦国時代、そして江戸時代へと入っていきましょう。

＊数少ない例外は、溝口健二の『雨月物語』（１９５３）です。その理由は『東洋文化』（東京大学東洋文化研究所）89号に寄せた論文で書いたので、ご関心のある方はご参照ください。

日本人は中国人とは別の「近世」を選ぶ：内藤湖南《こなん》の日本論

「中国史を一か所で切るならば、唐（中世）と宋（近世）の間で切れる」と述べた内藤湖南は、やはり大正時代に**「日本史を一か所で切るなら、応仁の乱の前後で切れる」**と述べています（『日本文化史研究』）。いわば、中国史が「宋代以降近世説」なら、日本史は「戦国以降近世説」ということですね。

私は、この内藤湖南のふたつの近世論は、室町時代までの日本中世は**「いくつかの中国化政権の樹立を通じて、日本でも宋朝と同様の中国的な社会が作られる可能性があった時代」**、戦国時代以降の日本近世は**「中国的な社会とは１８０度正反対の、日本独自の近世社会のしくみが定着した時代」**として考えろ、という意味だと思っています。

それでは、戦国時代とはどんな時代でしょうか。自称「戦国ファン」のみなさんの頭のなかにあるのは、「天下統一をめざして幾多《いくた》の名将・勇将が智謀を凝《こ》らし雄略を奮って全国に覇を競った、血湧き肉躍る日本史上、一番カッコイイ時代」といったイメージでしょうが、例によって全然違います。

プロの戦国研究者が注目する当時の寺社の埋葬記録によると、戦国時代の死亡者数は春先（3～6月）にもっとも多く、夏から秋にかけてなだらかに減少し、逆に冬から増加してまた翌年の春にピークをつける……というグラフを示します。春という本来、気候的には一番過ごしやすい季節に、一番死者が多いというのは何を意味するかというと、**食糧の端境《はざかい》期を乗り切れずに飢えて死んでいる**ということで（だから初夏に麦、秋に稲の収穫期が来ると死者が減る）、実際、かようなグラフの形は江戸時代末期の天保の大飢饉《ききん》時のそれと完全に一致します（黒田基樹『百姓から見た戦国大名』）。

要するに、夢あふれる天下統一のビジョンなんて誰も持ってなくて、**毎年が天保の大飢饉状態だったので、餓死寸前の難民どうしが血で血を洗う略奪合戦をやっていた**のが、真の戦国時代なのです。どうしてこんな時代にファンが多いのか、理解に苦しみますね。

こういう一種の極限状況の中で、今日にまで続く日本社会のしくみが作り上げられていきます。具体的には、以下のようなものです。

自民も民主も戦国大名の末裔

①土建行政

日本とヨーロッパの「お城」の違いはなんだかご存知でしょうか。正解は、欧州のお城は「私的所有物」（セレブのお屋敷）ですが、日本のお城は「公共建築」（都庁舎や県民会館や市民ホールと同じ）であることです。日欧比較がテーマの歴史地理学者の同僚に聞きましたから、たぶん間違ってません。要するに、戦国以降の城郭は「殿様の私邸」ではないわけです。

　戦国大名の使命とはなにか。「天下統一」ではありません（それは、TVゲームの中だけの話）。近隣との食糧分捕り合戦から地元を防衛するために、道路整備と駅伝制度の管理を通じて迅速な情報伝達と物資輸送にこれ努め、いざというときは**避難民を城郭内に収容**して、地域住民の**「いのちを守る」**ことなのです。ここが、国家が万事「市場に任せよ」で、民政機能を放棄していった中国近世との、大きな分岐点です。

　これを農民の目から見ると、中世までの非常時には自身が帯刀して侍に早変わり、自分の身は「自力救済」で守っていたのに対し、近世以降はむしろ身の安全を「お上に委ねる」ことが可能になる。網野善彦の中世讃歌をアナーキズムだと批判する史論家・渡辺京二氏が述べるように、自身の存在理由《レゾンデートル》は秩序の安定にありと権力者が自覚し、なんでも民間の「自己責任」に丸投げする（中国と同様の）中世社会の慣行を離脱し始めたこの時代から、中国とは異なる**独自の近世**としての、日本文明が始まるともいえます（『日本近世の起源』）。

　それは一般庶民にとって、バラ色の社会でしょうか？　もちろん、そうではありません。今も昔も、箱モノ建設や通信ユニバーサルサービスの維持にはお金がかかりますから、税率（年貢）は幾分高くなりますし、「道路や橋を作ってやったのは誰だ。お前らが暮らしていけるのは誰のおかげだ」と年中いばり散らされます。しかし、その代償として地元の生活全般は面倒を見てくれるという、二面性を帯びた存在。それが戦国大名だったわけです（山室恭子『中世のなかに生まれた近世』）。

すなわち負の側面を見れば、ありし日の自民党道路族の地元ボス代議士は、正しく戦国大名の末裔であると同時に、しかしあの「3・11」の後に人々が「自力救済」（典型的には略奪）に走ることなく、**現代版の「城郭」**＝小学校や公民館へ避難できたという正の側面もまた、戦国時代の合戦にまで遡《さかのぼ》る伝統があったからともいえる。

地元に道路を敷きホールを建てるのが政治家の仕事であるという通念が、**戦国時代以来500年の伝統になっているから**、ちょこっと「政権交代」してみたところで土建行政が直らなかった反面、いざ災害となったときにも地域社会がカオスに陥らず、ひとまずは統治機構を信頼して行動することができた――これが日本的な（中国とは真逆の）「近世」の遺産なのです。

こう考えてみると、『七人の侍』の名作ぶりが知れるでしょう。確かに、中世の村人が「七人の侍」を雇うという設定は不自然かもしれません。しかし、彼らは**近世への過渡期、納税という形を通じてサムライたちの国家を丸ごと雇った**ともいえるわけで、だからこそ志村喬《たかし》の演じる侍のリーダーの最後の嘆息、「勝ったのは（われわれ侍ではなく）あの百姓たちだ」が活きてくるのです。

②国民国家

言い方を変えると、近世の中国人は商売や宗族のネットワークを通じて、「遠くにいるけどつながっている人」を頼りに生活上の危機を乗り切る癖がついていたのに対して、**日本人は「今いっしょの地域で暮らしている人」どうしで結束する道を選んだ**、ということになります（数ある日本のことわざでも「遠くの親戚より近くの他人」こそ最高の至言でしょう）。

　戦国時代の地域住民は、大名の命じた城郭工事や堤防建設に徴用されるわけですが、それは地域ぐるみの国策協力としてやっているのであって、もはや単なる個人的な隷属《れいぞく》労働ではないわけです。当時の文書にも残っているとおり、そういう時のスローガンは、もちろん「御国のため」……

——戦国史研究の泰斗《たいと》である勝俣《かつまた》鎮夫氏はかくして、戦国大名の領国において、日本ではすでに「国民国家」が成立していたと断言しています（『戦国時代論』）。ポストモダニズム（西洋近代批判）とやらの尻馬に乗って、「国民国家は近代西洋からの輸入品」などと騒いでいるのは、日本史に無知な先生だけです。

　ちなみに「あの戦争」の末期、黒澤明は山本周五郎の『日本婦道記』を原作に、原節子扮する姫君が国運を賭けて戦国時代の籠城戦を戦い抜く時代劇を構想したといいます。元寇といい、戦国といい、やはり歴史の記憶というのは時代の節目《ふしめ》節目でいつも甦《よみがえ》るのでしょう。

戦後民主主義も戦国時代の遺産

③象徴天皇制

その戦争の後、大元帥として軍の最高責任者であらせられたはずの昭和天皇陛下は、退位なさりませんでした（中曽根康弘氏が回顧するとおり、当時は「天皇制廃止」を主張した左翼だけではなくて、「天皇制護持」のためにこそ自発的に責任をとられるべきだ、という論調も強かったのですが、やはり退位しませんでした）。

その当否に関してはいまだに論争がありますが、ひとつだけ確実なのは、**それでも多くの日本人は気にしなかった**ということでしょう。なぜか。それは、**天皇は中国の皇帝とは異なって、政争や戦争を超越した中立の存在であるから、いかなる結果が生じようとも責任は問われない**とする慣行が、戦国時代以来の伝統になっていたからです。

戦国時代冒頭の１５０８年、後柏原《ごかしわばら》天皇御自らの綸旨《りんじ》で「朝敵」と名指された大内義興《よしおき》が将軍足利義澄《よしずみ》を破って入京、宮中はあたかもマッカーサー上陸時並みのパニックに見舞われますが、判定は「悪いのは将軍であり、天皇には責任なし」。以降、戦国期を通じて皇室は特定の大名へのコミットメントを止め（また負けたら危ないですから）、ひたすら和平の斡旋《あっせん》などのピースメーカーに徹します。

自己の神格化によって「天皇超え」をもめざしたとされるかの覇王・織田信長も、結局、反信長連合に包囲されて窮地に陥ると正親町《おおぎまち》天皇の仲裁を仰いでしまったため、皇室には頭があがらず、かくして「象徴天皇制」が安土桃山期に定着したとするのが、天皇制研究の第一人者・今谷《いまたに》明氏の見解です（『信長と天皇』）。

④無思想性・無宗教性

この、足利義満の傲慢さと比べても随分ヘタレな武将が、史上最強軍団を率いた風雲児などと持て囃《はや》されているのだから奇妙な話ですが、さて、その織田信長の最大のライバルといえば誰でしょうか。武田信玄や上杉謙信？　そういう答えは「Ｄ（不可）」、足利義昭でギリギリ「Ｃ」、正親町天皇で「Ｂ」。

歴史学の試験で「Ａ（優）」がもらえる解答はただひとつ、「本願寺」です（「一向一揆」や「顕《けん》如《にょ》」でもＯＫ）。日本史学では石山《いしやま》戦争（大坂の石山本願寺と信長軍の戦争。最後は天皇の調停により本願寺側が退去し、実質的に信長が勝利）を、戦国時代でもっとも重要な合戦と見なします。

なぜかというと、たとえば川中島のような戦国大名どうしの合戦が単なる食糧の分捕りあいに過ぎないのに対して、この石山戦争だけは**「日本がいかなる原理にもとづいて近世社会を再建していくか」をめぐる争い**だったからです。本願寺というのはもちろん宗教勢力であり、浄土真宗の教えを信じる全国的な（地域を越えた）信者のネットワークに支えられた政権であるわけですね。

前章で述べたとおり、16世紀は世界全体が戦国時代ですから、もし本願寺の側が勝てば、日本も中国の朱子学体制とか、東南アジア大陸部（典型的にはタイ）の仏教王権とか、島嶼《とうしょ》部（のちのインドネシア）のイスラーム政体のような、宗教ないし思想に基づいて人々が統合される近世社会を迎えた可能性がある。ところがこれを信長以下の戦国大名たちの「とりあえずメシは食わしてやるんだから、地元は黙って俺についてこい」式のシステムが圧倒してしまう。

「日本の庶民が気にするのは自分の食いぶちの話ばかり。世界に開かれた公共精神がない！　筋の通った国家観がない！」という、リベラル左派からネット右翼までみんなに評判の悪い「無思想な国民」を作り出したのが、織田信長という男だともいえます（本当に、どうしてこのような人物が人気なのでしょうか）。

和風「天下餅」の行方：秀吉から家康へ

かように思想も宗教もない国民を統合するにはどうすればよいか。答えは簡単で、**エサで釣る**しかありません。信長を継いだ羽柴秀吉のぶら下げたエサは二種類で、まずひとつは**「身の安全の保証」**。惣無事《そうぶじ》令をはじめとするいわゆる豊臣平和令を出して、大名間の分捕り合戦を止めさせる一方、兵農分離を推し進めて（武士層以外にとっての）戦争動員の可能性を減らしていくわけです。

そしてもうひとつは今日もおなじみ、**「パフォーマンス政治」**。秀吉の派手好みは単なる成金趣味ではなくて、さしたる出自や文化資本（この人はすごい、と思わせる知性や教養）のない彼が大衆を惹《ひ》きつけるための戦略的手段だったのだが、しかしベタベタな演出はすぐ陳腐化しますから、もっと派手なことを、もっと前例のないことを、もっとスケール壮大でガツン！　と来ることを……と「やり過ぎ」な企画が過熱するうちに最後は朝鮮出兵まで行ってしまった、というのが山室恭子氏の見立て（『黄金太閤』）。ＴＶメディアで「放言」を競い合う政治家ばかりに人気の集まる昨今、身につまされます。

徳川家康は、この豊臣政権の自滅を見て育っているわけですから、同じ轍《てつ》は踏みません。政権の威信を示すにしても、「自分が派手になる」のではなく**「みんなを地味にする」**ことで同じ効果を出すことを狙う。

一般庶民の暮らしを厳しく統制すれば、大名行列にちょこっと着飾らせるだけでも「御威光《ごいこう》」が漂うわけです。これでどうにか無思想なりに権威主義体制を打ち立てて、以降２５０年に及ぶ徳川の平和《パクス・トクガワーナ》が生まれます（徳川幕府が当初から儒教を体制教学として、中国のような朱子学国家を作ったというのは、今日では否定された学説です。渡辺浩『東アジアの王権と思想』）。

すでに戦国時代に、今日の日本の原型のかなりの部分が作られていたわけですが、江戸時代というのはそれらすべてを受け継いだ上で、更に深化し定着させた時代とみればよいでしょう。特に重要なのは、それによって**中世日本には存在していた「中国化」へと向かう芽が、社会から根**

こそぎつみとられた点だと思います。ここは重要なので、順を追って少し詳しくみてみます。

食べていける身分制：17世紀の江戸

「江戸時代は身分制社会だったのだ」といわれても、多くの人はなにも驚かないというか、「そんなことはもう知っている」としか思わないでしょう。「前近代なんだからあたりまえだろう」とさえいう人もいるかもしれない。

そういう態度こそが、歴史に対する無知であり、間違いです。近世を身分制社会として迎えたという史実こそ、日本史上もっとも驚くべきことのひとつなのです。

考えてみてください。お隣の中国では近世から、すなわち宋の時代から、身分制などというものは廃止されているわけです。さらに、江戸時代というのはよく知られているとおり、書物文化や印刷出版業が花開いた時代ですから、ある意味でメディアの面でも宋朝に追いついたというか、科挙をやろうと思えばできる環境に到達した時代ともいえます。それにもかかわらず、**隣国では600年も昔になくなっている身分制度を維持し続ける**というのは、異様というほかはない。

江戸時代の身分制を「あたりまえ」扱いするのは、日本人などは中国人の足元にも及ばない劣等民族だからそれも当然だ、という「自虐《じぎゃく》的」な歴史認識を告白しているのと同義なわけです。

それで別にいいというならそれもかまわないと思いますが、そうでないなら、**なぜ近世の日本人**

がこの期におよんであえて身分制社会を選んだのかを、自分のことばで説明できなければいけません（「つくる会」にしても日教組にしても、果たして何人の先生方がおやりになれるのか、私は懸念します）。

　大学の日本近世史の分野では、遅くみても20年ほど前に答えが出ていますから、もったいをつけずにお教えしましょう。正解は、徳川最初の１００年間（１６００～１７００年）に全国に普及したふたつのものに関係があります――すなわち、イネとイエです。

　稲作の普及を「弥生時代」の出来事などと記述している教科書はトンチンカンもいいところで、あれはイネが文字通り入ってきたというだけの話であり、ジャポニカ米が日本全土にあまねく普及し、日本の農村といえば何といってもたわわに実る水田、という景観があたりまえのものになったのは、徳川初期の新田開発によるというのが、近世経済史・農業史の常識です。

　逆にいうと、中世までの日本は畑作の比率が高く、しかしそれらは稲作に比べて収量が大きく劣りますから、なかなか農業だけでは自活できない。そういう人々が自給自足を強制する荘園公領体制に不満を抱き、悪党や行商人や遍歴《へんれき》職人になって「中国化」政権を支持してきたわけです（斎藤修『比較史の遠近法』）。

　要するに、江戸時代の稲作普及によって初めて、**地元で自分の田んぼの管理さえきちんとしていれば、基本的には食べていける**という環境が整ったから、中国式の自由市場社会の魅力が薄れてきたのです。

さて、ジャポニカ米の水田農耕というのは、東南アジアの浮き稲農法などとはわけが違って、極めて手間がかかります。山あり谷ありの複雑な日本の地形の中で、水を水平に張って維持しつづけなければならないのだから、大地主の粗放的な荘園経営（畑作・麦作中心のヨーロッパでは近世もこれが続きます。さすがは**世界の辺境**）と同様にはいかず、どうしても小規模経営にならざるを得ない。

結果として、甥っ子・姪っ子などの傍系《ぼうけい》親族や、奴婢《ぬひ》や下人《げにん》といわれた隷属労働力を多数抱えていた中世までの大家族制が崩壊して、夫婦二人とその直系親族を中心にした、むしろ近代以降の核家族の方に近いコンパクトなイエが、農村でもあたりまえになります。これは、大家族の中ではそれまで居候《いそうろう》同然で一生結婚できなかった人々が、自分自身のイエを持って子供を作れるようになるということなので、急速な人口増加が生じ、それが新田開発を進展させてより一層稲作を普及させ……という形で、17世紀の日本は人口も経済も順調に拡張する（速水融『歴史人口学で見た日本』）。

この**イエとイネの好循環**こそが、戦国時代のどん底から徳川日本が奇跡の復活を果たした理由です（「あの戦争」の後の、農地改革から高度成長への流れにも少し似ています）。

さて、江戸時代というのは中国史でいうと「明朝」ですから、就《つ》ける職業はイエごとに決まっています（それが身分制というものです）。おまけに現在の戸籍に当たる宗門人別帳《しゅうもんにんべつちょう》で所在地をがっちり把握され、五人組の相互監視のもと地域ぐるみで納税に責任を負う**村請制**《むらうけせい》の下で、耕作地もイエ単位で代々固定されていますから、安易な住所変更は許されない（個人としての移動の自由が皆無だったわけではないが、イエごとよその村に移るのは困難）。

これは、宋朝以降の中国と比べると信じがたいくらい不自由な社会ですが、しかし逆に日本史の文脈においてみると、排他的に占有できる職業や土地があって、アガリを世襲することも認められているから、**欲を張らずそれさえ愚直に維持していさえすれば子孫代々そこそこは食べていける家職《かしょく》や家産**が、ようやっと貴族と武士だけではなく百姓にも与えられたということになる。今日の日本語でいう「やっと自分も一国一城の主」というやつです（もう少し学問的にいうと、中世の「職《しき》の体系」が近世の「役《やく》の体系」に受け継がれた、となります。尾藤正英『江戸時代とはなにか』）。

経済効率の面からみても、日本の地形や気候は**平安貴族の宮中儀礼並み**にバラエティに富み過ぎていて、全国一律の画一農法ではやれませんから、耕作地を世襲させてイエごとに後継者育成をお願いするというのは、理にかなっていないでもない。

さらに、農業ではなく商工・流通・サービス業の従事者についても、このイエと職（役）との結びつきは原則として固定されているわけですが、これは近世中国では許されがたい営業の自由の制限であると同時に、**国家の規制を通じた業界団体や中小企業の保護政策**だということもできます。

ありし日の自民党が大店法《だいてんほう》で総合スーパーの出店を取り締まって地元の商店街を守ったように、

おまえのイエはこれは商《あきな》ってよろしいがこっちは別のイエに任せねばならん、ここに店を出すのはいいがあっちに売りに行ってはならん、等々のやはりこれまた有職故実《ゆうそくこじつ》的なまでに細かい先例主義で縛り上げて、各業者の既得権益を保障するわけです。私とは比較にならないほど遥かに実証的な日本史学を専攻されている先輩研究者も、「江戸時代の商慣行には**社会主義的**なところがある」と仰《おっしゃ》っていたので、まあ、まず間違っていないでしょう。

まとめると、イネによって膨《ふく》らんだ経済のパイをイエ単位ごとにばら撒いた甲斐あって、おそらく近世日本の人々は身分制度の維持を、「同時代の中国人が享受しているような自由の剝奪」としてではなく、**「昔は荘園領主層限定のものだった特権の分与」**として受けとめたのではないでしょうか――これが私なりの、「自虐史観」にならないですむ、江戸の身分制社会の説明です。

「中国化」の防波堤？：真説封建制論

さて、この「イエという規制」は、支配階級である武士の方も拘束します。まず、大名ごとの領地というのは基本的には決まっているわけで、（幕府の機嫌を損ねるとお取りつぶしや転封になりますが、それがなければ）子々孫々にわたって「先祖代々のお殿様」と「先祖代々のご領民」が、地元で顔をあわせ続ける関係が生まれるわけですね。

このようなしくみを、科挙で選ばれた地方行政官が中央から赴任してきて、かつ定期的に転任になる近世中国の「郡県制《ぐんけんせい》」と対比して、**「封建制《ほうけんせい》」**といいます（「資本制」に対するマルクス主義の「封建制」と異なって、「遅れた悪いもの」というニュアンスはありません。現在の学界で注目されているのは、この漢籍用語としての「封建制」の方です）。

「郡県制」の場合、行政官はどうせ数年間しか当地に赴任しないのですから、後は野となれ山となれで徹底的に住民から収奪しまくるという手も（人によっては）使えるわけですが、「封建制」の場合はそれはちょっと苦しい。良心が痛むからということではなくて、百姓を酷使し過ぎて食い潰してしまったら、自分も共倒れになるからです（加えて、百姓に幕府に訴え出られてお取りつぶしの危険性があります）。

だからどうなるかというと、領主（経営者）も領民（労働者）も、**まあお互い同じ土地（会社）で生きてくしかないんだから、ほどほどのところで妥協しよう**ということになる。

こうして、中国の民衆反乱やヨーロッパの農民戦争のような過激な武装闘争は——日本でも中世の一揆には類似例が多いのですが——鳴りを潜め、日英比較史の水谷三公《みつひろ》氏がまるで「春闘《しゅんとう》」だとさえ評した、微温的な百姓一揆だけが官民の交渉チャンネルになります（『江戸は夢か』）。要求事項は多少の賃上げ（年貢減免）だけで、政治要求はしない。首相退陣のような過激な要求を掲げた政治ストが頻発《ひんぱつ》して経済の麻痺する戦後ヨーロッパに羨《うらや》ましがられた、いわゆる日本的労使関係の原点です。

大名家を会社と見る比喩は、武士どうしの関係を見る上でも有効です。お百姓さんの間にイエが普及する17世紀以降、武家社会でも戦国時代のように主家を移ることが認められなくなり、代々同じ大名家に仕えることしかできなくなります（本当の意味での終身雇用）。

結果として、武士（社員）の忠誠意識が殿様（社長）個人ではなく、大名家というイエ（会社）全体に向かうことになり、**会社を傾かせる（御家取りつぶしになりかねない）ようなワンマン社長は、従業員一同で解任して構わないという企業文化**が生まれます。「主君押込《おしこめ》」が悪家老の陰謀の代名詞になっているのは『暴れん坊将軍』の世界だけで、むしろそれは御家を守るための義挙として幕府にも黙認され、民衆もまた知るところだったというのが、笠谷和比古《かずひこ》氏の古典的研究です（『主君「押込」の構造』）。

笠谷氏の指摘で興味深いのは、家臣団一同によって押し込められた（大概は強制隠居の形になる）江戸時代のお殿様が、必ずしも志村けん式のバカ殿というわけではなく、むしろ勉学好きの明君ゆえに押込の憂き目をみたケースがそれなりにあることです。

何を学んだかというと、近世初期に学問といえば一種類しかなくて、もちろん儒教です。宋朝以降の中国の体制を支えたあの政治思想です。これを真剣に学ぶと、なにせ中国では皇帝が試験でお気に入りを抜擢《ばってき》して貴族をリストラ、とことん自分の理想の道を追求しているわけですから、自分も真似したくなる。世襲の無能な家老連中を降格させて、家格を無視した斬新な人事を行い、主君親裁《しんさい》を確立して先例にとらわれない大胆な政策をバンバン打ち出す――と、後で家中一同に寄ってたかって押し込められるわけです。

いってみるならば、各大名家の統治が中国的なトップダウン型の専制政治に流れることを防止する、いわば**中国化を防ぐためのビルト・イン・スタビライザー（自動安定化装置）**のようなしくみとして、「封建制」やイエ制度は機能していたということになるでしょう。

日中は「混ぜるな危険」：ブロン効果とはなにか

私は歴史観が「自虐的」でなくなること自体は結構なことと思いますが、どうもそういう方々に限って今度は「自慰的」になったり「他虐的」だったりする歴史観を、新たに持ち出されるのは困ったことです。

本書の読者にも誤解があるといけませんので、ここで整理しておきたいと思いますが、**中国の近世も日本の近世もそれぞれに完結した政策パッケージなのであって、一概にその優劣を論じることはできません。**両者それぞれについて、効力を発揮する局面と、弊害をもたらす局面とがあるというべきでしょう。

まず、広範囲に及ぶ市場圏で勝手気ままに商業を営む上では、当然に中国型の宗族ネットワークの方が、情報網としてもセーフティ・ネット（万が一の際の保険）としても優れていますし、逆に地元のおなじみさんどうしで協力しながら農作業を進める上では、日本式のイエ制度や村請制の方が、ノウハウの蓄積の面で勝るだろうと思います。

次に、基礎学力と汎用性の高いジェネラリストを抜擢する上では、一律筆記試験の中国の科挙制度は適していますし、しかしその職に固有の特殊技能や地域の実情に特化したスペシャリストを育成するなら、日本の**家職制《かしょくせい》**によるジョブ・トレーニングが効果的でしょう。あるいは、中央主導で大胆な改革を効率よく進めるには、中国の皇帝集権や郡県制はうってつけだろうし、逆に地域ごとの個別性や既存の秩序をきちんと維持するには、日本の押込慣行や封建制の方が安心できます。

問題は、それぞれのパッケージの特性と、社会的に必要とされる局面が噛《か》み合わなくなってしまった場合です。さらにいうと、**日中両国の特徴を混ぜて使う「混合体制」は、結果としてシステムのどこかに不適合が生ずる局面を増やしてしまうので、一番危険**なような気もします（このあたり、J・ジェイコブズ『市場の倫理　統治の倫理』の影響を受けています）。

今日の日本から事例をとると、一番わかりやすいのは国会議員の「世襲」でしょう。同じ東アジアでも韓国は、日本と同じかそれ以上のコネ政治の世界ですが、「世襲政治家」のうち「息子」に継がせるという人はほとんどいないというデータがあります（岩本通弥「都市化に伴う家族の変容」）。韓国の親族制度は中国に近いので、父系血縁の（宗族的な）ネットワークの全体から、一番優秀そうな人材を選んで継がせる。ところが日本の「イエ」式で長男に継がせるやり方では、その子が無能だったらもうおしまいですので、現代の戦国大名たる**自民党なぞはそれで政権を失ってしまった**わけですね。

もう少し一般庶民の暮らしに近い例をとるなら、百姓一揆の今日版である日本型労使交渉は、郡県官僚のように外部から送りこまれた、皇帝専制ばりのコストカッター経営者には効果がないわけです。おまけに、中国のような自由市場で流動的雇用を組織するのにも向かないので、労組の機能低下が止まらないという今日の雇用環境も、同様のケースだということができます。

掌編《しょうへん》小説の名手だった星新一の、ショートショートの好編『リオン』に登場するアイテムに、「ブロン」というのがありました。「メロンのように大きな実がブドウのようにたくさんなる」ように掛け合わせて作ったはずの新品種「ブロン」が、実際は「ブドウのように小さい実がメロンのように少ししかならない」結果に終わる、というお話です。

私は、歴史上ときどき起こる不幸な惨事の裏には、どこかでこの「よいとこどりを狙ったはずが悪いとこどりになってしまう」という、いわば**「ブロン効果」**が働いているのではないかと見ています。そして、現在の日本社会の苦境もまた、「ブロン理論」で説明できるような気がします。

――実際、あの徳川の平和の裏でも、18世紀の頃から、徐々にブロンが熟し始めたように思われます。

「希望は、戦争。」なワーキングプアを奇兵隊に組織した高杉晋作

第4章

こんな近世は嫌だ

自壊する徳川日本（18～19世紀）

江戸時代は「地上の楽園」だったのか？
その裏でいったい何が？
破綻した「美しい国」の幻想

歴史人口学の速水融は、江戸に「都市の蟻地獄」を見た

マルサスの罠の抜け方：18世紀の江戸

食糧不足の近世村落を舞台とする「姥捨《うば》て山」の伝説を素材とした、深沢七郎の『楢山節考《ならやまぶしこう》』は2回にわたって映画化されていますが、まったく正反対の演出を試みながらともに名作となったのは、世界の映画史でも稀有《けう》な例ではないでしょうか。

1度目の木下惠介版（１９５８）は、あたかも人形浄瑠璃《じょうるり》を原寸大で生身の人間が演じたかのような、オールセットによる極端な様式美が特徴です。黒子の口上と拍子木《ひょうしぎ》に合わせて幕が開くところから始まり、徹底して作り物めいた虚構の世界の中で演じられる、息子のため、孫のため、村のみんなのためを思えばこそ従容《しょうよう》として山へ捨てられに行く老母と、悲しみをこらえて務めを果たす長男の姿――これこそが『美しい国』ニッポン、『品格ある国家』ニッポンの姿です（このネタも、そろそろ通用しないのかな）。

どういうわけか知りませんが、江戸時代２５０年は「世紀」ごとに切った方が正しく理解できて、最初の１００年間（17世紀）の急激な人口増加に対し、次の１７００～１８００年の１００年間は**全国人口がピタリと停滞**してほぼ横ばいになります。これがその後の近代化を可能にした、とみる論者も多い。

英国人マルサスがまさに18世紀末に指摘したのですが、確実な避妊《ひにん》技術の乏しい前近代社会では、放っておくと人口はバンバン膨張するのに対して、化学肥料もビニールハウスもない中で農業生産力はちょこっとずつしか上昇しませんから、必ずどこかで食糧に対して人口が過剰になり、飢餓や内戦が勃発《ぼっぱつ》する（これは、アフリカをはじめとする開発途上国では、今も昔話ではありません）。何らかの人口抑制策によって、この**「マルサスの罠」**をどうにかして抜けないと、いつまでも農耕社会からのテイク・オフができず、産業資本主義のコースに乗ることができない。

かくして、ヨーロッパでは、家事の市場化（執事さんやメイドさんのこと）によって文字通りの「独身貴族」（比喩ではなく本当に貴族）的な人生設計を可能にしたイギリス、アジアでは、イエの後継者を一人に絞り込むことでやはり多産の必要性を減らした日本が最初に「罠」を抜け、近代化をリードしたのだ、と見ることができるわけです（A・マクファーレン『イギリスと日本』）。

逆に、「罠」に嵌《はま》って出られなくなってしまったのが中国でしょう。中国の宗族ネットワークは、とにかく産んで産みまくって血縁者の数を増やして、そうすれば一人くらい科挙に合格《うか》るか商売で当てるだろうから、そうしたら一族こぞって寄生するというシステムですから、人口増加が必要な局面（たとえば市場の拡大）には向いていても、抑制には適さない。

対照的に、日本のイエというのは元来、中国のように父系血縁にはこだわらないしくみで、子供が産まれなけりゃ養子をとるという逃げ道もあります——血縁のない人を養子にとれるのは、日本人にはあたりまえですが中国・朝鮮ではあり得ず、ヨーロッパ人にも長く奇異に見られた慣行——から、人口を絞り込むのには向いている。そもそも、**代々定められた家産を相続して食べ**

ていく世襲制社会で、子供を産み過ぎたら身の破滅ですから、自発的な産児制限の慣行が普及していたとする説もあります。

加うるに、かの名高き姥捨て山の伝説。自分の一身よりも集団全体を想う、今日一日の快楽よりも明日の若き世代を想う、この貴き自己犠牲の精神、大和魂《やまとだましい》のまごころこそが徳川日本の人々を飢餓から救い、輝やかしい「アジアで唯一の近代化」へと導いたのです。

……と、いうことになるのなら真に美しい国なのですがね。もちろん**現実はもっと厳しい**という点を見つめて、徹底したリアリズムの技法で再映画化を試みたのが、今村昌平版（１９８３）の『楢山節考』です。近世村落の性欲処理や規律違反者への私刑をえげつないくらいの直截さで描いているのが今村節の真骨頂ですが、最も興味深いのはやはり深沢七郎作の『東北の神武《ずんむ》たち』をシナリオに取り入れて、主人公である長男・辰平《たつへい》（母親を姥捨てに行く人）の弟として、次男・利助《りすけ》というキャラクターを設定していることです。

先ほども述べたように、生産手段（要は世襲した土地）が限られていてもう増えない状況の中で、家族が多くなりすぎたら餓死あるのみですから、江戸中期以降の農家では基本的に、「家を継ぐ人」以外の男子は嫁をとれません。よほど無能でなければ長男が跡取りですから、次男以下はオンナができない（今村版では、たまりかねた利助が獣姦におよぶシーンまであります）。

今風にいえば**モテないニート**というところでしょうが、これは自己責任ではなくイエ制度の宿命である構造的な問題ですから、どうにも解決のしようがありません。「じゃあ最初から産むな」

と次男以下は思ったに違いありませんが、当時は乳幼児死亡率が極めて高い（「一人っ子政策」をとっても成人前に死ぬかもしれない）ので、何人かは余計に産んでおかないと「イエ」のリスクヘッジができないのです。

もっとも、利助のように実家で飼い殺してもらえる次男坊はまだ運がいい方で、多くの農家にはそんな余裕がありませんから、都市へ出て働けということになる。がんばってニートから脱却して**フリーターになる**わけです。

ところが、今日でさえワーキングプアと呼ばれる現状があるわけですから、労働組合も失業手当も医療保険もない当時のフリーターの環境は、当然今より悪いですね。歴史人口学の世界的権威である速水融《はやみあきら》氏の調査では、天領大垣《おおがき》藩預り地西条村（岐阜県）から江戸時代最後の約１００年間に都市へ働きに出た男女３９４人（うち継続中の65名を除くと３２９名）のうち、奉公の終了理由として最多のものは「死亡」の１２６名で、見ようによっては４割近くに達します。

母集団が違うので単純に比較はできませんが、「あの戦争」が終わった時の現存兵力が８００万人弱、死亡者数は２００万人強といわれています（朝鮮・台湾出身兵卒を含む。空襲等による民間人の死者は入りません）。つまりＴＶドラマでよく放映されているように、赤紙が来て「御国のため、立派に死んでまいります」といって出征して行った方々が本当に戻ってこないケースは、４人ないし５人に１人。

逆に、江戸時代のある村から出稼ぎに出て帰ってこないのは３人に１人ですから、実に**当時の**

江戸や大坂は太平洋戦争以上の死亡率を誇る職場だったことになります（もちろん、都市でも天寿を全うしての死亡もあるでしょうから、厳密にはもうちょっと複雑ですが）。おまけに靖国で護国《ごこく》の鬼となることも当然叶わず、亡くなった後は下手をすると無縁仏ですから文字通り無私の献身となるわけで、**つくづく徳川日本というのは美しい国**です。

次男以下を見殺しにする国？

要するに、『楢山節考』は伝説に材を取ったフィクションですが、出稼ぎ者の高死亡率は実証に基づく史実ですから、標語にするなら**「姥捨て山は偽の江戸、孫捨て都市が真の江戸」**なのです。若者たちの将来のために老婆が犠牲になるのではなくて、イエを長男に継がせたジジイやババアが生き残るために、次男・三男を都市に捨てていたわけです。

18世紀の全国人口の停滞（すなわち、マルサスの罠の突破）というのも、農村部の人口増加分を、都市部の高死亡率および低出生率がすり潰して相殺《そうさい》していたというだけで、これを速水氏は**「都市の蟻地獄《アリジゴク》」**効果と呼んでいます。「姥捨て山は偽の江戸、孫捨て都市が真の江戸」、これを百遍でも繰り返して頭に叩き込むことが、江戸時代のみではなく今日の日本を考える上でも、絶対に必要です。

なぜなら、**今も同じだから**です。選挙分析の第一人者で熊本県知事になった政治学者の蒲島《かばしま》郁夫氏らの１９８０年の調査によると、「政府はすべての人に職を与えるように努めるべきである」という質問の場合、日本人の平等志向は（福祉国家の理想とされる）スウェーデンより高くなりますが、「老人と身体障害者を除き、すべての人は社会福祉給付をあてにしないで生活しなければならない」という質問の場合は、（解雇自由で医療保険も穴だらけの）アメリカより平等志向が低くなります（『戦後政治の軌跡』）。

つまり、「イエ」ごとにきちんと**職だけ**は用意して、家職を立派に務めあげた**老人にはスウェーデン以上に優しく**しよう。逆に、若いくせにまともな職についていない**ガキどもにはアメリカ以上に厳しく**しよう。そいつらは自己責任だから、税金で援助するのは止めにしよう。過労死するまで徹底的に低賃金でコキ使おう——極論すれば、江戸時代から今日に至るまで、それが日本人の考える「福祉社会」なのです。

その欠陥が露呈しているのが年金制度で、賦課《ふか》方式の年金とは基本的に若年者から老年者への所得移転ですが、なかでも日本の年金は、**お年寄りに自身の納付と釣り合わないほど多額の給付を与えているため、加入者が増えれば増えるほど赤字になる**というメチャクチャな制度設計がされている上に（盛山和夫『年金問題の正しい考え方』）、選挙の時も自民党から共産党まで「かわいそうなお年寄り」に媚《こび》を売るばかりで、「若者の年金負担軽減」は、誰もいわない。

まさしく、**偽の姥捨て山が真の孫捨て都市を覆い隠す構図**が今も続いているわけで、フリーター批評家として知られる赤木智弘《ともひろ》氏が年金を「老人への集金装置」と罵倒するのも一理あります（『若者を見殺しにする国』）。国民年金の未納率は若年層ほど高いことが知られていますが、これは偽の姥捨て山への「反乱」が始まったとさえ見ることもできましょう。

高度成長へと緩《ゆる》やかに時代が動きだしていた１９５７年の『米』は、『青い山脈』（１９４９）で知られる今井正《ただし》監督の最初のカラー映画ですが、霞ヶ浦《かすみがうら》近辺の半農半漁の村落に暮らす若き男女の青春を描いて郷愁を誘います。隣村に集団でナンパ（夜這《よば》い？）に向かう船中でのアドバイスは、「俺、長男だッて言うンだぞ。次男だの三男だの言ってみれバヨ、どんな娘でも相手にしねエゾ」……

――近世日本の「イエ」の遺産の驚くべき息の長さを示す挿話ですが、さて、非正規雇用者が増え非婚化に拍車のかかる今日の若者は、江戸時代でいう「長男」でしょうか、それとも「次男以下」なのでしょうか。

竹光で切腹を：窓際族武士の悲哀

その今井正の『武士道残酷物語』（１９６３、ベルリン映画祭金熊賞）をはじめとして、妙に「アンチ時代劇」が国際映画祭で評判をとった時期があります――『七人の侍』（ヴェネチア映画祭銀獅子賞）あたりまでの最初の日本映画ブームが、「キモノ美女の国ニッポン」「カッコいいサムライ・ジャパン」のイメージを定着させてややマンネリになっていたので、その裏面を描いてみせたのが新鮮だったのかもしれません。

今井の同作は、江戸時代の描写に関する限り本当の意味での「自虐史観」（原作は南條範夫《のりお》の『被虐の系譜』ですが、真の自虐とはこういうのをいうのであって、左右のイデオロギーの間で安易に振り回すべき言葉ではありません）なので、マゾヒストの方以外にはあまりお勧めしないのですが、小林正樹監督の『切腹』（1962、カンヌ映画祭審査員特別賞）の方は、徳川日本がいかに行き詰まったかを知る上でも必見の、真の傑作です（なお、今秋公開された三池崇史監督の『一命』は本作のリメイク）。

一種のミステリー形式をとっているのでネタバレはしませんが、武士道の美名の下に社会的な鋳型《いがた》にはめられた徳川日本の武士たちが、その桎梏《しっこく》の中で徐々に窒息し絞め殺されていく様子を、武家屋敷の砂利敷の上、竹光《たけみつ》（知らない学生さんのために書いておくと、刃の部分が竹でできた模造刀のこと）による切腹を命じられる失業浪人の苦痛（当然ですが、普通の切腹とは比べ物にならないくらい痛い！）の描写や、子孫の苦難を嘲《あざ》笑うかのように鎮座する井伊家赤備え伝来の鎧兜《よろいかぶと》の不気味な存在感を通じて描き出しています。

同作で肉感的なまでに描かれている、「サムライ」という身分とそれにまつわる慣習や規制が、しだいに**特権ではなく拘束として機能していくようになった際の無念さ**。実はこれこそが、やがて来《きた》る幕府倒壊の理由を考える上での、最重要ポイントなのです。ご説明しましょう。

日本近世の身分制が、「隣国中国ではとうの昔に廃止されているにもかかわらず、あえて選ばれた身分制」である点は先に申しました。言い方を変えると、宋朝が身分制度を廃止してしまった時点で、東アジアは**（ヨーロッパのようなド田舎とは異なり）身分制を維持するにはそれなりの手当てが必要な社会**になってしまっていたということです。身分が下のものでも、そこそこメリットを感じられるようなしくみでなければ、自明のものとして身分制度を押しつけることなど不可能なわけです（何度も書きますが、現に中国では身分自由なのですから）。

かくして、徳川日本の身分制は**「地位の一貫性が低い身分制」**という、世界史的に見てユニークな形態をとります。

社会学の分野では、「政治的な権力者が、経済的にも資産家で、文化的にも優越者である」ような社会を「地位の一貫性が高い社会」といいます。「ある指標で優位な地位を占める人が、他の指標でも優位な地位を占める社会」であり、ざっくばらんにいえば、**特定の勝ち組がすべてを独占して「敗者にはなにもくれてやらない」社会**ですね。

典型は、ここでも近世の中国です。科挙の合格者は官僚になって政治的な権力を振るう一方、往々にして合格前から兼ねていた地主や商人としての副業も（お役人とコネをつけたい人々が殺到して）ますます繁盛し、贈賄や領民からの搾取をはじめとした「役得《やくとく》」を含めて経済的にも大儲けができます。また、当然科挙に合格《うか》った時点で文化的な威信も絶大で、頭がいいばかりか生きながらに儒教道徳を体現した人格的にも高邁この上ない存在として衆庶《しゅうしょ》の期待を背負うことになる。権力も富も威信もすべて独占するわけです（そのかわり、それらは世襲できませんから、宗族内から続けて科挙に合格する次世代を発掘できないかぎり、やがては一家離散の憂き目をみます。競争社会とはそういうものです）。

これに対して、近世日本というのは身分制社会でありながら、実は「身分が上のものがすべてを独占して、下のものにはなにもやらない社会」（地位の一貫性が高い）ではなく、**「身分が上のものが名を取る分、下のものが実をとる社会」**（地位の一貫性が低い）だったのです。

まず階層別にみると、政治的な権力者は武士ですが、しかし彼らは実のところそう裕福ではなくて、経済的な実益は商人（町人）が握っています。これは、武家社会内部でもそうで、たとえば幕府レベルで政治の実権を握る老中を出せる家は、おおむね石高的に見ると少ない（経済的には貧しい）小大名の家でした。大名家レベルでも、実際に行政を動かすのは低給与の下級藩士の実働部隊であり、高給取りのご家老衆は稟議《りんぎ》を経て回ってきた書類に、判を押して権威づけしてあげるだけです（今の日本企業やお役人の世界と同じ。専門用語では「権《けん》と禄《ろく》の不整合」といいます。三谷博・山口輝臣『19世紀日本の歴史』）。

高校の教科書しか読んでいない人は、「え？　江戸時代のお代官様って、年貢は『五公五民』とか『六公四民』とか、農民をぎゅうぎゅう絞って収穫の半分以上もまきあげて、贅沢《ぜいたく》三昧してたんじゃないの？」と思うかもしれませんが、全然違います。仮に本当に五公五民だったとすれば（実は、地域差も大きく本当はこの時点であやしい）、確かに所得税率50％ということになりますけれども、**小学校の算数でも習う**ように、パーセント表示は「何に対する割合なのか」を知って使わないと意味がないのですが、高校の日本史では、そこまで調べましたか。

……と訊くと毎回だれ一人調べたことがないというこの問い、正解は「石高の50％」なのですが、この石高というのはおおむね１７００年頃に測量されたデータで固定されて、変動しなかったと見られています（T・C・スミス『日本社会史における伝統と創造』）。逆にいうと、それ以降にお百姓さん自身ががんばって増産できるようになった分は、極論すれば農家に丸々残るのであって、代官所には一粒も入ってきません（この点、労働量の計測時はわざと怠けて働いて計画経済上の負担ノルマを減らしていた、ソ連型社会主義国家のしたたかな労働者の姿と重なります）。

じゃあ検地をやり直せばいいじゃないか、と思うかもしれません。ところがそうはいかなくて、「検《け》見《み》取りお断り」は百姓一揆の絶対貫徹要求ですから、封建制という「日本型労使協調体制」では増税を強行できない――神山《こうやま》征二郎監督が２０００年に撮った『郡上《ぐじょう》一揆』が、史実に基づいてある百姓一揆のはじまりからおわりまでを再現していますから、ぜひご覧になってください。

かくして、名目税率の如何にかかわらず、幕末期には農家の実収入に対する税率は20％台まで下がっていただろうというのが、近世経済史の通説です（これを水谷三公氏のように、「江戸時代の税負担は、実は今日並の軽さだった」と評するか、それとも逆に「日本の税率は江戸時代から、いまだにちっとも下がっていない」と考えるかは、各自の価値観の問題です。「近代社会を育んだ『統治の作法』」）。

もちろん、財政支出の方も近世初頭のまま一定なら（大名家にとって）問題はないのですが、徳川時代最初の１００年間の経済発展で好景気になると物価が上がり、さらに城下町に集住して参勤交代で江戸住まいの味まで知った武家家中の暮らしもだんだん贅沢になってきますから、大名家の財政は日に日に苦しくなっていきます（「地元の有権者が反対するから」という代議士さんのおかげで、支出は減らせず歳入も増やせない、今の某国とも似ていますね）。

これでは高給取りの大名・家老クラスはどうにか乗り切れても、薄給の一般藩士にはたまったものではありません。「武士は食わねど高楊枝《ようじ》」とはよくいったものですが、給料が定額のまま物価ばかりがつり上がっていくなら、やがては餓死が待っています。

かように「ある分野では勝者である人々が、別の分野では敗者になっている」徳川社会の（地位の一貫性の低い）身分制度のあり方を、「ひとり占めせず己が分をわきまえる生き方をみんなが心得ていたことで、上位者も下位者も互いにいたわり慈しみあう日本情緒が育まれた、譲りあいの美徳あふれる共生社会」として、ポジティヴに捉えることもできます。今日も多い江戸時代ファンというのは、おおむねそういう人たちなのでしょう（たとえば最も繊細なタッチで、欧米人にまで及ぶ「江戸ノスタルジア」の内実を解剖した、渡辺京二『逝きし世の面影』をご覧ください）。

しかし、一方で同じ事態をちょうど逆に、「あらゆる人々が完全には自己充足できず、常に何かを他人に横取りされているような不快感を抱き、鬱々《うつうつ》悶々と暮らしていた**ジメジメして陰険な社会**」だと、ネガティヴに評することもできます。

——どちらをとるかは個人の趣味というか価値観ですから、私が強制することではありませんが、少なくとも確実なのは、**後者のような感じ方をする人が徐々に増えてきたから現に明治維新が起きた**ということです。

毎日が百日戦闘：近世農村の苦衷

まずは、農家の目線から考えてみましょう。何度か名前を出している速水融氏の、これまた世界的に知られた学説に「**勤勉《きんべん》革命論**」があります。

先に述べたとおり、増産分が手許に残るなら、当然お百姓さんはもっと作ってもっと稼ぎたくなります。ところが江戸時代を通じた農村内の変化を見ると、人口が増えているのに牛馬の数が減っているケースがある。つまり、近世日本の食糧増産や経済発展は、（たとえば牛馬のような）生産性の高い技術に投資することで達成されたのではなく、むしろ以前は牛や馬に働かせていた分まで人間がもっと頑張って働くような、投下労働力の増大によって達成されたのではないか、と見ることができます。

速水氏はこの発見を比較史的に敷衍《ふえん》して、工場労働のような制度的イノベーションによって「規模の経済」を達成し、効率的な働き方を可能にする新技術を続々導入するという投下資本量の増加に支えられた近代ヨーロッパのインダストリアル・レヴォリューション（産業革命）に引っかけるなら、近世日本の経済発展はむしろ、インダストリアス・レヴォリューション（industrious=

勤勉な、よく働く）であろう、と命名したわけです。

　私は専門家ではないので、速水説の仔細に関しては当否を判断できませんが、もっと効率のよい稼ぎ口を探してよそに移るのではなく、**今いる場所と現在の職業を前提にとにかくそこで頑張り抜く**という、中国と比較した場合の日本の近世の特徴をよく示したセオリーではないかと思います。ただ、気になるのは、保守系の論壇などにときどき、この話を「確かに西洋には産業革命があったがわれわれにだって勤勉革命があった。日本人は昔からよく働く勤勉な国民なのだ。日本の近代は西洋の近代に劣っているわけじゃないのだ！」という形で、「日本人のまじめさ自慢」にすり替える人がいることです。

　ちょっとよく考えてみてください。「西洋に産業革命あれど日本に勤勉革命あり」なぞというから結構なものに見えるだけの話で、資本もイノベーションも新技術もなくひたすら気合いで労働時間を延ばして増産を達成せよというやり方って、**要は共産中国の大躍進や北朝鮮の百日戦闘みたいなもん**じゃありませんか。大躍進（50年代末の中国の強引な重工業化政策。農家で製鉄をしろなどの滅茶苦茶な指導により一千万単位が餓死）は毛沢東すら失敗を認めて終わり、百日戦闘（北朝鮮で定期的に採用される労働ノルマ増強期間）はとりあえず百日間待っていれば終わるのかもしれませんが、江戸時代は同じことが延々と２５０年以上続くのです。

　もちろんこれは冗談で、北朝鮮の将軍様が増産分を全部巻き上げるのに対し、徳川公儀の将軍様は農家の取り分を残してくれるところが決定的に異なるわけですが、逆にいうとその点以外のエートス（時代の気質ないし社会の気風）のあり方は、ほとんど同じといえるでしょう。普段、「西洋と日本」という対《つい》でばっかり歴史を見ているから、こういうことが起こる。

私たちが生きてきたのは西洋近代を云々《うんぬん》する以前に、なによりもまず宋代以降の近世中国からの圧倒的な影響と反発の下で作られてきた、**東アジアの近世**なのです。「中国・朝鮮と日本」という対を（当たり前ですが『嫌韓流』式の単なる夜郎自《やろうじ》大《だい》ではない形で）きちんと意識していないと、知らず知らずに日中韓の「ブロン」を作って、ドツボに嵌《はま》りかねません。

江戸時代は主体《チュチェ》思想の夢を見たか？：北朝鮮問題をまじめに考える

「将軍様」の掛けことば自体は、八幡《やわた》和郎氏の歴史エッセイにもあるただのネタなのですが（『本当は恐ろしい江戸時代』）、北朝鮮について歴史的に理解するのはかなり重要なことなので、少しふれておきます。

北朝鮮の経済を崩壊させた理由のひとつは、もちろん極端な指導者崇拝で、金日成《キムイルソン》国家主席ご本人が農場や工場を巡回し、場当たり的で気紛れな業務改善命令を繰り返した結果（——たぶん、国王が巡幸《じゅんこう》して民の声を聞く慣習のあった、李氏朝鮮の伝統にも由来します）、生産設備が破壊されてめちゃめちゃになった。もうひとつは、国防と住民管理に便利だからといって、全国を小規模の管区や生産単位に分割して、徹底的に自助努力による自給自足を要求した結果、需給バランスが崩壊して経済効率が悪化したからだといわれています（木村光彦『北朝鮮の経済』）。

注目されるのは、実は江戸時代の日本でも天明の大飢饉（1780年代）の前後から、見ようによっては類似した状況が観察されることです。大飢饉が発生すると穀止令《こくどめれい》というものが出て、藩を越えた食糧の移出入が禁止され、各大名家ごとに自力での窮民救済が強いられるのですが、その頃から飢饉時の名采配ぶりを中心に、自分たちの藩主を超人的な英雄として礼賛する『明君《めいくん》録《ろく》』の刊行が各藩でブームになります（小川和也『牧民の思想』）。

つまり、小単位ごとの自給自足体制（それ自体が飢餓の一因となることが多い）ゆえに、統治機構のトップ（やはり、彼自身が飢餓をもたらしている疑いが強い）に解放者としての期待を託してしまうという点だけを見れば、確かに江戸時代は北朝鮮に似ていなくもない。国民の海外渡航を禁じ、極端な貿易統制を敷いているので亡命や食糧輸入の道が閉ざされている点も同じですね。

要するに、東アジアの歴史的な文脈の上では、**条件さえ整えば日本も含めてどこでも「北朝鮮化」する可能性がある**のだと思っておいた方がいいのです。この感覚の有無が、あまたの北朝鮮論のうち、単なる「バッシング」と有意味な「分析」とを区別する指標になると私は考えています。

『暴れん坊将軍』での徳川吉宗（松平健）の尊称はおおむね「上様《うえ》」ですが、再放送を見ると稀に「将軍様」と呼ばれていることもあって、お忍びでお見えになった「将軍様」が民の苦衷を察してバシッと行政指導を行うと一同拍手喝采、というお決まりのパターンを目にするごとに、いつも私は北朝鮮の人々を想います。たぶん、彼らの「主体思想《チュチェ》」を支えている価値観というか身体感覚（どういった種類の「物語」をキモチイイと感じるか）も、大して日本人と変わらないのでしょう。

――というか、むしろ江戸時代より後の日本が、共産化や個人崇拝へと突き進まず、それなりに議会制自由民主主義に似ていなくもない近代化のルートに乗れたことの方が、ひょっとすると奇跡だったのかもしれないと思うことがあります。

「中国化」への道は善意で……：真説寛政改革

さて、かくして武士は身分は高いのに貧乏になる一方で、大《だい》大名には石高は多いのに幕政を主導できないという不満があり、下級藩士は実務を全部動かしているのに家老にペコペコさせられるという憤懣《ふんまん》が生まれます。増産に成功した百姓も、それは死ぬ気で労働時間を延ばして得た富ですから、暮らしが「豊か」になっても「楽」にはなりません。町人は町人で、武士に金を貸してやる側なのに身分は武士より低いという、やるせない境遇です。

このどうにも煮詰まった状況を何とか突破しようとして、**部分的に「中国式」の処方箋《しょほうせん》を取り入れた結果、ブロンが実をつけて破裂してしまった**のが、松平定信《さだのぶ》の寛政の改革です。

定信はなにをやったかというと、寛政異《い》学《がく》の禁（１７９０）で史上初めて、朱子学をこの国の公的な学問の基準だと指定し、限定的ながら「学問吟味《ぎんみ》」と呼ばれるプチ・科挙的な試験まで始め、結果として儒学熱が武家社会全体に広がります（全国各地に藩校が作られるのは、この流れに沿った18世紀末以降のことなので、「江戸時代は最初から教育熱心だった」という俗説は誤り）。

さらに、幕府の正統性を強化するべく、「徳川将軍は天皇陛下からこの国の支配権をお預かりになっているのだ」という大政委任《たいせいいにん》論のイデオロギーを創案します。天皇と将軍とがいかなる関係にあるのかは、それまで詰めて考えられていなかったというか、きちんと制度化されてこなかったのですが、いわば「天皇が皇帝、将軍が宰相」といった形で、中国式のすっきりした政治体系に改めたということかもしれません。

ところが、これがすべて裏目に出る。* 学問吟味に備えて必死に儒教の経典を読み解いた下級藩士たちは、**（中国ではずっと昔からそうだったように）徳さえ身についているなら身分は本来関係ない**ことに気づいてしまうわけですね。

おまけに、漢文には悲憤慷慨《こうがい》調という、わが身の不幸を徹底的に嘆き、それを社会全体の矛盾や不満に結びつけて、最後は革命に立ちあがるよう己《おのれ》を奮い立たせる文体がありますから、定信程度の微温的で生ぬるい改革ではダメで、この腐りきった今の日本を根本から変えなくては国が滅びる、と悲壮肌で国士風を吹かせる跳ね上がり組が増殖していきます（齋藤希史『漢文脈と近代日本』。今のインターネットの政治関連の掲示板とも、少し似ていますね）。

さらに、大政委任論というのは、要するに将軍を超越した存在を作り出すということですから、これからは将軍だの老中だの大名だの家老だの、あの実務を全部下々《しもじも》に丸投げしながらさんざん威張り散らしてきた無能上司どもを、**「陛下」の権威さえ振りかざせばいくらでも徹底的にコキ下ろせる**という話になります（渡辺浩『日本政治思想史』。こちらも、やっぱり今日のネット社会に似ています）。

また、江戸時代に人気のあった政治テキストには、儒教のほかに『太平記』があったのですが、これはかの南北朝、後醍醐天皇の中国的な王権の帰趨《きすう》を軸に展開する物語ですから、幕府を無視して天皇に直結し、諸国の戦場を自由に往来する悪党・楠木正成に**自らを仮託してカッコつける**連中も出現します（兵藤裕己『太平記〈よみ〉の可能性』。しつこいですが、やっぱりネット国士さんたちの「草莽《そうもう》」志向に似ています）。

たとえていうと、こういう感じだと思います。これまで近世日本はずっと世界標準にあえて与《くみ》せず、独自規格のガラパゴス・ケータイ（幕藩体制）でやってきたのですが、どうも最近、動作も鈍いし調子がおかしい。修理を依頼したところ、オペレーター（儒者）が「どうせならこの際、グローバル・スタンダード（近世中国）にあわせちゃった方が何かと便利ですよ」とかいうものだから、**スマホに買い換えないまま無理やりケータイに**アンドロイドやi《アイ》ＯＳ（儒教）をインストールしたら、画面がバクってひとしきり暴走した後、動かなくなってしまった……。

＊もうひとつ、定信の施策で裏目に出たのが対外政策です。徳川家光以来の「鎖国」とはポルト

ガル等の特定諸国に来航を禁じただけで、それ以外の国については規定しないという形だった（だからこそ、田沼意次《おきつぐ》らのロシア交易論が生まれた）のを、定信は「原則来航禁止、ただし例外的な国だけ個別に許可」という逆の形に変えてしまう。結局これが後に対米開国の時点で、「幕府は自分の出した法令も守れない」という印象を与え、その権威を大きく損ねて討幕派を勢いづかせることになります。

アル・カイーダ化する日本？：19世紀の江戸

儒教の流布と悪党への志向は、武家社会に留まりませんでした。同じ頃から幕府は儒教をベースにした通俗道徳を農村に宣布して、要は「質素倹約して清く正しく生きろ」という宣伝活動をやるのですが、これは逆に「じゃあ、ちっとも質素倹約して清く正しく生きているように見えない、武士だの豪商だのという連中はなんなの？」という農民の不満の導火線になる結果に終わります（いわゆる幕末新宗教の起源でもあります。安丸良夫『日本の近代化と民衆思想』）。

これだけでも大変なのに、加えて、悪党予備軍なら農村にうようよしています――先ほど見た、継ぐ家がなく結婚もできない次男坊・三男坊ですね。彼らは、面白くない。生きていたってどうせ居候《いそうろう》同然に兄貴の家事手伝いをして、兄貴の嫁さんや子供（家を継ぐのはこちら）に半ば蔑まれながら食いぶちを恵んでもらうだけの人生ですから、将来に希望が持てない。**だったらこの際、**

一花咲かせて死んでやるかという気持ちにもなる。

こういう連中をワーキングプアとしてすり潰す（要は**殺す**）ことで社会の安寧を保っていたのが江戸や大坂といった巨大都市なのですが、ところが都市がないので不平分子の口減らしができず、過剰人口が滞留する一方の地域があった……これぞ、西日本。だから維新の火の手は薩長土肥から挙がったのだ、というのが速水融氏の解釈です。

「おもしろき　こともなき世を　おもしろく」は高杉晋作の辞世の句として有名ですが、彼の作った奇兵隊の主力は農家の次男以下だったといわれています。彼らは普段生きる楽しみのない、「希望は、戦争。」（赤木智弘さんの最初の論文のタイトル）な人々ですから、遮二《しゃに》無二《むに》奮戦して内戦を煽りたてて最後は幕府軍まで追い払ってしまう。今日でも、血気盛んな若年層の過剰人口に適切なはけ口（政治的なポストや経済的なパイ）が与えられない場合、極右・極左の革命やテロに走りがちな傾向があることが、**「ユース・バルジ」**現象として注目されています。

この見方をとれば、たとえばジハード（聖戦）を振りかざして全面的に自己の暴力を肯定する種のイスラーム原理主義思想は、やっちゃった後にテロ行為を正当化するために創案された、いわばテロの「結果」であって、テロ自体の「原因」ではありません（G・ハインゾーン『自爆する若者たち』）。官軍として戦って雄々しく散った奇兵隊の人々の御霊《みたま》を安らかにするために招魂社《しょうこんしゃ》が生まれ、それがやがて靖国神社へと結実していき、**かかる経緯からして教義上「正戦」以外あり得ない**しくみが内外で毎年のように論争を呼んでいることに思いをいたすとき、初めて明治国家の本質が見えてくるでしょう（ここは、次章で詳しく）。

かくして１８００年以降になると、「春闘」としての百姓一揆のマナーが崩れ、18世紀まではほとんど見られなかった「若者主体の一揆」「武装集団による一揆」「放火を伴う一揆」が頻発、須田努《つとむ》氏はこれをもって19世紀を中世以来久々の「悪党」の時代と定義しています（『「悪党」の一九世紀』）――幕末期の民衆運動と近世百姓一揆の異同に関しては、安丸《やすまる》良夫氏から須田氏に至るまでの「民衆史」の長い研究蓄積があるのですが、今村昌平が『楢山節考』の前に撮った『ええじゃないか』（１９８１）が、安丸史観の映像化ともいうべき隠れた秀作なので、そちらだけでもぜひ見てください。

日本が「中国化」する可能性がまだまだ濃厚にあった、あの南北朝の空気が甦《よみがえ》る中、１８６６年の武州《ぶしゅう》一揆ではヤクザな浪人集団の煽動の下、一揆勢が暴徒と化した状態を、当時の記録者は「古赤眉黄巾《いにしえせきびこうきん》之賊、或《あるい》は明末群盗《ぐんとう》蜂起之形勢ニも等《ひとし》く」（まるで新を滅ぼした赤眉の乱か、『三国志』の開幕を告げた黄巾の乱か、あるいは明末マフィアの『仁義なき戦い』の世界だ：意訳）と嘆いています。残る役者はただ一人――新たな後醍醐天皇、否、「皇帝陛下」のご出陣を待つのみでした。

明治政府の出現は「素晴らしき中華王権」の誕生

第**5**章

開国はしたけれど

「中国化」する明治日本

**羊頭狗肉か、それとも狗頭羊肉か？
明治維新は「西洋化」の皮をかぶった
「中国化」だったのだ**

その１４０年後、大政奉還のはずが「ええじゃないか」に

リーズナブルな革命？：真説明治維新

政治が混乱する時はいつもそうなのですが、最近も日本の政界では明治維新がブームのようです。まず２００９年に、「官僚から国民への大政奉還」を掲げて民主党が政権交代に成功します——その後の熱気の冷めようの早さからみると、**「政権替えてもええじゃないか」をスローガンにしておいた方がよかった**ように思いますが。

一方、野党転落後の自民党の方もなかなかうだつが上がらないというので、お次はあれやこれやの「維新の会」が雨後の筍《たけのこ》のようにいろんな地方にできたり、国政レベルの新党のみなさんも口々に「今こそもう一度明治維新を」のような台詞《せりふ》を吐かれたりするので、今や全国「維新」だらけ。「明治維新も安くなったものだ」とお嘆きの近代史研究者は定めし多かろうと想像されますが、一方で私は**その「安っぽさ」こそ明治維新の本領**かな、と思うことがあります。

研究者はもとより、幕末維新期も例によってファンの多い時代なので、「なんという無礼なやつだ。お前ごときが維新の志士をバカにするな！」というお叱りの声が飛んできそうですが、落ち着いてください。私が「安っぽい」というのには、「だから価値が低い」という含意はなくて、具体的にはかような点を指していうのです（以下、私の最大の恩師である維新史研究者・三谷博氏の『明治維新を考える』に則《のっと》って進めます）。

①原因とされる現象のみみっちさ

「明治維新ってなんで起きたの？」と学生に聞けば、10人が10人、「ペリーが来航して、開国するかしないかで混乱があって……」と答えますが、**そんな程度の理由で維新が起きていいのでしょうか**。ここでもまた、中国史を参照するのが有益です。お隣の国・清朝では同じころ、アヘン戦争・アロー戦争と欧米の侵略が相次ぎ、一時は首都北京まで制圧される（１８６０）という状況になるわけですが、だからといって王朝がつぶれましたか。20世紀初頭に辛亥《しんがい》革命が起きる（１９１１）まで、その後半世紀も清朝はもったじゃありませんか。

それにもかかわらず日本だけが、「たった四杯の上喜撰《じょうきせん》（蒸気船）」程度の小さな衝撃で「夜も眠れず」、あっさり（事実上の）王朝交替まで行ってしまった、その「安っぽさ」。

②前後関係のつじつまのあわなさ

最初に明治維新を気取った民主党は結局、政権交代後の公約違反を追及されて窮地に陥《おちい》ったわけですが、「攘夷《じょうい》」を掲げて幕府を攻撃しながらその後あっさり「開国」に転向した討幕派の牛耳る維新政府などというのは、もともと**史上最大の公約違反政権**でしょう。

政府を替えてはみたが結局なにをやるためだったのか、後になってみるとよくわからない、その「安っぽさ」。

③騒ぎまわった割のスケールの小ささ

明治維新の過程で政治的な理由で命を失った人は、安政の大獄から戊辰《ぼしん》戦争を経て西南戦争まで含めて３万人と試算されています。これに対して、発生当時の人口規模では日本の８割しかなかったフランス革命では、内乱と処刑で65万人が死亡したとされます（対外戦争も含めると、１００万人を超えます）。

もちろん現実的には、死者は少ないに越したことはないのですが、**それにしても随分リーズナブルなコストの革命**だったにもかかわらず、どういうわけか日本人だけは『ベルばら』同様、ロマンチックに没入してしまっているという、その「安っぽさ」。

どうでしょう、「俺は新撰組や坂本龍馬には一家言《いっかげん》ある」「明治維新なんて小学校から何度も習った話だ」とお思いの読者の方も、この３つのうち１つでも理由を説明せよといわれたら、とっさの答えに窮するのではないでしょうか。

もっとも、これらの問題を疑問の余地なく解明したといえる歴史学の研究はまだ出ていないので、それだけ本当に難しい問題だということなのですが、私はあれこれ勉強してみた結果、以下のように考えるのが一番すっきりするのではないかと思っています。

……要するに、明治維新とは**耐用年数の切れた「日本独自の近世」という堤防が内側から決壊**

したことで、宋朝の時代に「中国的な近世」が成立して以降、あの手この手でどうにか堰《せ》き止めてきていた**「中国化」の濁流に一気に押し流されただけ**だったのではないでしょうか。以降、順次見ていきます。

新しい二段階革命論

その昔、明治維新に関連して「二段階革命論」というものがありました。これは、マルクス主義史学のうち**講座《こうざ》派《は》**と呼ばれるグループが唱えたもので、西洋史の基準に日本史を当てはめて、明治維新は本来、フランス革命のような共和政を樹立させる近代市民革命たるべきだったのだが、当時の日本はその段階にまで達していなかったので、結局は明治天皇がルイ14世式の絶対王政を担う状態までしか進むことができなかった「中途で挫折したブルジョワ革命」なのだ、という歴史認識です。

政治的には、かような発想に従うと、今後はまずは新興ブルジョワジーとともに十全な市民革命を起こして天皇制（王政）を廃止し、しかる後に労働者が資本家から権力を奪取するロシア型のプロレタリア革命を起こすべきだ、という考え方になるわけです。この「まず天皇制打倒ありき」という発想は戦前以来、長きにわたって日本の共産運動を規定することになります（その帰結は、後に触れます）。

今日、プロの歴史学者でこの議論をいまだに信じている人は、もちろんほとんどいません。しかし、実証的な幕末史研究が明らかにしてきたのは、実は**明治維新はマルクス主義とは全然異なった意味で「二段階革命」だった**、という史実です。

ポイントは、前章で述べた「地位の一貫性の低さ」がもたらす「誰もが不満な社会」。老中・阿部《あべ》正弘《まさひろ》がペリー来航に際し、ここは有力大名の助力をとりつけねば国難が乗り切れないと見て、諸大名に意見を打診してしまったのが契機となって、それまで石高的には大《だい》大名だが幕政面で実権のなかった藩主たち、たとえば水戸の徳川斉昭《なりあき》や薩摩の島津斉彬《なりあきら》といった人々が、積年の憤懣晴らすべしと政治に容喙《ようかい》しはじめます（第一段階）。

この時点では、幕府自体の廃絶など誰も考えていなかったはずなのですが、ところがその何倍も鬱憤《うっぷん》が溜《た》まっていたのが、これらの藩主の下で不合理なまでの低身分・低賃金に甘んじていた下級武士層で、薩摩でも長州でも彼らが藩政を乗っ取り、よりラディカルな革新へと突き進んでしまいます（第二段階）。

つまり、下位のものにもそこそこ実益を与えることで、近世中国ではとっくの昔に廃止された身分制をどうにかこうにか維持してきた日本近世の社会のしくみの中で、しかし**我慢に我慢を重ねて堪忍袋の緒が切れる寸前まで来ていた人々が大量にいた**からこそ、ペリー来航程度の「些細《ささい》だが口実にはできる」きっかけを得た際に、堰《せき》を切ったようにわらわら自己主張を始めるという現象が起きた。かような構造が、「想定外」の政権交代が実現した背景にはあったわけです。

さらに、そのタイミングで幕閣の致命的なミスが重なります。自己責任での条約締結に踏み切れずに、開港の勅許《ちょっきょ》を皇室に求めてしまったのです。難なく許可が下りると踏んでの行動だったと思われますが、あにはからんや、孝明天皇はこれを拒否。こうして「陛下のご意向を踏みにじるとはなにごとか」という、現体制批判にうってつけなもうひとつの「口実」が生じてしまい、不平分子の怪気炎は油を注がれてますます燃え上がります。

――逆にいえば多くの自称「志士」、自称「勤皇家」にとって、実は近世日本で溜まりに溜まった欲求不満を解消することの方が主目的で、**「尊王攘夷」云々は単なる便利な手段**でしかなかったからこそ、実権掌握《しょうあく》に成功して用済みになったら、あっさり捨て去ることができたのだと思われます。

ＴＶドラマ等ではしばしば、坂本龍馬のような「時代の先覚者」（かつ福山雅治級のイケメン）が「救国の志」に燃えて新しい日本を築き上げてゆく明治維新のイメージが語られていますが、それは後から理想化されて作られたフィクションに過ぎない。実際には、日本型の近世社会の中で飼い殺しにされて「このままではやがてジリ貧」が見えていた下級の武士層、特にその次三男が、**「だったらこんな泥舟降りてしまえ」**とばかりに幕藩体制を飛び出して、平素の憂さ晴らしに暴れまわっていたというのが、幕末の動乱の真相です（毎日無意味な残業ばかりでお役所の先行きの暗さに倦《う》んだ霞が関官僚が、終身雇用に見切りをつけて「改革」を連呼しながら選挙に打って出る様子をご覧になれば、雰囲気がつかめるでしょう）。

逆にいうと、ブルジョワ革命だの市民革命だのといった、「広く一般大衆を巻き込んだ『人民の、人民による、人民のための』政治改革のプログラム」などというのは、最初から彼らにとってアウト・オブ・眼中だったわけです。明治維新の政治過程が、おおむね**武家社会内部での恨みつらみの果たしあいにすぎず、多くの庶民は「ええじゃないか」に踊り狂うだけ**で積極的な勧誘も動員もされなかったから、近代世界の諸革命に比べて死者が少ないのです（今日の日本政治は、どうでしょうか）。

天皇は中華皇帝になる：宋朝化する日本①

要するに、明治維新とは**「新体制の建設」というよりも「旧体制の自壊」**に過ぎないのです。その旧体制たる日本近世の本質とはなにかといえば、もともと中世の段階まではさまざまな面で昂進していたはずの「中国化」の芽を根こそぎつみとって、日本が宋朝以降の近世中国と同様の社会へと変化する流れを押しとどめていた「反・中国化体制」ですね。

それを自分で内側から吹き飛ばしてしまったわけですから、当然ながら明治初期の日本社会は**南北朝期以来久々の、「中国化」一辺倒の時代**を迎えることとなります。

そんなバカな！　とあなたが思ってしまうとしたら、それは明治維新を「西洋化」としてばかり見てきた**古い歴史観**に囚われているだけ。ここ20年間くらいの日本近代史や日本思想史のプロの議論では、「これまで『西洋化』と見なされてきた明治期の改革の成果をよくみると、実はそれらは同時に『中国化』とも呼べるものであったというか、むしろ『西洋化』以上に『中国化』としての性格の方が強い」という見方が主流です。

と、だけ言われてもすぐには飲み込めないかと思いますので、具体的に見ていきましょう。たとえば、以下のような諸点です……

①儒教道徳に依拠した専制王権の出現

将軍や幕府といった二重権力状態を排除して、明治天皇ご足下の太政官《だじょうかん》に政治システムを一本化したわけですから、ようやっと（後醍醐天皇や足利義満もめざした）「宋朝以降の中国皇帝のように権力が一元化された王権」が確立されたことになります。

さらに、1890年にはいわゆる教育勅語を発布、儒教道徳の色彩が濃い徳目を「之ヲ中外《ちゅうがい》ニ施シテ悖《もと》ラス、朕爾《なんじ》臣民ト倶《とも》ニ拳々服膺《けんけんふくよう》シテ咸其《みなその》徳ヲ一ニセンコトヲ庶幾《こいねが》フ」（この教えはわが国のみならず全世界に通用する普遍的な教えなのでありますからこそ、私は臣下のみなさんと一緒にこれを実践してゆくのであります：意訳）と宣言します。**政治権力の集中性プラス普遍的な道徳イデオロギーに基づく正統性**、まさしく素晴らしい中華王権の誕生です。

付言すると、天皇の権威を強化するために明治に「発明」されたとされる、いわゆる「一世一元の制」も、実は中国では明代から導入されています。

②科挙制度と競争社会の導入

１８９４年からはじまる高等文官任用試験（現在の国家公務員Ⅰ種試験）のルーツのひとつは、科挙にあるといわれています。今日の公務員について、「実際の仕事とは何の関係もない、やたらと範囲の広い教養科目ばかりが出題されて、ガリ勉丸暗記型の受験秀才ばかりが合格する。こんな連中がキャリアだなんだといって、本当の実務を担うノン・キャリアよりも上位にふんぞり返っているから、日本の官僚はダメなんだ……」式の批判を耳にしたことのない人は、いまやいないでしょう。

そう、かような理不尽《りふじん》な試験採用も、**もとが「科挙」なんだ**と思えば当たり前。１０００年以上前に書かれたカビ臭ーい経書を丸々暗記する、無意味な教養試験、空虚な詰め込み教育を勝ち抜いて国家のトップエリートと認められた空理空論だけは得意な人々が、現実の業務は薄給《はっきゅう》で叩き上げのノンキャリ（胥吏《しょり》といいます）に丸投げして天下国家を語るのが宋朝以来の伝統ですから、今となっては手の施《ほどこ》しようもありません。

かような時代の冒頭に「悔しかったらお前も勉強して勝ち組になれ。話はそれからだ」とお説教してベストセラーとなったのが、かの福沢諭吉先生の『学問のすすめ』（初編１８７２）でした。え、福沢先生は「天は人の上に人を造らず人の下に人を造らず」で人間平等を説いた素晴らしい思想家じゃなかったのかって？　――もちろん、全然違います。

その文章の直後に「今広く此人間《このじんかん》世界を見渡すに‥其《その》有様雲と坭《どろ》との相違あるに似たるは何ぞや。其《その》次第甚《はなは》だ明なり‥賢人と愚人との別は学ぶと学ばざるとに由《より》て出来るものなり」（今の世の中、勝ち組はみんな勉強したから成功してるんだ。勉強しないでダラけたやつが負け犬に落ちぶれているだけだ‥意訳）と述べているように、福沢が強調した平等は**あくまで「機会の平等」であって「結果の平等」ではない**というのが、今日の明治思想史の見解です（坂本多加雄『市場・道徳・秩序』）。

要するに、検定教科書で『学問のすすめ』が引用されているのは、**「勉強しないようなバカは自己責任だから将来貧乏になってもグダグダいうんじゃねえぞ」と政府に言われている**のと同じだと思わなければいけないのです。それを教師も生徒も一緒になって「江戸時代までは身分差別がありました。しかし明治になって平等になりました」などとお花畑な会話の素材にしているのだから、なるほど日本の教育は平和ボケしているのでしょう。

郡県《ぐんけん》にできることは、郡県に！‥宋朝化する日本②

③世襲貴族の大リストラと官僚制の郡県化

人口比でみた場合、幕末の時点で成人の武士は日本全体の１％強、逆に清末の官人は中国全体の０・０１％弱という推計があります（渡辺浩『近世日本社会と宋学』）。近世の武士というのは、要するに大名家ごとに抱え込まれた地方公務員（時に国家公務員）ですから、お隣の国を基準にして考えれば、実に**１００倍もの「無駄な公務員」を抱えていた**わけですね。

しかも、一応は科挙がある中国と違って日本の武士は世襲ですから、実力によって登用されたものですらなく、さらに武家社会内部でも家格ごとに身分差が固定されているので、基本的には「お手もり昇進」どころか「生まれながらに上司」しか存在しません（例外的な抜擢登用や、名家に養子に入ったり家格を買ったりして栄達した例はありますが）。その意味では、中国史では唐代までの貴族政治が、日本では明治直前まで続いていたともいえます。

秩禄《ちつろく》処分（１８７６）というのは、要するにこういった連中の大リストラであって、その後を科挙（＝高文試験）合格者で埋めていくのだから、ようやっと明治になって日本は宋朝に追いついたことになります。さらに廃藩置県（１８７１）で大名のクビを切って以降は、「地元は代々地元の殿様」が治めるのではなく、中央から派遣されてきた知事が行政を担っていきますから、日本も「封建制」を止めて中国風の「郡県制」に変えたことになります（知事職を地域ごとの選挙で選ぶ現在の制度は、戦後の民主化によるもの）。

④規制緩和を通じた市場の自由化の推進

あらゆる教科書で「近代化」の成果としてうやうやしく書かれているように、地租改正（１８

７３）にともなって、（江戸時代にも事実上は存在していた）土地の売買が公認され、また「年貢」は「地租」になって物納から金納に変わります。

しかし、もともと中世には鎌倉後期から年貢の銭納化が進んでいたことを考えれば、**こんなものは遅すぎる改革**でしょう（しかも小作料は物納のままの**中途半端な改革**だったので、米の売却益を地主が丸取りする形になり、戦前の歪んだ村内格差を生みました）。中国史でいえば、銀使用を統制経済で抑え込もうとした明朝の反動体制が崩壊して、宋朝以来の市場中心の路線に復帰した清朝に交替したのと同じ局面ですから、どう少なくみても２００年は遅い。

また江戸時代の身分制度が一種の国家による保護政策でもあった点も、先に指摘しましたが、明治前期の身分制廃止（一応、華族・士族等の別は残りますが、少なくとも職業の選択は自由になります）や、この土地売買の公的な解禁は、いってみれば**壮大な規制緩和政策**ということになります――いずれも中国に比べれば、「なにをいまさら」な話ではありますが。

工場経営や鉱山開発、鉄道敷設《ふせつ》などの近代的な産業政策にあたっても、明治時代の前半期は官有事業の払い下げ（要は民営化）がジャンジャン進行し、しかもそれ自体についてはほとんど誰も批判しないという状況でした。近年の郵政事業民営化の際に、国論を二分する大論争が起きたことを考え合わせれば、**現在よりもはるかに「新自由主義的」で「市場原理主義的」**だったこの時代の雰囲気を、お察しいただけるかと存じます。それはおそらく、明治維新の基調が「建設」ではなく「自壊」だったことと無縁ではないでしょう。

「なぜ日本だけが」という愚問：歴史認識問題をまじめに考える

ちょっと専門的なことを書いておくと、明治維新の「中国化」的な性格を最初に指摘したのは主に思想史の研究で、儒教を「幕藩体制を支えた思想」（これが誤りであることは前章にも書きました）として見るのではなく、「西洋化を媒介して近代日本を準備した思想」として捉えなおしたのがはじまりでした。最近でも、中国思想史の観点から斬新な日本史像の描き直しを試みている小島毅《つよし》氏が、明治日本の思想・社会・王権のあり方について、「宋代以降とかなりの程度似ている」と明言されています（『靖国史観』）。

つまり本書は、思想史の専門研究ではもう常識になっている視点を、政治史や経済史も含めて拡大解釈しているだけのことで、その意味では他の章と同様、さして「オリジナル」ではないですし、まして「突飛な歴史観」では全然ない。

それじゃあなんでわざわざ「明治維新は中国化である」という、ことさらに煽情的なものいいをするかというと、「どうして中国や朝鮮は近代化に失敗したのに、日本だけが明治維新に成功したのか？」という**学問的に不毛なだけでなく、政治的にもしばしば有害な**（しかしなぜか日本史上の最重要課題だと誤って信じられている）問題設定にいい加減、終止符を打ちたいからです。

こんなものは、一言で答えられる。日本にとっての「近代化」や「明治維新」は要するに「中国化」の別名に過ぎないのだから、**「どうして中国や朝鮮は中国化に失敗したのに、日本だけが中国化に成功したのか？」などという問いは文字通りナンセンス**です。だって、中国は「中国化」するまでもなく最初から（厳密には、宋代から。朝鮮は本当はもっと複雑ですが、おおむね李朝から）中国なんですから。

言い方を変えると、平氏政権を源氏が潰し、後醍醐天皇の足を足利尊氏が引っ張り、最後には江戸時代という究極の「反・中国化」体制を作り上げることで、いつかやることになるであろう「中国化」の時期を１０００年近く遅らせてきた分、**日本人は「西洋化」のために社会のしくみを一変させなければいけない時期と、歴史の必然である「中国化」のタイミングとを合わせること**ができたのです。

逆に、中国（や朝鮮）はとうの昔に「中国化」を済ませてしまっていますから、19世紀になっても、なぜいま「西洋化」しなければいけないのかがなかなか飲み込めない――だって、西洋化の魅力ってなんですか？　身分が自由なこと？　好き勝手に商売ができること？　そんなものは、宋朝の時点で達成されています（逆に「男女の平等」や「参政権の平等」はこの時点の西洋でもほとんど達成されておらず、「王政の廃止」も一部の国に留まります）。

あるいは、議会制民主主義という意味での「選挙」は、確かに中国には存在しません。しかしですよ、今の日本でも利益供与の有無やルックス重視の投票で当選者が決まると批判される制度が、そこまで魅力的ですか？　常人ならざる知性と人徳とを兼ね備えた英才を、厳正公平な試験で政治家として選抜する科挙だって一種の「選挙」なわけですが（これは、内藤湖南が現に書いていること）、それが近代西洋型の「選挙」に劣っている点は、具体的にいうとどこなのでしょう？――どうでしょう、「近代社会」に住んでいるつもりの現在の日本人ですら、改めて聞かれると、なかなか即答しにくいのではないでしょうか。

すなわち、日本人は、待ちに待たせてきた「中国化」をいよいよ敢行する際に生じる巨大な変化に紛れ込ませて、その際いっしょくたに「西洋化」もなし遂げてしまうことができたけれども、**中国人や朝鮮人は早々と「中国化」を達成してしまっていた分、「西洋化」のタイミングを逸する格好**になったというのが、東洋／西洋の別にも、日中韓のいずれにも偏らない、真にフェアな歴史認識というものです（宮嶋博史「日本史認識のパラダイム転換のために」）。

この、「西洋化」の大部分は内容的に「中国化」と重なるので、中国や朝鮮では「西洋化」を必要とする度合いがそもそも低かったという視点を忘れて、「なぜ中国や朝鮮でなく、日本だけが」という形でばっかり考えていれば、誰だって「中国人や朝鮮人と違って、日本人は偉いからだ。賢いからだ」式の答えしか出せないのは当然です。あとは、大和魂だ武士道だ万世一系だ富士山だと、「日本にしかなさそうなもの」をとりあえず列挙して「ほれみろ、日本は中国よりすごい、朝鮮よりすごい」と連呼するだけの「危険なナショナリズム」しか残りません（というか、それってそもそもナショナリズムなんですかね。私は単に**「お国自慢」**というべきだと思うのですが）。

そうすると、「明治維新を語るのは、すなわち中国・朝鮮を貶《おとし》めることだ。アジア侵略の『いつか来た道』を繰り返すことだ」とか騒ぎ立てて、ＮＨＫが『坂の上の雲』をドラマ化するのにもいちいちイチャモンをつける「面倒な左翼のオジサン・オバサン」が出てきて、「どうして日本人が自国の歴史を語ることがイカンのだ。中韓ごときにこれ以上ペコペコするな！」という「厄介な右翼のオジサン・オバサン」が反論し……という、あの見ていてどっと疲れるマンネリの構図から、いつまでも出られなくなってしまいます。

　あるいはここまで読んでも、「だけど、日本人にとっては『明治時代の日本人が優秀だったから西洋化をなしとげることができた』という歴史観は、元気をくれるものなんだから、別に問題ないんじゃない？　別に、われわれは中国人や韓国人にも『同じように思え！』って要求してるわけじゃないんだし」とお感じの方がいるかもしれませんが、**問題は大あり**です。

　明治維新が中国化であるというのは、要するに平安末期以降の日本人が延々とその導入に抵抗してきた「近世中国」風のしくみを、**「いやこれは『近代西洋』のものですから」と看板だけかけ替えて普及させた**ということですから、日本人には本音のところで、明治維新による社会の変革を素直には喜んでいないフシがあります――「維新の英雄」の一番人気が、戦前は西郷隆盛、戦後は坂本龍馬という、ともに「志半《こころざしなか》ばで倒れた人」であり、真に明治国家の中枢を担った伊藤博文や山縣《やまがた》有朋でないことは、まさに示唆的でしょう。

　日本人は、実は明治維新によって生じた変化（＝中国化）を、内心喜んでいないのではないか――こういう「本当は心のどこかで嫌いな明治維新」を、「でも、それは西洋化だから。中国人や朝鮮人にはできなかったすごいことだから」という「他人に対する見栄」だけで無理やり好きになろうと自己暗示をかけ続けるのは、危険な状態です。それは要するに「名家の出身でお嬢様だから」「高身長・高学歴・高収入だから」「美人（イケメン）だとみんながいうので周りに自慢できるから」といった理由で、**大して好きでもない女（男）と結婚するようなもの**ですから、最後には自分自身の人格や家庭をむしばむことになります（安富歩・本條晴一郎『ハラスメントは連鎖する』）。

あの素晴らしい江戸をもう一度？：真説自由民権

幕末維新期を扱った時代劇映画はそれこそ数え切れぬほどあるでしょうが、この明治維新が「中国化」の時代——平均的な日本人にとって極めて苦手で生きづらい社会であったという視点に立ったものとしては、やはり黒澤明の『用心棒』（１９６１）にとどめを刺すのではないでしょうか。

ご存知の通り、同作は幕末の宿場町でシノギを削りあう二組のヤクザが、血なまぐさい抗争の果てに最後は共倒れに追い込まれる、ニヒリスティックなストーリーが特徴ですが、実は作中冒頭、舞台となる町がそこまで殺伐とした状況に陥った理由として、二つの組のバックにいる造り酒屋と絹問屋が互いの縄張りを侵犯し、相手の家業にまで手を出したことが語られています。つまり、職分ごとのすみ分けが崩れたことによる、**規制緩和と自由競争によって始まった共食い同然の生き馬の目を抜くような社会**の典型として、『用心棒』の宿場町は設定されているのです。

まさにその主題を典型的に示すのは、三《み》船《ふね》敏郎演じる主人公の武器が、武士身分の象徴であり熟達には修練を必要とする「刀」であるのに対し、最大の悪役・仲代《なかだい》達矢の得物が、文明開化のシンボルにして誰にでも使用可能な「銃」であることでしょう。身分制という一種の保護政策が廃止された後の、**実力競争社会が孕む無機質さや残酷さ**を、ピストル片手に三船を追い詰めていく仲代は表現していたと、見ることすらできるのです。

そして、この『用心棒』が事実上、アメリカの鉱山町の労使紛争に材をとったダシール・ハメットの『血の収穫』（１９２９）の翻案であり、３年後にはマフィアの抗争やストライキの頻発で名高い国イタリアでマカロニ・ウェスタンにリメイクされ（もちろん、レオーネとイーストウッドの『荒野の用心棒』）、世界中で爆発的なヒットを記録したことを考えると、**幕末以降に日本社会も巻き込まれることとなったグローバリズムの暗部**を描写することこそが、『用心棒』の主題だったとさえいえましょう。

もしくは、三船・仲代の対決を軸とする点では同じながら、しかし時代設定を江戸時代盛期に移していると思しき姉妹篇『椿《つばき》三十郎』（１９６２）が、大名家の押込騒動のなかにも一転してどこかユーモアの漂う、のほほんとした雰囲気を湛《たた》えていることと比較してみれば、日本人の中にある江戸への郷愁と明治への嫌悪は、一目瞭然のように思われます。

実際、明治維新はその直後から、「江戸時代に戻せ」という反動に見舞われます。これは不平士族の反乱のみを指すのではありません。ここ30年ほどの日本近代史研究では、いわゆる自由民権運動もまた、**明治政府の自由競争政策への不満と、江戸時代の不自由だが安定した社会への回帰願望**（専門用語で**モラル・エコノミー**）によって支えられていた点を、強調する傾向が強い。

たとえば、１８８０年の愛媛県での民権派の演説会では、弁士の「世間の有様をして封建政治の時と一般に至らしめる可し」（世の中を江戸時代に戻そうじゃありませんか：意訳）の絶叫に民衆が拍手喝采という状態でした（牧原憲夫『民権と憲法』）。土地の売買も自由、借金のカタに土地を取り上げるのも自由、身分や地域ごとに設けられていた「封建制」の参入障壁を解除して、競争の敗者は速やかに市場から「退場」（この時点では失業保険も生活保護もありませんから、要は**死ね**ということ）してもらうという明治政府の経済政策が、いかに不人気だったかの一例でしょう。

秩父《ちちぶ》事件（１８８４）をはじめとする民権運動の「激化事件」も、その実態は西洋型の議会制民主主義を要求するブルジョワ革命には程遠く、これらの市場競争で没落した貧民層の破れかぶれの暴発だったというのが、現在の通説です——神山征二郎監督が同事件を映画化した『草の乱』（２００４）は、娯楽性には劣りますが、これらの新しい研究動向に根ざした民権運動像を描いている点で、一見の価値はあります。

いってみるならば、彼ら蜂起した民衆たちが戦ったのは、政治的な権利や身分の平等を求めた近代西洋的な「市民革命」ではなかった。**流動性の高い競争一辺倒の社会の下、窮民蜂起や宗教反乱という形で幾度となく繰り返された近世中国風の「王朝革命」**だったのです。

　もちろん福沢先生がおっしゃるように「勉強しないのは自己責任」なのかもしれません。しかし、勉強ができるには文字が使えなければならない。「江戸時代の庶民は教育熱心で一般に識字率が高かった」というのは俗説で、実際には「仕事柄、文字を扱う必要がある人だけは近世から読み書きができた」のであり、全国的な識字率にはかなりの地域差・職業差・性差があったというのが最新の研究です（R・ルビンジャー『日本人のリテラシー』）。

　それでは江戸から明治にかけての農村で、具体的にどういう人が読み書きができたのでしょうか。答えは単純で、まずは百姓の中でも最上層部にあり、年貢徴収に際して武士との折衝にあたる役だった庄屋（村役人）さん。もうひとつは街道沿いや海路に面しているなどの地域に暮らし、日常的に行商人との交渉があった人々。

　つまり、**近世のあいだからすでに密かに開いていたリテラシー能力の格差が、近代以降の市場競争に適応できる人とできない人との相違を準備していた**のであって、明治の頭に突然「はい、これからは自由競争で！」といわれても、みんなが同じ条件で勝負できるわけではない。貧農出身の非識字階級が流入した明治期の工業地域のデータを見ても、結局識字率は低いままです。

　私は、この「江戸時代に準備されつつも、保護政策の存在によって顕在化していなかったのだが、明治時代の自由化によって一気に表に出た格差」こそが、**日本史上最強の格差**だったと思っています。これに比べたら、「日本はもともと平等な国だったのに、小泉改革の弱者切り捨てが格差社会を作った」などというのは笑い話です。

狼は紡《つむ》げ、豚は死ね！：真説殖産《しょくさん》興業

「明治政府は富岡製糸場を設立（１８７２）するなどして殖産興業政策を進め……」というお話は小学校以来、どの教科書にも書いてありますが、その後の経緯をきちんと知っている学生はほとんどいません。実は、官営時代の富岡製糸場は、模範工場をめざしたが故の高コスト体質のために大赤字で、10年もしないうちに**「事業仕分け」されて**払下布告が出るものの当初は買い手すらつかず、民間売却までもう10年かかったお荷物法人だったのです。

当然ながら、民営化されると普通は経営の効率化のために、労働者の待遇は切り下げられますよね（そうでなければ、民営化する意味がない）。低賃金・長時間労働の中小・零細業者も含めた、民間主導の血の滲《にじ》む熾烈なコスト削減が、明治日本の製糸業の国際競争力を支えて経済発展をもたらしたのであって、それを官営工場や産業政策のおかげにする歴史教科書などというのは**国家による手柄の横取り**です（こういうのを、真の意味での**「危険な国家主義教育」**という）。

紡績業でも事情は同じで、好まれる繊維の質感の問題から、明治日本の競争相手はイギリス綿ではなくインド綿でした（これは、静岡県知事になった川勝《かわかつ》平太氏の研究者時代の発見。『日本文明

と近代西洋』)。そのインドが19世紀末から宗主国イギリスの影響で労働条件を改善する中、日本は逆に規制緩和と賃金削減を徹底して国際競争を勝ち抜いたわけで、かつてマルクス主義華やかなりし頃に「植民地＝印度《インド》以下的低賃金」というジャーゴンがあったのですが、最新の実証研究からみても、当時の日本企業は**インドとの競争に勝つために、本当にインド以下の待遇で働かせていた**のだと、牧原憲夫氏は述べています（ちょうど今日の日本での、単純労働者の待遇が途上国レベルへ漸近していく「底辺への競争」の先駆けです）。

しかしここで大事なのは、そんな社会でも確かに自由競争の中で勝ち抜いていった人々がいた、という史実を忘れないことです。かの有名な『あゝ野麦峠』で、飛驒から信州の民営小工場に散って働いた製糸女工への取材を通じて著者の山本茂実《しげみ》が明らかにしたのは、ひとつには明治日本では**底辺労働者層に至るまで実力主義の競争社会が徹底していた**という事実でした。

繭《まゆ》から紡ぎ出した糸をいかに精密に長く引くことができるかで製品の質が決まる製糸業では、手先が器用な工女と（私のような）ぶきっちょとの間に絶大な生産性の格差が生まれ、当時は労働組合も最低賃金もなく、出来高払いに近い能力給が一般的ですから、ガンガン稼いで故郷に家を建てた「勝ち組」の女工さんと、雀の涙の給与からバシバシ罰金を引かれ、借金も返せず貧困のどん底で亡くなった「負け組」の女工さんとの明暗が極端に分かれたのです。

さらに、もうひとつ重要なのは、取材に応じた元工女の圧倒的多数が「それでも家の仕事よりも楽だった」と答えている（！）という指摘でしょう。明治日本の市場社会がいかに熾烈な弱肉強食の世界であっても、**イエに縛りつけられて年中「百日戦闘」を強いられる近世のムラよりはマシ**だという実感が、決して社会の最上層部に限られたものではなかったことを教えてくれます。――ちなみに、これの男性版が「軍隊は言われるほど酷い場所でもなかった」ですね（岩手県農村文化懇談会編『戦没農民兵士の手紙』）。

私は学生に、「今の中国を知りたかったら明治の日本を調べろ」といっています（逆に、**「明治の日本がわからなかったら今の中国を見ろ」**ともいいます）。沿岸部を中心にすさまじい経済発展の活気が伝えられる一方で、都市底辺層の悲惨な実態もしばしば報じられ、しかしそれでもなお農村に残るよりは流民工の道を選ぶという中国関連のニュースを見た際、「結局中国は豊かになっているのか、貧しいままなのか、中国人は本当に幸せになっているのか、前より不幸になっているのか、さっぱりわからない」という印象を持つ人は多いのではないでしょうか。

なにより、私自身が中国研究の専門家ではないので、よくわからない。しかしそういう時こそ、明治の労働社会が江戸の村落社会に対して持っていた、野垂《のた》れ死にの危険性を増すと同時に立身出世の光明も開いてくれる、ある種アナーキーなまでの「自由」のアンビバレンツ（両義性）を思い出せば、「……たぶん、今日の中国もこれだろう」と腑《ふ》に落ちるわけです。

社会が先行き不透明な時代、人は誰しも「極論」に走りがちです。しかし、「とにかく21世紀は中国の世紀なのだ！　儲けたかったらバスに乗り遅れるな！」とやたらに「アメリカをも凌駕《りょうが》する超大国中国」の繁栄を煽ったり、「中国なんて独裁政治と民族殺戮の国が成功するはずがない。

新幹線がポシャったように経済だって絶対コケるに違いない。いやそもそも成長しているという統計だってきっと共産党の捏造に違いない……」とひたすら「日本に叶うはずのない最低国家中国」の幻影に固執してウジウジしたりするのではない、**媚中でも反中でもないバランスのとれた隣国の理解**を確立していく上でも、「中国化」の時代として明治日本を再定義することは、きわめて有益といえましょう。

中国化 vs. 再江戸時代化：ふたたびの分岐点

さて、この「確かに前より自由になったような気はする。実際にお金持ちになった人もいる気はする。しかし貧富の差は大きくなる一方のような気もする。競争のストレスと自己責任の重荷で、なんだかすごく疲れた気もする」という、自分でも整理できないもやもやした感情に直面したとき、その社会にとっての選択肢はふたつあるでしょう。

ひとつは、

①もっともっと**自由化を徹底**し、今は負け組の人でも戦い続ければいつかは自力で勝ち組に這《は》いあがれるような、**より競争的で流動的な社会**を作る

という道。具体的には、長時間労働を強制し文字も読めない状態を固定化してきた、近世日本のムラ社会の負の遺産を完全に払拭《ふっしょく》してこそ、今貧困にあえいでいる女工さんたちも報われるようになるのだ、という考え方ですね。

しかしその一方で、もうひとつ、

②進展する一方の自由化をむりやり引きもどしてでも、一人勝ち状態になっている**一部の人間がやりたい放題の状況を抑制**し、多数の弱者の人々もそれなりに尊重されているという実感を持てるような社会を作る

という道も、あり得ます。こちらの考え方でいけば、イエごとにそれなりの職と、それなりの収入、すなわち社会におけるそれなりの存在意義を保障していた近世日本の身分制は、むしろ再評価し（そのまま丸ごとではないにしても）部分的に復活させるべき対象として見えてきます。**前者の路線①を、これまでもそう呼んできたとおり「中国化」という**ことができるのに対して、ここで**後者の路線②を「再江戸時代化」と命名する**ことができるでしょう。現在の中国の人々が、後者の道を選ぶとはちょっと思えない――「共産党さんには社会主義の本義を思い出して、人民公社の原点に帰って商業や移民を抑制して、安心して農業ができる社会を作りなおしてほしい」と主張する中国の人々の姿をあんまり想像できない（ような気がする）のは、おそらく宋朝以来、

一貫して進展してきた中国史の流れが影響しています。

ところが、日本人の場合はそういかない（という気がしませんか？）。なにせ、中国大陸では惨《みじ》めな失敗に終わった明朝と同様のしくみを、徳川日本の「反・中国化」体制として２５０年間立派に続けてみせた伝統があるお国柄ですので、壊した後になってから江戸時代が恋しくなってくる。思えばあれもアリだったのかな、という気がしてくる。

かくして明治の半ば頃から、日本社会は**本当に江戸時代に戻り始める**ことになります。おそらく、その歩みは最初は無自覚に、政治制度の設計においてはじまりました。以降、順を追ってみていきます。

あいまいな日本の首相：真説明治憲法

「伊藤博文がドイツに留学してプロイセン型の君主権の強い大日本帝国憲法（１８８９）を作った」というのも、小学校以来何度も教科書で目にした記述だと思いますが、例によって間違いです。伊藤は確かにドイツに留学したのですが、彼が現地で最も傾倒《けいとう》した師であるローレンツ・フォン・シュタインは実は「オーストリア人」（ウィーン大学教授）で、むしろプロイセン主導の皇帝専制的なドイツ統一のあり方に不満を持っている人物でした。

かくして、このシュタインと伊藤は、君主権を制限し国王の恣意的な政治介入を抑制する一方で、衆愚政治に陥りがちな危険性のある議会にも多くの権限を与えず、**君主・議会の双方から相対的に独立した行政部に権力を集中させる**べきだという点で一致した。これが、明治憲法制定史の最近の見解です（瀧井一博『文明史のなかの明治憲法』）。

しかし、これがそのまま通らないのが当時の明治政府です。伊藤はシュタイン直伝のこの思想を大宰相主義として展開し、１８８５年に内閣制度を作って首相である自分に権限を集中させようとするのですが、これが元田永孚《ながざね》や井上毅《こわし》らの反発を招きます。

理由は単純で、「それは伊藤が征夷大将軍になって**幕府を復活させるような話**で、天皇陛下に失礼だから」（この種の批判は近衛文麿が大政翼賛会を作った時とか、東條英機が強権政治を試みた時など、戦前を通じて繰り返されます）。元田永孚というのはもともと儒学者で、明治天皇の家庭教師として、要は天皇を中国皇帝のような存在にすることをめざす「天皇親政運動」を展開していた人物ですから、伊藤ごときが君権の制限などとんでもない話なわけです。

ところが、ここからがなにせ戦国時代以来の「象徴天皇制」を誇る日本の面倒なところで、元田らの方にも弱みがありました。天皇を中国皇帝並みの専制君主にするということは、つまり失政があったら天皇陛下ご本人の責任ということになりますから――当然、中国史の通り**「革命」が起こって王朝交替**ということになりかねない。「陛下に忠義を尽くす顔をしながら、万世一系を危うくするのはお前たちの方ではないか」と言い返されてしまうと、元田や井上はぐうの音もでません。

……おおむね、そんな感じのすったもんだがあって、結局はどうなったかというと、日本社会にありがちな「玉虫色」の解決に落ち着きます。4年前に内閣制度を作っておきながら、明治憲法は条文にその「内閣」という言葉すらない、ヘンテコな憲法になってしまった。結果として、帝国憲法下での日本政治には、いくつかの問題が生じます（以降、基本的に飯尾潤『日本の統治構造』と坂野潤治『近代日本政治史』によります）。

①議院内閣制の欠如による曖昧な政治運営

「明治憲法は日本国憲法に比べて非民主的だった」というのも小学校から習う話ですが、具体的にどこがどう非民主的なのかを、正しく知っている人はほとんどいません。正解は、**「総理大臣は議会での投票を通じて国会議員から選ばれる」という意味での、議院内閣制が規定されていなかった**ことです（単に「国務各大臣ハ天皇ヲ輔《ほ》弼《ひつ》シ」とあるだけで、選び方は書いていない）。

これは、議会の権力を抑えようとしたシュタイン―伊藤ラインの狙いに沿ったものですが、逆にいうと「総理大臣は選出された時点で議会の多数派の支持を受けているから、その後の政権運営が円滑になる」（たとえば、内閣が提出した法案は基本的にすべて通る）という議院内閣制の長所を活かせないということにもなるので、その後の藩閥政府が議会運営に苦労する一因となります。

また、別に「議会の多数派が推す人物を総理大臣にしてはならない」と書いてあるわけでもないので、天皇（事実上は元老）が議会の最有力者を自発的に首相に選ぶことにすれば、なんとなく議院内閣制らしきものが成立しているかのように見えなくもないし、しかし「やっぱ議会から選ぶのやーめた」となれば、すぐまた元の木阿弥に戻ってしまうという、きわめて不安定な政治構造になります。これが、明治の「藩閥専制」から大正の「政党政治」、昭和の「軍部独裁」と、戦前の日本で**コロコロ政治体制が変わったかのように見える理由**です。

②首相の権限規定の欠如によるリーダーシップの空洞化

そもそも「内閣」の規定さえない憲法ですから、総理大臣が閣内のほかの大臣に対していかなる地位にあるのかもはっきりしません。これに関しては、起草中から伊藤博文と井上毅の論争があったりしたのですが、結局は総理大臣は「同輩《どうはい》中の首席」で、名目的には内閣のなかで一番のはずなんだけれども天皇の前ではあくまで他の大臣と対等、というよくわからない状態になります。

特に致命的だったのが、かような玉虫色の憲法ゆえに、**首相に「他大臣の罷免《ひめん》権」が与えられなかった**ことです（自発的な辞任を促すことはできるが、強制的にクビを切ることはできない）。つまり、国務大臣のうちひとりが「総理の意向には従えない」といってゴネだした時点で、**最後は閣内不一致で総辞職**せざるを得ないという、極めてリーダーシップを振るいにくい内閣制度を作ってしまったわけで、特に陸相・海相のような「統帥《とうすい》権の独立」を背景に首相に反論できる大臣と対立した場合は、総理の側が譲るか総辞職しかない、ということになります。

③中途半端な議会の権限による万年野党的な議院運営

こうして、そもそも議院内閣制が規定されていないので、政党政治家は衆議院選挙でいくら自党の議席を増やしても、それだけでは政権を担うことはできません（議会の多数派であれば総理大臣に指名されるという保障がないので）。

ところが、緊急勅令《きんきゅうちょくれい》等の抜け道は一応あるのですが、原則として法律の制定や新規予算案の執行には帝国議会の「協賛《きょうさん》」が必要だと憲法に書いてしまったので、衆議院の多数派政党が内閣提出の法案を否決し続ける限り、超然内閣（議会に基盤を置かない内閣。明治の藩閥政府が典型）といえども、自分が望む政治は行いえないということになってしまいました。

――逆にいうと、諸政党の側としては**とにかく衆議院で法案否決を連発しつつ、内閣の側から妥協や提携を申し出てくるのを待つ**のが、自らの意向を政策に反映させる上で得策、ということになったわけです（ちょうど、今日の野党にとっては参議院でまずキャスティング・ボートを握った上で、徹底的に内閣に対する嫌がらせをして連立交渉ないし衆院解散に追い込むのが、政権獲得の早道なのに似ています）。

美しくない日本の議員：真説帝国議会

察しのいい方は、この時点で**明治憲法体制が政治システムの「再江戸時代化」となっている**ことに気づかれたのではないかと思います。

まず、何をもって総理大臣に選ばれるのかが明示されない不明瞭な憲法規定は、中国の皇帝と異なり儒教のような明確な正統化イデオロギーをもっていなかった、（成立当初の）徳川幕府に似ていますね。もっとも大政委任論以来の伝統で「天皇より下」なことだけははっきり明記されてしまいましたから、戦前の総理大臣はむしろ、**政権のトップとしても将軍以下の存在**ということになりますが。

次に、首相の各大臣への指揮権が弱体で自身の意向を貫けない内閣制度は、殿様の「鶴の一声」が家臣によって抑え込まれる「主君押込」の慣行を思わせます——というか、主君押込は家中一同が結束しないとできないのですが、「首相押込」は**大臣ひとりがフテるだけで可能**なので、明治憲法下の首相の権限は**江戸時代の殿様以下**といわなければならないでしょう。

さらに、藩閥政府に取って代わることはなかなかできないが、ひたすら議会で反対して統治行為への不同意を示し続ければ、一定の妥協を引き出すことができた初期議会の政党の立ち位置は、お代官を追いだすまでにはいかないけれども年貢の減免だけはしっかり勝ち取った、日本近世の百姓一揆のそれを引き継ぐものとみることができます——なんでもかんでも「戦後憲法が権利ばかり書いて義務を軽んじた」ことのせいにする戦前派のお爺さまがたの説教話とは逆に、リーダーシップの弱い指導者の下、**大臣から議員までみんながゴネ得を目指してゴネまくる日本政治**

の構図は明治憲法が作ったのであって、戦後憲法はゴネて得をする人の範囲を前より広げただけなのです。

そして実際に、帝国議会の開設後、日清戦争（1894〜95）を迎えたあたりから、日本政治はますます江戸時代に帰ってゆきます。

そもそも、「中国化」の時代だった明治初期、自由党をはじめとする野党は「政府は無駄な支出を削減して、とにかく税金（地租）を安くしろ」と唱えて（専門用語でいう民力休養論）、いわば「『民間にできることは民間に』の小さな政府」を要求していました。ところが、日清戦争に対して内閣・議会が挙国一致して軍備拡張予算を認めたことが呼び水となり、戦後は「政府は税金をとってもいいから、その金で俺の地元に鉄道を引いてくれ、工場を建ててくれ、補助金を出してくれ」という「面倒見のいい大きな政府」を志向する議員が増えてきます（民力育成論、ないし「我田引鉄」論）――**戦国大名的な土建行政型の政治権力の再生**ですね。

そうなるには理由があって、もともと議会開設当初の衆議院選挙は立候補制度すらなく、しかも記名投票（誰が誰に入れたかバレる）ゆえ、村ごとに「空気を読んで」みんなで地元のボスの名前を書くという**近世の寄り合いと同レベル**の代物《しろもの》でした。これが日清戦後に政府との協調が成立すると、村ぐるみの饗応や買収で地域の結束を固め、地元の代表を議会へ送って交渉してもらうという**庄屋さん（議員）と代官所（政府）みたいな関係**がいよいよ復活してくるわけです（季武嘉也『選挙違反の歴史』）。

かくして1900年、伊藤博文がこの手の議員を傘下に集めて結党した立憲政友会《せいゆうかい》こそ、いわば**戦前版の自民党**だというのが、日本政治史の第一人者である坂野《ばんの》潤治氏の見立てです（『大日本帝国の民主主義』）。しかし同じ年、衆議院を支配する巨大政党出現の可能性を警戒して、山縣有朋内閣が実質的な中選挙区制（ただし名目上は大選挙区制）を導入、多様な小政党が議会に進出し、政友会の一人勝ちが生じにくい状況を作り出すことで、超然内閣の維持を画策します（この中選挙区制がなにかについては、後で触れます）。

ブロンとしての民本主義：大正ポピュリズムと昭和デモクラシー

その後、政友会による自民党型のバラマキ補助金政治が財政を圧迫することへの危機感もあって、大正初期には本来は山縣閥の桂《かつら》太郎首相すら、新党結成を模索しはじめます（桂の死により未完）。さらに第一次大戦期には、「私が藩閥をブッ壊す！」（意訳）と叫んだ非政友会系の大隈《おおくま》重信総理が演説レコードまで配布する空前のメディア選挙で「大隈ブーム」を起こし圧勝するなど、農村型の贈賄選挙に対する都市部での嫌悪感の高まりが「政界再編」への欲求を生んでいきます。

以降、紆余《うよ》曲折を経ますが、昭和初期には立憲民政党《みんせいとう》という財政健全化優先の政党が一定の地歩を得て、**政友・民政の両党が交互に政権を担当する二大政党制的な政治状況**が出現したのが、戦前の議会政治の頂点でした（この民政党を、自民党を割って出た保守政治家と、社民主義系労組の連携で作られた今の民主党になぞらえるのも、坂野史学の真骨頂）——ある意味、２００９年に私たちが目撃したのとよく似た景色が、昭和初頭にも広がっていたのです。

それがなぜ崩れて「軍部独裁」になったのかは次章で論じますが、ここでも大切な切り口をひとつ。こうして明治半ばから、議会政治の中身は事実上、地元の名望家が代議士になって政友会（要は自民党）を通じて自分の地盤に補助金を分捕ってくるという、江戸時代の「封建制」のようなやり方が定着していたのですが、一方で官僚制度の方は、内務省という強力な省庁が主体となって知事や警察署長を中央から各地に派遣するという、近世中国風の「郡県制」のしくみのままでした。

大正から昭和初期にかけては今でいう「政治主導」の気運が盛り上がった時代で（それを高校の教科書では、「大正デモクラシー」と書いているのです）、政治任用を掲げた政友・民政両党は、政権を獲得するごとに官僚人事を一新し、ライバル政党のシンパを要職から追放して自党に与《くみ》する一味に置き換えるということをやりました（水谷三公『官僚の風貌』）。——こちらもまた、経産省だかどこだかで、最近も類例を目にしたような話ですね。

そしてその結果、行政が混乱して「政党政治家は国益ではなく、党利党略で動いているだけだ」という印象を強め、官僚や有権者に政党への失望をもたらしたことが、軍部台頭の一因になったと見られています。**日中間の「ブロン」のふたたびの爛熟**を見るとともに、今日の日本政治に照らしても身につまされます。

パンクロック化する日本？：アナーキー・イン・ザ・ヨウ・メイ

日中の「ブロン」という点では、幕末以降の日本近代を支えた人々を動かしたエートスも見落とせません。政治や軍事に関して国家規模での動員がかかり、経済面でも次々と従来にない産業が興っては消える近代社会とは、狭い範囲で限定された生業に従事していればよい（日本型の）伝統社会とは異なって、**人々が常に自ら新しい試みに挑戦し続けるような気風をもっていないと維持できない社会**です。

つまり、どうにかして「よっしゃ、俺の力でいっちょやってやるか！」という内発的なモチベーション（専門用語で「主体《しゅたい》性」）を、国民一般に持たせる必要がある（これを**「主体化」**といい、最近の近代史研究では、それを政府や資本が人々をうまくコントロールしていくプロセスとして、批判的にとらえる視点が主流）。ムラごとの住民管理とイエごとの世襲職に押し込められていた近世までの日本人を、対外戦争や産業革命に向かって熱烈に貢献する「主体化」された近代人に変えていくのは、かなりの難事であることは察しがつくでしょう。それではどこから、そのエネルギーを調達するか。

ここで大きな役割を果たしたのが、中国由来の政治社会思想・兼・個人の生き方マニュアルだった儒教、なかでも特に**「陽明《ようめい》学」**に顕著な思考法ではなかったか、というのが小島毅氏の見解です（『近代日本の陽明学』）。陽明学とは厳密には何ぞやというのは、私の手にあまる中国思想史上の大問題なのでスキップさせてもらいますが、小島氏が重視するのは個別具体的な儒教の学派や思想内容ではなくて、おおざっぱにいえば「動機オーライ主義」（小島著を日本思想史家の野口武彦氏が評した際のことば）ともいうべきエートスの問題、「気分としての陽明学」のほうです。

動機オーライとはもちろん「結果オーライ」の対義語で、「おわりよければすべてよし」ではなく**「はじめよければあとはどうなってもよし」**、純粋にピュアな気持ちで考えて「今の世の中は間違っている！　こっちが正しい！」と心の芯から感じ入ったのであれば、あとは既存の法令や社会の通念はおろか、自分の行為がもたらす帰結についても一切考慮することなく突っ走ってよい、結果は必ずついてくるはずだ、いやついてこなくてもそれはこの俺様の魂の叫びに反応しない周囲の不純な連中が悪いのであって、俺のせいではないのだからかまやしない、というような発想のことです。……長い人生、誰でも一度や二度は、そんな気持ちになった経験があるのではないでしょうか。まあ、**パンクロック系の「De――stro――y!!!」みたいな話**でしょう。

徳川末期のアナーキーな雰囲気の火付け役となった大塩平八郎は陽明学者で、幕末に尊王攘夷思想の旗振り頭になった吉田松陰も陽明学に心酔したのですが、明治維新というのは近世日本のガチガチの社会構造のなかで窒息しかけていた不平分子の憂さ晴らし的な爆発から始まった運動ですから、狭い意味での陽明学者に限らず、他流派（朱子学や徂徠《そらい》学）の儒学者や、復古的な国学者や神道家、開明的とされる洋学者や啓蒙思想家まで、この「気分としての陽明学」に突き動かされて暴れまわった側面が大きいのではないか、というのが小島氏の見立てです。

いわれてみると、確かにこういう人々は**結果でなく動機重視で行動しますから、妥協を知らずにどこまでも突き進む**という傾向が強く、また志半《こころざしなか》ばにして倒れた同志との彼我一体的な心情的連帯感もすさまじく強力なので、追悼施設を建てれば「我らのなしたことはすべて正義、逆らった奴らはすべて悪」ということになるし（これが小島氏のいう『靖国史観』*）、明治の初期に神道を国教化して仏教は全面弾圧しようとか（廃仏毀釈《きしゃく》）、国内もまだまとまっていないのに海外派兵して朝鮮人を懲罰してやろうとか（征韓論）、タリバーン政権もかくやと思われるような「極端」な政策が俎上《そじょう》に載せられた事情も、よく見えてきます。

もちろん、いつまでも**パンクロッカーに政権運営を委ねていたら国家破綻**してしまうので、しだいに岩倉具視や大久保利通や伊藤博文や山縣有朋のような合理主義的マキャベリストが中心になって、成算の立たない跳ね上がり政策の主唱者たちを政府から追放ないし粛清していくわけですが、彼らの誰よりも西郷隆盛の方に殉教《じゅんきょう》者的な同情が当時から集まったように、こういう**ピュアイズムで非妥協的な政治文化のエートス**は明治政府の外部、民間の世論に強力に残ることになります。

国際関係史の世界的大家である入江昭氏は、戦前日本の外交論に、明治以降一貫して「政府の現実主義と民間の理想主義**」という構図を見出していますが（『日本の外交』）、それは藩閥政府が、

「気分は陽明学」の神道原理主義者や征韓論者を切り捨てたことから生まれた対立ともいえるでしょう。板垣退助をはじめとして「征韓論者から自由民権論者が生まれた」という小学校以来周知の筋書きも、こういう文脈に載せて理解しないといけない。

換言すれば、一見独裁的な専制政府よりも、**在野の民主化勢力の方がほとんど常に外交問題に関してはタカ派かつ強硬的**で（専門用語で「対外硬《たいがいこう》」）、「正義がわが国の側にある以上、いかなる犠牲を払おうとも一切妥協するな」という形で政府の「弱腰外交」を批判するという政治構造が、明治に定着して以降「あの戦争」まで続くことになるわけです。――これには一般に、野党活動の自由が制限されている状況下では「政府の公式見解よりももっと愛国主義的な主張をする」という形で政府批判をするのが、弾圧を回避するための適切な戦略だという事情もあります（数年前の中国の「反日デモ」はその典型です）。

さらに踏み込んでいうのなら、「独裁政権が民主化勢力を圧殺して無謀な戦争に突き進んだ」のでは必ずしもなくて、「民主化勢力が政策への影響力を発揮するにつれて、従来の政権担当者の『結果重視』のバランス思考が**民間世論の『動機重視』の強硬一辺倒路線**に飲み込まれて、勝算のない戦争へ押し流された」という側面がかなりある（議会制民主主義は、パンクロッカーにも一票を与えるシステムなので）。これは、「自由民権運動や大正デモクラシーは素晴らしいけれども、藩閥専制や軍部独裁はダメだ」とする高校までの教科書とは、まったく逆の視点ですが、残念ながら日本近代史の成果が明らかにしてきた史実です。

意外でしょうか？　でも、現に今の中国を見てみればよくわかるでしょう？　よくも悪くも、中国共産党の対日外交には虚々実々の駆け引きというか、ある程度の枠がはまっているのに対して、かりに将来、中国の民主化が進んで**「反日デモ」的な大衆感情に熱狂的に支持されて議会の多数派を占めるような政権**が誕生した場合、日本に対する姿勢が今までと比較にならないくらい強硬になるんじゃないかという不安は、かなり多くの日本人が感じたことがあるのではないかと思います――やはり、「明治の日本を知りたければ今の中国をみよ」です。

＊このことは、日本を含めた東アジアと、ヨーロッパの近代とを比較する上で極めて重要な視点です。ヨーロッパの近代というのは、カトリックとプロテスタントがお互い「正義の戦争」を掲げて虐殺しあう16世紀の**宗教戦争への反省**から生まれたので、道徳的な価値判断を政治行為から切り離そうとする傾向が強い（いわゆる政教分離）。

端的にいえば、たとえば「正しさ」のための政治（戦争）といっても、それは誰にとっての「正しさ」なの？　という問い返しが常について回るのが、西洋風の近代社会の本義であったわけです（専門用語で、「価値自由」とか「リベラリズム」といいます）。そして逆にそうであればこそ、冷戦終焉後に**「正戦論」が復活**した今日の欧米社会を、「中国化」という視点でとらえることに意味があるのです。

＊＊ここでいう理想主義は国際政治学上の「イデアリズム」の立場を指すので、主張の中身自体が「理想的」かどうかは、あまり関係ありません。つまり、主張内容が「反戦平和」だから理想主義的だというような意味ではなく、「現実の成算云々よりも、『それが正しいかどうか』を重視して戦争なり平和なりを説く」態度のことです。ですから、「正義の戦争である以上、いかなる犠牲を払おうとも全員玉砕の覚悟で聖戦完遂すべきだ」というのも、一種の「理想主義」ということになります（ここは、後でもまた見ます）。

農村救済のため決起した青年将校は江戸時代をめざした

第 **6** 章

わが江戸は緑なりき

「再江戸時代化」する昭和日本

ノスタルジアは、死に至る病——
世界大戦の時代に甦った、
日本近世の悲劇

二大政党制を壊した史上稀に見る国の「大政翼賛」

半世紀後の「父殺し」

ウェールズの炭坑町の坑夫一家の暮らしを描いて、ジョン・フォードに三度目のアカデミー監督賞をもたらした『わが谷は緑なりき』（1941）は、私見ではそのさまざまなシーンにおいて、最も多くの人に既視《きし》感を覚えさせる作品ではないかと思います。

「お兄さんに美人のお嫁さんが来て、はじめて末弟が女性の存在を意識する」とか、「ともに尊敬していたお父さんとお兄さんが言い争うのを見て、大人の世界の複雑さを垣間見る」とか、「器量《きりょう》自慢のお姉さんが相思相愛の相手を諦めて名家に嫁ぐのだけど、それが不幸な結婚だったとわかって世間の厳しさを知る」とか、「遠路通った学校で最初は豊かな階層の子供にいじめられるんだけど、地元のおじさんたちが助けてくれたおかげで喧嘩に強くなって、最後には友情が生まれ一目おかれる存在になる」とか、初めて鑑賞したはずなのに**「ああ、昔どこかでこれは見たことがある……」と感じて涙腺が弛《ゆる》む光景の宝庫**になっています。故郷なき全世界の近代人に架空のノスタルジアを提供することを旨としてきた、ハリウッド古典映画の神髄《しんずい》といえるかもしれません。

さて、その既視感あるシーンのひとつに、「病気で脚に障害を負いふてくされていた子供が、親しい人に励まされてリハビリの努力を開始し、やがて大自然のなかで歩けるようになる」というものがあります。

これは、日本人好みのエピソードのようで、「あの戦争」の最中にもフィリピン戦線を描いた『あの旗を撃て』（阿部豊監督、１９４４）という国策映画で、ほぼそのまま借用されたといわれていますが、私の世代にとってはなんといってもTVアニメ『アルプスの少女ハイジ』（１９７４、少年時代の私が見たのは再放送）のクララ・ゼーゼマンなのであり、そして同作の成功から地歩を築いた映像作家・宮崎駿《はやお》のスタジオジブリ第一作『天空の城ラピュタ』（１９８６）こそ、『わが谷は緑なりき』への日本からの返歌になっていることは、知る人ぞ知るアニメ史の実話です（切通理作『宮崎駿の〈世界〉』）。

『ラピュタ』冒頭の舞台がやはりウェールズの鉱山町をモデルにしているというだけではなく、実に半世紀を隔てたこの２作品には、共通するモチーフがあります——すなわち、**「父親」の不在ないし機能不全**。

『わが谷』では、父親が一家の長として炭坑主と賃金交渉におよぶものの成果なく、長男たちが家を出て労働組合を結成、映画は落盤《らくばん》事故による父の死で幕を閉じます。『ラピュタ』はいわずもがな、男主人公パズーの父親はラピュタの存在を主張した結果、詐欺師扱いされてすでにこの世になく、彼もまた自分の力では飛び立てずにドーラという母親の率いる（＝父親のいない）海賊船で旅に出る。天涯孤独のヒロイン・シータがやっと巡り合えた唯一の血縁者ムスカは、ラピュタの王となることを望むも、冷酷残忍でおよそ人の父となるに相応《ふさわ》しいとは思えない男だった……

すなわち、**「父親」を頂点として地域や家庭ごとに集約されていた秩序がもはや通用しなくなった時代**に、いかなる社会のあり方が可能なのかを追求している点で、『ラピュタ』は時を超えた『わが谷』のリメイクと見なすことができる――そして、この製作時期の違いこそが、日本と西洋の近代の差異を考える上で決定的に重要です。

つまりそれは、英米では20世紀前半からすでに気づかれていた、「父親」的なるものの機能不全（および労働組合的なるものによる代替）に、**日本人は気づかないまま（ないし気づかないふりをしたまま）半世紀を過ごした**ということを意味するからです。実際、１８９８年の明治民法施行により離婚が届出制となったことで、20世紀初頭に日本人の離婚率は激減、「あの戦争」をまたいで１９６３年まで一貫して低下を続けます（逆に、まさに宮崎が『ラピュタ』を撮った80年代末から、上昇のペースが高まります。湯沢雍彦・宮本みち子編『データで読む家族問題』）。

要するに、こういうことです。ヨーロッパ人がもはや「父親」に頼らず「組合」を作って乗り切ろうとした近代の危機を、日本人はあくまでも「父親」を中心とした「イエ」の結合によって突破しようとしたのだと。そしてそれこそが大正から昭和にかけて、**社会全体の「再江戸時代化」**を経験した日本人の歩みと、「あの戦争」とを関連づける上でも、絶対に無視しえない視点なのです。

昇らぬ太陽：組合は一揆なりき

労働組合もまた、多くの日本人が誤解している西洋産の制度の典型です。『わが谷は緑なりき』のなかで父親の敗北として鮮烈に描かれているように、ある一つの会社や限られた地域のなかでは解決できないような労働問題に対して、**所属企業や居住地域を越えた同業従事者どうしで結束して取り組むのが、ヨーロッパでの標準的な労働組合**のあり方です（中世以来のギルドの系譜を引く、いわゆる**職種別組合**）。

これに対し日本の場合は、ギルド的な同業者組織の伝統が弱かったせいもあって――正確には、中世までは「座《ざ》」という同業組合があったのですが、彼らが戦国大名による地域別統治の前に敗北したために――同一企業の社員が丸ごと一つの組合に組織される、いわゆる「企業一家」的な**会社別組合**が普通の労働組合だということになってしまいました。労働史の専門家である野村正實《まさみ》氏による専門研究は、この企業別労組を「労働組合を名乗る組織」「会社の一部」という痛烈な表現で記述しています（『日本的雇用慣行』。以降、労働史の記述は基本的に同書を参照）。

要するに、**今でも日本に本当の意味での労働組合なんてほとんどない**のに、高校の公民科程度の教養しかないわが国の一般労働者は、「企業の下部組織」を労働組合だと信じているだけなのです（本当に、日本の中等教育というのは何を教えているのでしょうか）。この、企業別に組織された「日本でだけ労働組合だと思われている組織」は、1920年前後に重化学工業大企業の内部で「工場委員会」という形ではじまり、戦時中に職場別に組織された大日本産業報国会を通じて労組のあり方として一般化し、戦後の「経営民主化」によって定着して高度経済成長を支えてきたものです。

かくして、「組合」が企業別に編成されている日本の産業構造の長所は、当然ながら労使紛争をまとめやすいことです。経営者も労組員も結局は全員同じ会社のメンバーですから（ましてや、終身雇用の場合は全員が全生涯をその会社で送るのですから）、最後はお互い妥協しようという話になる――ちょうど、**藩主も領民も先祖代々同じ土地で暮らしているがゆえに、どちらもほどほどのところで折り合いをつけていた「封建制」の江戸時代の百姓一揆と一緒**です。

それがいかに日本の経済成長に貢献したかは（「再江戸時代化」した社会の内側にいると自覚できないのですが）、職種別に企業を越えた労働者が結束している、欧米型労組と交渉する経営者の立場を想像すればすぐわかる。たとえばブルーカラー（肉体労働者）の組合との交渉で大幅な賃上げを飲まされた分、事務職員の方の賃金を抑制して乗り切ろうとしても、今度はホワイトカラーの組合が猛烈に反発してきますから、結局はそちらの賃金も上げざるを得ない。

「このままではわが社は経営破綻してしまう、勘弁《かんべん》してくれ」と泣きついても、交渉相手の労組幹部には他企業の社員が大量に入っていますから、「他社との交渉にも影響するんだ、あんたんとこだけ妥協するわけにはいかん」という話になって勘弁してもらえず、下手をすれば最後は本当に倒産です（２００９年のＧＭ《ゼネラルモーターズ》倒産の一因は、全米自動車労組の交渉力が強すぎたために、維持不可能な規模の企業年金や医療保険負担を抱え込まされて経営資金が行き詰まったことにあるといわれています）。

わが国でも２０１０年のＪＡＬ（日本航空）経営破綻の背景として、繰り返された企業統合と経営陣および組合の内紛の結果、グループ内部の８つもの労組と交渉しなければならなくなり、労使関係が崩壊した点を指摘する声が強いですが、ある意味、**職種別組合が一般的な欧米社会で会社を経営するというのは、全企業がＪＡＬ並みの状況に置かれているということ**なわけで、彼らにかつて労使一体型の日本的経営が『ジャパン・アズ・ナンバーワン』などと羨望《せんぼう》されたのも、理の当然というべきでしょう（逆にいうと本当はＪＡＬの環境が「異常」なわけではなく、そちらこそが「グローバル・スタンダード」なのだという見方もできます）。

新しきムラとイエ：工業化された封建制

言い方を変えればこうです。19世紀後半からの世界的な労働運動の高まりのなかで（実は、大政奉還によって**徳川幕府が終焉を迎えた１８６７年は、マルクスが『資本論』第一巻を刊行した年**です。この符合を活かした歴史推理小説が山田風太郎にありました）、あらゆる先進国はその対応に苦慮し、結局いかなる解決策をとったかによってその国の政治体制が決まっていくことになるのですが、日本の場合はそこで「再江戸時代化」という道を選んだのだ、と。

あたかも各企業を「藩」に見立てたがごとき会社別組合の導入はその一例ですが、工場委員会の整備が始まった第一次大戦の前後から、主としてホワイトカラー層においてライフコースの固定化、**会社の「村社会化」**が顕著になっていきます。

第一次大戦による戦争特需が、成金《なりきん》の続出など戦前でも未曾有の好景気を大正日本にもたらしたことは、高校の教科書でしか近代史を知らない人にもおなじみの史実でしょう。この場合、企業としては人手不足になりますから、新規労働力の青田買いが必要になってきます。その結果として定着したのが、大学卒業時の若者を一斉にホワイトカラーとして入社させる、今日と同様の「新卒定期採用」の慣行です。

また、前後して20世紀初頭から、ホワイトカラー上層部の幹部候補生を中心に、終身雇用・年功賃金のしくみが整備されてきていました。年功賃金というのは、経済学的にいうと「若いうちは本当の労働の対価よりも安く使うかわりに、年をとってからその分を労働者に返すことで、**途中で会社を移ると損をする**状態を作り（会社が未払い分の給与を人質にとっているのと同じなので、「強制貯蓄」という）、長期勤続を促進する労務管理の手法」のことなので、いってみれば**先祖伝来の耕作地をカタにとって（よそへ移住したら相続できない形にして）、百姓の「イエ」を居住地域に縛りつけていた村社会の近代版**です（さらに年功賃金制は、部分的には近世日本の大商家の給与支払法の系譜を引いてもいます）。

　このような、会社の村社会化を通じた働き方の「再江戸時代化」は、しだいにブルーカラーにも及んでいきます。第一次大戦による好景気は、主として重化学工業に従事する肉体労働者の賃金を大幅に増加させ、ノンキャリアの公務員（当時の用語で判任《はんにん》官。ちなみにキャリアは奏任《そうにん》官、トップが勅任《ちょくにん》官）と同等の水準まで引き上げたことが知られています。これによって、大工場で働いてさえいれば、基本的には旦那の稼ぎだけで奥さんと子供を食べさせることができるという**「家族賃金」**の慣行が成立し、統計によっては、大正末年には日雇い労働者の家庭でも9割強が専業主婦化していたというデータもあります（川東英子「日本的労使関係の源流」）。

　これによって、江戸時代以来、都市部に流出して長屋住まいを強いられていた農家の次三男でも、結婚して家庭を持つことができる環境がようやく整い、彼らによる核家族の形成が進みます（坂本佳鶴恵『〈家族〉イメージの誕生』）。**戦争と軍需景気のおかげで、やっとこさ「都市の蟻地獄」が緩和された**のです。

　加えて、昭和初期までは月額制のホワイトカラーだけが「うちの社員」だったのに対し、日給制で出入りの激しいブルーカラーは「所詮《しょせん》よそもの」扱いをされ（現在の日雇い派遣のような状態）、退社時に所持品検査や身体検査をされるといった猛烈な差別があったのですが、戦時中の産業報国会の時代に「お国のために同じ職場で戦う仲間に貴賤はない」という発想（皇国勤労観という）が強調されたこともあり、企業別組合への包摂に伴って、やがて会社村の正規メンバーとして認められていきます。

……このように書いてくると、会社や工場を村社会化して、都市部でも「イエ」を作れるようにした大正以降の「新しい江戸時代」は、もともとの江戸時代の欠陥を克服した、バラ色のアップデート版に見えるかもしれません。が、そこには少なくともふたつ、大きな盲点がありました。

ひとつは、ジェンダーの問題で、男性労働者に家族全員が食べられるだけの給与を保証するということは、要するに**女性労働者を単なる家計補助要員（生活の面倒は父親ないし夫にみてもらえばいいので、単身で自活できるだけの給与を支払ってやる必要はない存在）とみなす**ことと表裏一体ですから、彼女たちの賃金は相変わらず低水準に据えおかれ、女性の社会進出は抑制されます。

これは伝統の残存というよりも、むしろ20世紀に入って新しく作られた**「ネオ封建制」**とでもいうべきものでしょう——そもそも、圧倒的に農業が主要産業だった本当の江戸時代は、「女も男もなく一緒に野良仕事」があたりまえで、「男は仕事、女は家庭」などという（ある意味悠長で）「差別的」な考え方が成立する余地は乏しかったし、その後の明治期の軽工業中心の時代に、繊維《せんい》産業を支えて日本の産業革命を可能にしたのも女子労働者だったのですから。

関連してもうひとつは、いくら村社会化したといってもやっぱり会社や工場は農村とは違うので、**本物の江戸時代には「イエ」の周囲に存在した「ムラ」というセーフティ・ネットが取り払われてしまった**ことです。農業経営は複数の「イエ」が協働しないとできないので、近世村落では「ユイ」とか「もやい」と呼ばれる相互扶助の慣行があり——湯浅《ゆあさ》誠氏の「反貧困ＮＰＯ法人」の名前の由来ですね——結果として、たとえばあるイエに不幸があっても遺族の面倒をムラ全体でみるという風習もありました。

ところが、せいぜい会社の同僚となると、夫が亡くなったからといってその妻子の世話まで同僚がしてあげようとは、さすがにいかない。まして、女性が自力で稼げる賃金額は極めて低いから、未亡人になって父なし子といっしょに残されたら、とても生きていけない。

結局、それでどうなったかというと、まさしく家族賃金慣行と専業主婦化が定着した**大正末期から親子心中がめちゃめちゃ増える。**産みの母である自分以外が遺児を育ててくれるという期待が持てないので、「子供を後に遺《のこ》して死ぬ」ことができなくなり、むしろ「この子を殺して私も死ぬ」という形に追い詰められる女性が激増したからです（岩本通弥「血縁幻想の病理」）。こうして、その後にくる昭和時代はいわば「親子心中の時代」となったのであって、『ＡＬＷＡＹＳ　三丁目の夕日』（山崎貴監督、２００５）以降の昭和ブームに乗せられて、「昭和の日本は、家族愛と義理人情の時代だった」だなんぞと思い込んでいるのは**とてつもなく無知な人間**です。

かように考えてくれれば、『天空の城ラピュタ』と『わが谷は緑なりき』のあいだにある半世紀の重みが実感できるでしょう。『わが谷は緑なりき』で、欧米人が家父長制的な生活保障システムの限界に気づき、企業や地域を越えた労働組合や社会主義運動に自らの暮らしを委ねた後も、**日本人はいわば『わが江戸は緑なりき**』で、村社会化した企業と旧来以上に再強化された「イエ」とに、己の命運を託す道を選んだのです。

江戸時代化する世界？：総力戦、社会主義、ケインズ政策

高校の先生は教えてくれなかったかもしれませんが、一般社会では極めて常識的なジョークに「一番成功した社会主義国はどこ？」というのがあります。——もちろん、答えは「日本」。

ここで「社会主義は戦前は弾圧されていたはずだから違う」などと考えてしまうとしたら、それこそが高校史観の限界です。大学レベルの学問では歴史学でも政治学でも経済学でも社会学でも、戦前から戦後にかけての日本では、おおざっぱにいえば**「社会主義のうち江戸時代の伝統に沿わない部分は徹底的に排除されたが、江戸時代と適合的な部分は全面的に採用された」**と考えるのです。

カンのいい方は、これまでの「再江戸時代化」の話だけでも察しがついているところかと思いますが、ここからは、世界史的な文脈とも対照しながら見ていきましょう。

西洋史学では第一次大戦（１９１４〜18）を「近代」と「現代」の画期と見なし、とりわけ同大戦から冷戦の終焉までを「短い20世紀」と呼ぶのが定説です（E・ホブズボーム『20世紀の歴史』）。短い20世紀とは、要するにロシア革命（１９１７）からソヴィエト連邦崩壊（１９９１）までの「社会主義の世紀」ということですが、世界史のなかで日本の近現代を考える上では、それが同時に**「江戸時代化の世紀」**でもあったことを知っておくことが極めて重要です。

そもそも第一次大戦ほど、西洋史と日本史とのあいだでその重要性の認識にギャップのある出来事はない。第一次大戦によって西洋先進諸国が全面戦争に突入すると、当然ながら各国間の自由交易は激減、その後世界の商品貿易が総生産額に占めるシェアはなんと１９７０年代まで、大戦前の水準には復帰しなかったといわれています（猪木武徳『戦後世界経済史』）。

加えて、同大戦のなかで成立した世界初の社会主義国家ソ連は、資本主義諸国による経済封鎖もあり、世界革命論者のトロツキーを追放してスターリンの一国社会主義を採用。もともと左翼運動には「万国の労働者が国境を越えて連帯する」という世界普遍的な志向と、「それぞれの国で労働者主導の政権を樹立し、政府の力で市場をコントロールしていく」という国家主義的な志向とが混在していたのですが、第二インターナショナルが開戦を止められず国ごとに分裂した経緯もあり、第一次大戦後は後者の路線がどの国でも基本線になります——篠田《しのだ》正浩監督のラストフィルムとして話題を呼んだ『スパイ・ゾルゲ』（２００３）が、この二潮流の矛盾や葛藤を軸に、昭和史を世界史の一部へと位置づけた良作ですので、「いまさら社会主義なんてピンと来ない」ないし**「ていうかソ連って何？」**という世代の方は、まずはそちらをご覧ください。

要するに、世界市場において国際交易の比率が顕著に低下し、主権国家ごとの国内市場に分割されて各政府が経済に介入する状況が生まれた点で、海外貿易を厳格に制限し、国内でも身分規制でがんじがらめにしてイエごとの営業統制を行っていた**江戸時代に近い状況が全世界に広まった**と見ることもできるのです（世界恐慌の発生に伴って１９３０年代に進んだブロック経済化は、その極点です）。

また、第一次大戦は「世界最初の総力戦」ともいわれるように、政府が全国民と全産業とを動員して人的要員と軍需物資を再生産しながら戦線に投入する経験をもたらしましたから、国家が計画的に需給バランスを調整し、なおかつ（兵隊さんが後顧の憂《うれ》いなく戦線に出て死んでくださるように）一般庶民への社会福祉の供与を担当せざるを得ない環境が生まれ、大戦後はどの国でも多かれ少なかれ、以前と比べて**社会主義的な再分配志向の政権運営が常態化**します（この点に注目して現代史を記述する動向を、**「総力戦体制論」**といいます）。

この際、教科書的な社会主義ではプロレタリアート主導の暴力革命を起こして既存の議会を閉鎖し、資本家の財産や企業の経営権を国家が剥奪する独裁的な政治運営によって強力な統制経済を進めることになるわけですが、「そこまでやらないで、既存の資本主義や議会制民主主義の枠内で工夫するだけでも、実質的には同じ効果を出せるんじゃないの」と提案したのが、英国の経済学者ケインズでした（一般には一応社会主義と区別して、修正資本主義といいます）。１９３０年代、資本主義諸国が大不況に苦しむ中、「社会主義国には恐慌がない」とのキャッチ・コピーのもと順調に発展を続ける（ように見えた）ソ連型の計画経済が注目を集めたこともあって、ケインズの影響力は一気に拡大します。

世界恐慌下では有効需要が激減し、いくら値段を下げても誰も買わないので企業の倒産が相次ぎ、それによって失業者が増えてどんどん貧乏になるのでますます物を買う人がいなくなり……

という悪循環が起きていたので、ケインズは主著『雇用・利子および貨幣の一般理論』（１９３６）を書き、後に**「浪費省の設立」**として有名になる景気対策を立案します。

　ケインズ先生いわく、民間に任せておいても埒《らち》があかない場合は、国債（国の借金）や税金をジャンジャカ使ってもいいから国が需要を作るべきである。なんなら政府が、「瓶《びん》に詰めた紙幣を山に埋めてくる」事業を始めて失業者を雇い、その後で「その瓶を掘り出してきたら中の紙幣をあげる」事業に別の失業者を雇えば一挙両得じゃないか。**無駄な公共事業でも何でもいい**から、国家が商品の買い上げや賃金のバラマキを通じてお金を企業や家計に注入してあげれば、やがて有効需要が生まれて景気は持ち直すだろう、という考え方です。

　結局、ドイツのヒトラー政権下での巨大公共事業や、アメリカのローズヴェルト政権のニューディール政策など、あたかもこの理論をとりいれた結果、恐慌から回復できたかに思われる事例が増えたこともあって、ケインズ主義はその後長らく、経済政策の特効薬にして経済学主流派の地位を獲得します（ヒトラーやローズヴェルト個人がケインズに学んだという意味ではありません。また、本当にケインズ政策が効いて大恐慌が終わったのかどうかは、今日では疑問とされています）。

　ケインズ本人はソ連型社会主義やナチス・ドイツの独裁体制に批判的で、むしろ政治的に自由な社会を維持しながら、聡明な政府が市場をコントロールする処方箋を構想したとされていますが、かようなケインズ政策自体が『隷従《れいじゅう》への道』（１９４４）につながるのだと痛烈に批判したのが、当時ロンドン大学で教えていた政治哲学者のハイエクでした（池田信夫『ハイエク』）。ハイエクにいわせれば、政府が総需要を管理して人々に仕事を割り当てるなどというのは、**国家に決められた通りにやらなければ食べていけない状況に全国民を追い込む**ことと同義なので、いかに善意でやっても独裁政治の地ならしになってしまうのだ、ということになります。

　このケインズとハイエクの論争は、政治経済の状況に応じて両者の人気がコロコロ変わるので決着をつけにくいのですが、われわれ日本人にとってはある意味でおなじみの議論です。要するにそれは、江戸時代を職業や地域ごとの住み分けが成立したことで社会の安定が２５０年間続いた平和な時代（≒ケインズ）として捉えるのか、幕藩制権力によって人々が自由を剥奪され特定の土地や身分に縛りつけられていた暗黒の時代（≒ハイエク）とみなすのか、という例の話の変奏形態にすぎません。

　実際、瓶の話はケインズとしては冗談のつもりだったらしいのですが、江戸時代の武士とは（中世までと違い）自分では農作業もせず**城下町で食っちゃ寝てるだけの無駄な公務員**ですから、まさしく**浪費省の官僚と同じ**です（これは私のヨタではなく、かの速水融氏が使っている喩え）。彼らが参勤交代のごとき**「瓶埋め・掘り出し」レベルの何の意味もない公共事業**にバカバカ税金（年貢）を投入したおかげで、御用商人や宿場町にお金が回り、実際に徳川日本は戦国時代のドン底から景気回復を果たしたわけですから。

　この意味で、「ケインズの世紀」と呼ばれることもある20世紀前半期は、正しく「江戸時代化の世紀」ともいえる――犬養毅《つよし》内閣で高橋是清《これきよ》蔵相がとった積極財政は（日本では）ケインズ政策の先駆と呼ばれ、実際に日本は世界恐慌からの立ち直りが比較的早かったとされていますが、それは**日本人におなじみの江戸時代的な行動様式が、期せずして世界のモードとたまたま一致してしまった**がゆえの僥倖《ぎょうこう》と考えられます。

『美しい江戸へ』：真説昭和ファシズム

しかしハイエクの批判を待つまでもなく、世界中が江戸時代になったのが日本にとって本当に「いいこと」だったのかは、ちょっと考えてみないといけません。

たとえば、周知のとおり犬養内閣は五・一五事件（１９３２）で倒れて「最後の政党内閣」となり、いわゆる「軍部独裁」の時代が来るのですが、その財政政策があまりにも好評だったので、高橋自身は続く斎藤実《まこと》・岡田啓介内閣でも看板大臣として蔵相に就きます。逆に、岡田内閣で軍事支出（＝**浪費省**）の引き締めに転じた途端、「昭和維新」を呼号《こごう》した二・二六事件（１９３６）で「粛清」されてしまうのですから、**日本人の江戸好みは確かに『隷従への道』**です。

つまり、こういうことです。「中国化」した自由競争と自己責任の明治社会に疲れ果てた日本人が、「今思えば江戸時代は悪くなかった。江戸時代恋しい。江戸時代大好き。ちょっとくらい不自由になったっていいから安定したあの時代に帰りたい……」と思っている傍《そば》から、世界の秩序が丸ごと江戸時代みたいな状態になっちゃったので、明治以降に達成した「進歩」も含めてズルズルッと江戸時代に引き戻されてしまったというのが、やがて**「あの戦争」へと至る「暗い昭和」**の実像なのです。たとえば議会政治というのは日本では江戸時代の伝統にないものですから、「再江戸時代化」すれば当然、その機能は大幅に低下します（同じように、江戸時代的になった世界各国でも、議会政治の伝統が弱かったドイツ、イタリア、ソヴィエト＝ロシアなどは全体主義と呼ばれた一党支配体制になり、逆に議会主義を自国の伝統の中心におく英米両国は、どうにか政治的自由主義を維持します）。

実は「社会主義は江戸時代に似ている」というのは、かの日本の社会主義の草分け・幸徳《こうとく》秋水が明治末頃に指摘していたことで、彼は自分のめざす平等社会を相互扶助的な「武士道の復活」として捉えていました。日本のサムライが「武士は食わねど」なんとやらの状態になっても、商人よりも遥かに少ない身入りで我慢できたのは、彼らが家禄として生涯収入を保証されていたがゆえなので、今後は労働者全員が江戸時代の武士並みに国家に直接雇用される社会を作れば、清く正しいサムライスピリッツが甦って市場経済の弊害はなくなるだろう――要するに、**明治の初期社会主義というのは『社会の品格』みたいな話**です。

幸徳は結局、天皇暗殺を企てたということで大逆事件（1910）で処刑されてしまいますが（幸徳本人については冤罪説が強い）、このビジョンを継いだのが誰あろう、生前互いに交流のあった「右翼思想家」の北一輝《いっき》でした（渡辺京二『北一輝』）。幸徳の近辺とつきあっていた頃の北は、普通選挙を実施すれば民衆寄りの政権ができて平等化政策が可能になるだろうと予想する社会民主主義者だったのですが、現実が全然そうならないのを見て、天皇をお神輿《みこし》に担いだ軍部がクーデターを起こして上から強権的に資本主義の停止と富の再分配を進めるという、国家社会主義の路線に転じます——**『社会の品格』が『国家の品格』に変わった**わけです。

　この北も、**天皇なんか社会主義の人寄せパンダ**だと半ば公言する驕慢な性格が災いして、二・二六事件に連座して死刑になってしまいますが、その『国家改造案原理大綱』を夜通し筆写して熱い共感にむせんでいた一人の秀才官僚が、やがて政権を内側から動かすことになります。その人こそ岸信介、自民党の安倍晋三元総理のおじいさまですね（原彬久『岸信介』）——かくして、**昭和日本の『美しい国づくり』**が始まります。かような人物が戦時中は重要閣僚になり、戦後は総理大臣まで務めたわけですから、もはや立派な社会主義国家だといっていいでしょう。

　要するに、議会政治は江戸時代の伝統にないから無視してかまわないが、天皇陛下は江戸時代にもいらしたから尊重しないといかんというのが当時の日本社会の通念だったわけで、**江戸時代の枠組みにフィットする形であれば日本人は戦前から社会主義が好き**なのです。

　もちろん、戦前の日本共産党は徹底的に弾圧され、『蟹《かに》工船』の小林多喜二《たきじ》ら多くの党員の命を虐殺で失うのですが、これは、ロシア革命で皇帝の首をちょんぎった経験しかないコミンテルンの指令に従って、よく考えないまま天皇制を否定するという戦略上の致命的ミスをしたためです（だから、**日本の歴史を知らない外国人に政策を丸投げしてはダメ**なのです。今の保守なり革新なりの人々は、大丈夫でしょうか）。逆に言うと、１９２０年代までは共産党の天下が来ると予想する知識人も多かった（有馬学『帝国の昭和』）。

弾圧後も、「天皇制廃止」さえ撤回すれば条件次第で監獄から出してもらえることもあり（これを**転向**《てんこう》といい、長く日本思想史上の一大テーマとなっています）、獄中の共産党指導者の一部が発表した「国際共産主義を捨てて天皇陛下の下に一国社会主義をめざす」という声明文は、当時の代表的な論壇誌『改造』誌上に堂々掲載されました。

労働運動でも1930年代には、皇室賛美の右翼的スローガンを掲げた日本主義的労組が争議に勝利した事例が見られます――特高警察はなにをしていたのかって？　もちろん裏で応援したのです、**組合の側**を（三輪泰史『日本ファシズムと労働運動』。もっとも、こういう運動もやり過ぎと見なされると、最後は切られてしまいますが）。今の日本でも旧民社党系の労組や政治家などに、**経済政策は赤旗なのに文教政策は産経新聞**という方々が結構いらっしゃるのは、この時代の名残《なごり》です。

ブロンとしての軍国主義：40年体制と「成功した社会主義」

かような「暗い昭和」の時代に、私はブロンの極点を見ます――もちろん、日本と中国のいいとこどりを狙って悪いとこどりになってしまった、あのブロンです*。実は、戦前の日本のファシズム化というのは、比較政治学的にみると政友会と民政党の**二大政党制が崩壊したという、かな**

りのレアケースに属します。

　二大政党制のほとんど唯一の強みは、「最初から選択肢をふたつに絞ってかわりばんこに政権につく分、常に『もうひとつの選択肢』が留保され続けるので、一党独裁にだけは絶対に陥らない」という点にあるのに（逆にドイツやイタリアは、小党分裂の激しい多党制が独裁者による安定した統治への欲求を生んだケース。Ｈ・アレント『全体主義の起原』）、昭和の日本人は「ふたつよりもひとつがいい」といって最後は大政翼賛会を作ってしまったのだから、たいがいな人々なわけです。

　ちなみに、私の同僚にはラテンアメリカ政治の研究者もいるので、南米に類似の事例があるかどうか聞いてみましたが、「ない」と即答でした。**極右独裁から極左ゲリラまで政治体制のデパートみたいなかの大陸でも存在しない**のだから、「二大政党制を壊す」というのは世界中どこを探してもたぶん類例がないわけで、わがニッポンの偉大な発明といわねばなりません。なぜ、そのようなことが起きたか。

　ひとつは、日本人の江戸時代志向で、何度も述べたとおり日本人は「江戸時代的な社会主義」なら大好きですから、昭和戦前期には合法社会主義政党（無産《むさん》政党）の躍進が始まります。１９３２年の選挙までは毎回議席１ケタに過ぎなかった無産政党は、選挙協力のために大同団結して社会大衆党という統一政党を作ったこともあり、１９３６年の衆院選では一躍22議席に急伸、１９３７年には分派の日本無産党とあわせて実に40議席を取り、政友・民政両党を大きく過半数割れに追い込んでキャスティング・ボートを握ります。

つまり「戦前の暗い時代」とは、選挙結果を見れば**一貫して社会主義政党が伸びていった時代**だったのですが、ところが致命的な弱点は例によって「江戸時代には議会がなかった」ことで、結局彼らは社会主義実現のため、既成政党ではなく軍部と連携する道を選びます――二大政党に先んじて解党し、大政翼賛会へと馳《は》せ参じる際に社会大衆党が掲げたのは、まさしく**江戸時代の家職制と同様の「職分奉公」**でした（このあたり、近年は日本政治史でも注目のポイントなのですが、一冊読むなら私はあえて、沢木耕太郎氏によるルポルタージュの古典である『テロルの決算』を挙げます。ジャーナリズムの感度がアカデミズムに先んじた典型です）。

もうひとつは、明治以降の日本人の政治に賭ける情熱を支えてきた、例の「気分は陽明学」の動機オーライ主義です。五・一五事件で政党内閣の首相が暗殺されても、政友・民政両党の利権漁《あさ》りと泥仕合に辟易《へきえき》していた当時の一般庶民は、政界刷新と貧農救済という**美しくピュアな動機だけに身を任せてひたむきに走った青年将校**の方に同情的で（こういうのにも、そのうち「歴女」のファンがつくのでしょうか……）、裁判所には減刑の嘆願が殺到する状態でした（保阪正康『五・一五事件』）。

さらにいうと、朱子学を典型とする近世中国由来の儒教思想は、**全世界のどこであろうと共通する真理はただひとつだ（それこそがわれわれの教えだ）という普遍主義**を基軸としていますから、ちっぽけな日本の議会が複数の党派に分かれてぐだぐだ議論していることの意義がそもそも分からない。万邦無比の大御心《おおみこころ》を体現される、世界に冠たる（中華皇帝のような）天皇陛下のご足下に挙国一致の体制が作られるなら、そちらの方がよほどいいやという話になる。

かくして、軍国主義の時代がやってきます。わかりやすく一言でいうと、大学レベルのプロの日本史では**「軍部がやる社会主義」**のことを軍国主義といいます――だって、スローガンからして社会主義的でしょう？　なにせ「ぜいたくは敵だ」ですから。

経済学者の野口悠紀雄《ゆきお》氏は、こうして総力戦体制の下で１９４０年前後に定着した国家主導の財政運営や企業統治のあり方を「40年体制」と名づけ、その特徴は**集団ごとの「垣根で分けられた社会主義」**にあったとしています（『１９４０年体制』）。在郷軍人さんが中心になって農村地域をまとめ、都市部の労働者も会社ごと、工場ごとの産業報国会にひっくくって分割し、それぞれのなかで運命共同体意識を熱烈に強化して生産に突貫させるというしくみですが、われわれはそれを形容するのに、もっと便利な言葉をもっています。もちろん、江戸時代由来の**「封建制」と「勤勉革命」**です。

野口氏の議論の眼目は、この40年体制は戦争動員に使われただけでなく、戦後の復興にあたってもいわゆる「護送船団方式」（会社をつぶさないよう国家が面倒をみる方式）や「日本的経営」として受け継がれてゆくという点にあります。だとすれば、戦後日本が「世界一成功した社会主義国」と呼ばれてきたゆえんもまた、江戸時代にあるということが理解できましょう。

ロシア革命以降の一国社会主義というのは、普通は「垣根で分けない社会主義」になるので、

国家単位で丸ごと経済管理や住民統制を行う分、副作用が猛烈に強いのです。ハード・ケースはスターリンのソ連や毛沢東の中国やポル・ポトのカンボジアで、全国の労働者階級が結束して資本家階級（と見なされた人）を撲滅するということをやったので、百万、千万単位の死者が出ました。ソフト・ケースは戦後英国の労働党政権（『わが谷は緑なりき』の後継者）や西側陣営内最強の共産党を有したイタリアで見られたもので、企業の壁を越えて全国市場を掌握《しょうあく》している労働組合がゼネラル・ストライキを連発し、そのたびに交通・通信・電気・水道などのライフラインが一斉に止まって国民生活が麻痺しました。

これに対して日本の社会主義は「会社」というムラごとに分割された封建社会主義（冷戦期には、ダジャレで「会社主義」と呼ぶこともありました）なので、百姓がお殿様を収容所に送って虐殺することはなかったし、一揆がおきても営業が止まるのはせいぜいそのムラだけで、同業他社には波及しませんから、結果として**副作用が最も少ない社会主義**になったのです。

戦時中でさえ、１９４２年に東條内閣が大政翼賛会に「投票するべき候補者」を推薦させる翼賛選挙を行った際（共産圏の選挙形式に似ています）、全議席の5分の1弱は非翼賛の候補が当選、議会勢力が最後の意地をみせました。中選挙区制の下、代々地元に強固な地盤を有していた議員は、推薦なしでも当選できたからです。**封建領主が皇帝独裁に歯止めをかけた**ともいえます。

ほかにも、敗戦までの軍国主義下で行われた思想弾圧や人権侵害はすさまじいもので、何件もの拷問や冤罪による政治犯を生みましたが、**まあ社会主義国だったと思えば相対的にはマシな方**

に入るのは確かで、さしずめ戦後のブルガリアかルーマニアくらいでしょうか（……ぜんぜん嬉しくありませんし、『国民の歴史』を誇られる方々が声高に自慢すべきこととも思いませんが）。

＊というか、ヨーロッパのナチズムやファシズムについても、社会思想史の分野ではいわば「社会主義（左翼）と民族主義（右翼）のブロン」として考えるのが定石です（仲正昌樹『日本とドイツ』）。「これまで対立してきた両者を止揚《しよう》したのだ！」という**自称**いいとこどり思想に警戒が必要なのは、どうやら日本に限られた話でもないようです。

「昭和維新」の逆説：教科書問題をまじめに考える

このような歴史像が戦後長らく語られてこなかったことについては、私は思想史的に検討すべき理由があると見ています。そもそも戦前以来、「貧乏人は自己責任」の自由主義者に対して、「貧困は社会の責任」を主張する社会主義者は「進歩的」な人々だと思われていたのですが、（共産党などの例外を除くと）戦時中はそちらの方が主に軍部と手を握って、江戸時代のような「反動的」な体制を作るのに貢献してしまった。一種のパラドックスが起きたわけです。

戦後、社会主義者の多くはその反省から（あるいは、自らの汚点を隠したいという下心ゆえに）、平和主義者に転ずるのですが、これは、自由主義者からみると面白くない。「戦争中は戦争を煽り、平和になったら平和平和と連呼する日《ひ》和見《よりみ》主義者が、知識人を気取っているとは何様だ」という、感情的な反発が生まれる。だから、社会主義者に対して**「バカな左翼の寝言など聞く耳持たぬわ」と極めて居《い》丈高《たけだか》**になる（『ビルマの竪琴』の作者として知られる竹山道雄は、かような反共自由主義者の典型でもありました）。

ところが、そのあたりの機《き》微《び》がわからない世代にとっては、彼らの方が**「視野が狭量で自省能力のないバカな右翼」に見えます**ので、「あの人たちとだけは関わらないようにしよう」となり、結局、左右の両陣営がどんどん偏屈かつ意固地になっていって……という悪循環が生まれてゆきます（福間良明『「戦争体験」の戦後史』）。――「社会主義者は常に被害者」で戦争協力の過去には口をつぐむ「左傾した教科書」と、「コミンテルンの陰謀で戦争に巻き込まれた日本は共産主義の被害者」という意味不明な「極右の新説」ばかりが声の大きい、今の日本の「歴史認識論争」とは、要はそのなれの果てなわけです。

この際ですから書かせていただきますが、世間一般で「近代の歴史に興味がある」という人々の「興味」の対象が、たいがいはこの種の手合いばかりなのには、ほとほとうんざりです。上述の経緯はあるにせよ、論争相手とまともな議論をする度量も能力も喪失したダメな中高年世代が、「とりあえず教科書にさえ載せちゃえば、あとはどうせ詰め込み教育なんだからこっちのもの」という態度で、刷りこみやすい子供たちの脳味噌の分捕り合戦をやっている様子が、私は**すごく不快**です（さらにいうと、そういう連中の口真似エピゴーネンに過ぎない学生に限って、大学に入っても「あの戦争について熱く語り政治的にも意識の高い自分」をひけらかそうとするのが、私は**ものすごく不快**です）。

いずれにせよ、明治維新が実のところ日本社会を「中国化」する試みであり、それへの反動たる「昭和維新」が再江戸時代化への挑戦だったという本質に目を凝《こ》らす限り、（「つくる会」のそれも含めて）あらゆる教科書が教えているのとは逆に、**明治維新は結局失敗し、昭和維新が成功した**（もしくは、してしまった）ことは明白といえましょう。そこに起因する怨恨《えんこん》をいまだに引きずり続ける、不健全な大人の事情が子供たちの学ぶ現場をいつまでも混乱させるのは、日本の将来によくないことは確実なので、とりあえずは**「あの戦争を通じて日本は世界に冠たる史上最高の社会主義国家を作った」**というあたりで、愛国勢力も革命勢力も手打ちをなさってほしいものだと、私は思うことがあります。

「あの戦争」は「日中戦争とそのオマケ」と呼ぶとよくわかる

第7章

近世の衝突

中国に負けた帝国日本

日中二大文明、その最大の抗争。
千年史の歩みが映し出す
「あの戦争」の隠れた本質

『風の谷のナウシカ』が「あの戦争」の本質を捉えている

江戸の谷のナウシカ?

　機甲師団を率いて風の谷に侵攻したトルメキア国の王女クシャナ殿下が「我らはこの地に**王道**《おうどう》**楽土**《らくど》を建設するために来た」と宣言するあたりからドラマが動き始める、宮崎駿の『風の谷のナウシカ』（映画版、１９８４）は、満洲事変から原爆投下に至るまでの「あの戦争」の本質を、もっともよく捉えた作品の一つです。*

　――とはいうものの、さすがに自信がもてなかったので、かつて私の恩師のひとりであった「満洲国」研究者の安冨《やすとみ》歩氏に恐る恐る質問したことがあるのですが、「何を当たり前な」という反応でしたので、アニメファンのみなさまも、その筋ではしごく常識的な作品解釈だと思っておいた方がよさそうです（以降、特に日中戦争に関する本章の議論の枠組は、ほぼ全面的に同氏の『複雑さを生きる』に依拠しています）。

　なぜ、そういえるのか。それは、クシャナと風の谷の王女ナウシカとのあいだで展開される闘争が、**日本近世と中国近世という2つの「文明の衝突」の忠実な戯画**として描かれているからです。このことは、もちろん「中国化」と「再江戸時代化」の観点から、「あの戦争」の本質をいかにとらえるかという課題に関わってきます。

　近代日本が行った対外戦争や植民地支配をどのようにとらえるかについては、今も（重要なものも不毛なものも含めて）侃々《かんかん》諤々《がくがく》の論争がありますが、決定的に重要なポイントは、それらを**「江戸時代」を東アジアに輸出する試み**として理解することです（本野英一「歴史の変奏としての東アジアの現在」。むろん、その多くは押し売りでしたが）。以下、具体的にみていきましょう。

＊一本に絞らなくてよいなら、実際に日中戦争に一兵卒として従軍した映画監督である小津《おづ》安二郎の作品群も挙げられます……という話は、拙著『帝国の残影――兵士・小津安二郎の昭和史』で書きました。前後の章の内容とも通底するサイド・ストーリーになっていますので、「番外編」としてそちらもお目通しいただけたら幸いです。

帰ってきた朝鮮出兵：植民地問題をまじめに考える

たとえば日本の植民地統治のなかでも、今日まで最も評判が悪いのは、日中戦争以降に朝鮮や台湾で展開された「創氏《そうし》改名」事業でしょう。

朝鮮史研究の最新の成果によれば、これは近年まで誤って教えられてきたような、朝鮮人や台湾人を日本民族に吸収し同一化させるための**同化政策ではありません**――たしかに現地の住民を日本人風の姓名表記に変えさせたのですが、しかしその一方で「本当の日本人にはあまり見ない氏」をつけさせる例が目立つなど、改名後も「もとは朝鮮人（台湾人）であった」ことがわかるような命名を行ったケースが多いためです。

それでは、いったいなぜ改名させたのかというと、総督府側の力点はむしろ「創氏」の方にありました。**朝鮮や台湾の親族体系は近世中国と同じ父系血縁のネットワーク方式**ですから、同じ家でも「夫婦別姓」であり、遠方の同姓縁者との紐帯《ちゅうたい》を維持しています——このような社会は、やはり中国近世型の市場中心的で流動性の高い行動様式につながりがちなので、「再江戸時代化」の進んだ昭和日本の統治構造には組み込みにくい。

そこで、**「イエ」を単位として動員をかける近世日本以来の政治権力が支配しやすくなる**ように、強引に新たな氏を作って父系血縁集団を分割・弱体化し、一家の内部では全員同姓にすることが、政策者の主眼だったとみられています（水野直樹『創氏改名』）。いいかえれば、総督府は「同化」というよりも、「江戸時代化」を強制したのです。

こういうことを日本が朝鮮半島で行ったのは、実はこの時がはじめてではありません。江戸時代の政治体制とは基本的には戦国大名の作り上げた国家の連合体なわけですが、豊臣秀吉の朝鮮出兵の際も、占領地の住民に国内の検地と同様の指出《さしだし》の提出を命じていることから、朝鮮を**日本内地と同様の石高制に組み込む構想**があったものと見られています（岸本美緒・宮嶋博史『明清と李朝の時代』）——要するに、やがて江戸時代を生みだす国家システムで、東アジアのほかの地域も覆ってしまおう、という発想です。

秀吉の場合は朝鮮半島を一時は占領したものの、短期間に敗戦してその野望は潰《つい》えるのですが、明治以降の日本人は西洋近代産の重火器で武装していましたから、朝鮮はおろか満洲（中国東北部）へ、さらに大陸の奥へ、ともっと深くまで攻め込んでしまった、というのが帝国日本の「侵略」なり「進出」なりの全体像です。

つまり、長い鎖国のあいだも戦国時代以来の行動様式を延々と受け継いできた日本人が「開国」を迎えた結果、**近世初頭から思想の遺伝子が凍結保存されていたかのような発想のままに**ユーラシア大陸に飛び出してしまって、すでに「中国化」していた東アジアの諸地域にまで「再江戸時代化」を拡大しようとしたというのが、絶対に外せない歴史的事態の本質なのであって、その過程の呼び名に、逐一「侵略××」のような冠詞をつけるか否かなどというのは、最後は各自の価値観で決めることですから、枝葉末節の問題にすぎません（ちなみに、私個人は「侵略」をつけてもいいと思いますが、人に強制しようとは思いません）。

実は、これは必ずしも日本の帝国主義に限られたことではなくて、イノベーションの概念で知られる経済学者シュンペーターは、**欧米列強の植民地獲得競争も「アタヴィズム」（隔世《かくせい》遺伝）に過ぎない**と断じていました（木谷勤『帝国主義と世界の一体化』）。そもそも、領土の拡大が国益に直結するのは、主要産業が農業である場合にのみ自明なのであって、商工業中心の近代社会にとって、植民地経営が黒字を出すか赤字になるかははっきりしない。

たとえば統治コストの増大によって、「持ち出し」になる可能性も高いし、逆に自国産品の市場圏にさえ組み込めるなら、むしろ領有しないほうが利益を生むかもしれない。それにもかかわらずヨーロッパ諸国が時代錯誤な植民地獲得に狂奔したのは、ローマ帝国のごとき旧時代の行動様式に囚われていたからだ、と、シュンペーターは見るわけです。

いまだに「日本の植民地経営が赤字か黒字か」が「植民地責任の有無を問う最大の論点」だと勘違いしている人がいますが、そもそも「植民地を保有する以上、宗主国は必ず儲けているのだ」というのは、いつまで経っても西洋資本主義諸国で社会主義革命が起きない（がロシアでなら起こせるかもしれない）理由を説明するために**レーニンがこじつけて作った話**[*]で、もともと実証的な根拠があるわけではないので、平素は反共を旨とする保守の論客が、この話題の時だけ突如としてボルシェヴィキになるというのは滑稽です（いまだに日本での革命をあきらめきれない左派の論者が、血眼になって「儲けていた証拠」を捜しまわっているとしたら、それも別の意味で滑稽ですが）。

確実なのは、**植民地主義とは根本的に「大きな政府」の政策**だということだけで、朝鮮植民地についていえば、低賃金の朝鮮人労働者が内地に流入してしまうと日本人の職が失われて困るから、現地に雇用を作って人口流出を防止するために、総督府が公共事業を打ったのです（水野直樹「朝鮮人の国外移住と日本帝国」）。

あえて現在の日本でたとえれば、これは「在日の人の雇用を在日社会内部だけでまかなえるように、公共事業は朝鮮系企業に優先して発注する」という政策と同じなので（そういう人種隔離的な発想が正しいとは私は思いませんが）、そんな話を聞いたら「ここにも在日特権が！」と眼の色を変えて騒ぎ立てそうな方々に限って「日本の朝鮮経営は赤字！　赤字！」と絶叫している様子は、文字通りマンガというか、この人たち資本主義社会でちゃんと生きていけるのかなあと心配になります。

　この「田舎侍の発想で農地を分捕りにいっただけの植民地主義は、実はただのムダだ」という点に戦前から気づいていた日本人こそ、かの石橋湛山《たんざん》です。彼の植民地放棄論（小日本主義）とは、単なるヒューマニストの気紛れではなくて、朝鮮への独立賦与を通じて日本の**道徳的名声**を高めることが、最後には世界市場での日本の国際競争力を強めることにつながると判断した上での、現実的な戦略でした——日蓮宗の家に生まれ、大学ではプラグマティズムを専攻した生い立ちならではの、**グローバリゼーションと「中国化」の親和性**に立脚した政策提言といえるかもしれません（増田弘『石橋湛山』）。

　しかし、最後は「再江戸時代化」が進む世界と日本の情勢が、その実現を妨げました。昭和日本は満蒙地域を中心としたブロック経済の確立に固執して、当該地域への「江戸時代」輸出にのめりこんでいきます。

＊要するに、先進国から順番に「進んだ社会主義」に移行していかない理由を、「西欧列強は植民地から搾取した富で本国の労働者を買収して、革命を遅らせることができるからだ」と**言い訳**したのです。逆に、レーニンの祖国ロシアは農奴の不満を懐柔するに足るだけの植民地を持っていないから、革命の日は近しということになります。

いつまでも鎖国外交

さらに、この「発想が江戸時代のままだった」という観点は、植民地の統治政策だけでなく、「あの戦争」に至る対外関係の失敗を理解する上でも重要です。

第一次大戦で勝ち組につき、国際連盟の常任理事国になった時、明らかに近代日本は外交戦の勝者でした。続くワシントン体制でもかなりの地歩を占めていたはずの日本が、どうして途端に極度の外交下手になり「あの戦争」の奈落へと突き落とされていったのか、というのもよく聞く話ですが、実は「日本人の外交下手」とは、要するに**「江戸時代程度の外交ならできる（がそれ以上は無理）」**という意味なのです。

近年の国際関係史が注目しているのは、ワシントン体制とはとどのつまり、大清帝国解体と中国大陸の分裂（１９１２）・ロシア帝国崩壊とソ連建国の混乱（１９１７）・ドイツ帝国の終焉と弱小化（１９１８）という形で、「東アジアの覇権を争う世界政治のアクターの数が一時的に少なくなっていた状態」だったという史実です。はっきりいえば、事実上日米英の3カ国しかない（服部龍二『東アジア国際環境の変動と日本外交』）。

だったら、いかに凡庸な外交センスであっても、普通は当然、親英米路線でいきましょうということになるわけですね――つまり、江戸時代の鎖国政策と同じで、**交渉相手をあらかじめ少数**

に絞り込んだ上でなら、日本人はそれなりに社交上手なのです（国家間の外交のみでなく、個人単位でも同じことがいえる気がします。それこそがムラ社会ですね）。

ところがその後、国民党が北伐に成功して中国が統一され、ソ連も重化学工業化の達成と各国の承認を取りつけて強大化し、ドイツもヒトラー政権が成立して軍事大国の道を歩み始めます。

こうして選択肢が増えてくると、誰と組んで誰と争うのが得か、鎖国下の制約外交に慣れきった日本人のアタマでは処理できず、政府内部も英米派・アジア派・ファッショ派・宥ソ派などが合従連衡《がっしょうれんこう》を繰り広げて大混乱になり、その果てに、東アジアに基地すら持たないドイツ・イタリアと同盟して中国とアメリカ（最後にはソ連も）の二正面を敵に回すという**最悪の組み合わせ**を選んでしまった結果、大日本帝国は当然のように破滅していったのです。

将棋と間違えて囲碁を打つ：真説日中戦争①

かように内政面でも外交面でも、**脳味噌が江戸時代のまま**という状態の日本人が、「あの戦争」に至る過程で最初に手を出した地域が満洲だったのは、当時の目線では千載一遇《せんざいいちぐう》の幸運で、後からみると驚くべき不幸な偶然でした。

なぜそういえるのか。それは、当時の満洲が中国大陸のなかで唯一たまたま、例外的に江戸時代に近い経済や社会の構造をもった地域だったので、「このままやってけば、**江戸時代レベルの**

やり方でも中国全土を征服できるんじゃない？」という**壮大な勘違い**を日本人にもたらしたからだ、というのが大略、先の安冨歩氏らによる最新の地域研究の成果です（『「満洲」の成立』）。

江戸時代の近世日本というのは、農民が自分で作物を換金して納税するのではなく、全国各地の殿様が米のまま収税したものをわざわざ大坂まで運んで、そこでお金に換えるという、よくよく考えると何の意味があるのかわからない極めて不自然な財政構造を持っていました。あたりまえですが、社会の底辺まで自由市場取引が発達した近世中国にはそんなものはなく、日本人だって中世後期は代銭納《だいせんのう》な上に、鵜《う》の目鷹《たか》の目で戦国大名が食糧の分捕り合戦をやっていたわけですから、当時の**死活的最重要資源である米が大坂1か所に集まってしまうだなんてバカな話**があるわけがない。

ところが、満洲という地域は自然環境上の制約から偶然、かなり広範な地域の住民が比較的少数の中枢都市にわざわざ出てきて、そこで生活物資を売り買いして暮らすという（まるで**江戸時代の大名**のような）慣行ができていた。だったら、その地点さえ押さえてしまえばこっちのもの、現地住民は否応なくわれわれになびくはず——かくして、関東軍の奇襲電撃作戦（１９３１）が功を奏し、あまりにもあっさり日本は満洲全土を征服してしまいます。

意外に聞こえるかもしれませんが、この満洲事変時の日本陸軍のやり口は、まず都市枢要部を制圧して国家の中核機構を掌握すれば、民衆は後からついてくるという**レーニン型の革命戦術**に似ています。フランス現代思想の刷新者となったドゥルーズ＝ガタリが用いた比喩を借りれば、

「国家装置」の争奪戦は「将棋」に似ている——王将や飛車角といったごく少数の、特定の有力なコマさえ押えておけば後は楽勝、という考え方ですね。

しかしドゥルーズ＝ガタリが主張したのは、かような意味での国家装置が機能しているのはむしろ特殊な状況であり、多種多様な「戦争機械」が繰り広げる「碁」の勝負こそが人間社会の本来的モデルなのだ、という洞察でした（『千のプラトー』）。囲碁は将棋と違って、ひとつひとつのコマ自体には優劣はない。またどこか特定の地点に意味があるわけではなくて、一手ごとに絶えず形を変えていくコマ全体の配置のなかで、重要とされる勝負所はよそへよそへとどんどん動いていくわけですね。

そう、囲碁においては、「飛車角を握っているから強い」とか、「相手の王様をとったからもうゲームセット」ということは全然ない。場所を選ばず神出鬼没のゲリラ工作で民衆を組織して、結果的に農村で都市を包囲する**毛沢東型の革命戦術**でないと、戦争機械を制御することはできない（……どちらが中国大陸で覇権を手にする道か、わざわざ繰り返す必要があるでしょうか）。

「満洲ではうまくいったじゃないか」という気分が抜けないまま、**満洲のようにたまたま江戸時代の日本と似ている地域でしか通用しない「将棋」型の戦略**で中国大陸にまで手を出してしまった日本軍は、しだいに泥沼にはまっていきます。首都（王将）を落とせば降伏してくるはずだ、有力政治家（飛車角）を引きぬいて傀儡《かいらい》政権を作ればついてくるはずだ、囲碁を将棋と勘違いしたままゲームをプレイし続けるこの発想が行きついた悲劇が、南京事件（１９３７）であり重慶《じゅうけい》爆撃（1938〜1943）です。

　ピカソによる絵画化で有名なドイツ空軍のゲルニカ爆撃（1937）は、国際法違反であることが明白だったのであのヒトラーすら、公式には関与を否定していたのですが、1年後の重慶爆撃は、おおっぴらに（軍事施設ではなく）敵国首都の一般市民を無差別に爆撃することで相手国を早期降伏に追い込もうとする戦政略爆撃のハシリとして全世界に報道されたわけですから、まことに**わが日本が人類史上に誇る独創的な発明**です――そのツケは、やがて日本人自身が東京大空襲や原爆投下という形で払うことになります（前田哲男『戦略爆撃の思想』）。

『風の谷のナウシカ』の終幕、クシャナが敵対する無数の蟲《むし》の群れに向けて砲撃させる最終兵器・巨神兵が、核兵器の比喩になっていることは、ご存知の方も多いと思います。しかし、その背景にあるクシャナの「戦略」は、何を指しているのか。科学技術に基づく強力な兵器で敵陣営の一点にガツンと一撃をくらわせてやれば、戦局は打開され、相手は自分にひれ伏すはずだ……――日本人がとり憑かれ、やがて全世界へと拡大していった、**かような思い込みが「満洲国」での「王道楽土」の建設から始まり破綻してゆく**過程として、同作が「あの戦争」を再現している点については、多くの人が見落としたままになっているのではないでしょうか。

中華に敗れた夷《い》狄《てき》？：真説日中戦争②

殺到する蟲の大群に将棋の発想で立ち向かい、ますます事態を悪化させる形となってしまったクシャナに対して、ナウシカは一人、あたかも囲碁の一石を投じるかのように、蟲の群れのなかへと降り立ちます。

結局、彼女のこの**道徳に賭けた行為**が蟲たちの怒りを鎮めることで、ふたたび風の谷に平和が戻るのですが、これが私がクシャナに日本文明、ナウシカに中華文明の象徴を見、かつ回心したクシャナ以下、風の谷を引き揚げるトルメキア軍の姿を映すエンドロールに、あり得たかもしれないもうひとつの「あの戦争」からの復員のあり方を見出す理由です。

最近の学問的な日中戦争研究の大きな特徴は、（先の安富氏らの議論をはじめとして）中国史の研究者が中国社会の側の視点から、「あの戦争」を描きなおすという動向が出てきたことです。結果として明らかになったのは、日中戦争こそまさに、近世以来まったく正反対の二極へと分かれてきた、**日本と中国のあいだの「文明の衝突」**だったという事実です。以降、やや駆け足になりますが、まず中国にとっての「あの戦争」の意義を見、しかる後にそれが当時の日本社会にどう反映したかに触れます。

西洋近代のかなり多くの部分が、中国では近世から自明だった社会のあり方と重なるので、中国人には日本人と異なり、西洋化・近代化へのモチベーションが生まれにくかった事情についてはすでに書きました。逆に、**西洋近代にはあるのに中国近世にはなかったもの**の典型を捜すと、ひとつは**リジッドな徴兵制**に基づく国民戦争の経験でしょう。そもそも近世中国は科挙官僚制であり文官優位の社会ですから、「よい鉄は釘にならぬ、よい人は兵にならぬ」との言もあるくらいで、日本と異なり武人への敬意に乏しい。

おまけに、移動と商売の自由を中心にした徹底的な競争社会ですので、自分のもうけにならない話からはさっさと逃げるのであって、「お国のために兵隊さんになって命をかけて戦って死ぬ」などというのは、もともと中国人のもっとも苦手とするところです。

そんなこんなで、結局日中戦争となっても当初、徴兵制はまともに機能せず、南京から逃れて国民政府の新たな首都となった重慶《じゅうけい》近辺でさえ、よそから拉致《らち》した人間を身代わりに入隊させたり、徴兵逃れの希望者から金をとって替玉になり、関係者に賄賂を握らせて除隊になっては替玉を繰り返すといった行動が平然と行われていました（笹川裕史・奥村哲『銃後の中国社会』）。戦争中にそんなアホな、と思うかもしれませんが、本来**戦争中だからこそ逃げない方がアホ**なのです。

日本人が赤紙一枚だけで粛然として徴兵されていったのは、江戸時代以来ガチガチに固定された地域社会における隣近所の目線があるからで、中国には近世以来、そんなものはないのだから知ったことじゃありません。**愛国心はムラ社会の結果であって原因ではない**。替玉兵士を「非国民」として非難するどころか、やり手の商売上手ともてはやすのが、当初は中国の世論だったとさえいわれています。

こんな程度の兵隊と戦っているのですから、個別の戦闘では日本軍が勝つのがあたりまえです。問題は、かように当の**中国人ですら掌握できていない現地社会を、よそから入ってきた日本人が**

まともに管理できるわけがないことなのですが、南京陥落に万々歳の日本人はそこまで頭が回りません（バクダードを落として戦争が終わったと勘違いした、イラク戦争当時のアメリカ人に似ています）。

　国民政府の徴兵令すら無視して商売のタネにする人々が、日本軍の命令に従う義理も理由もありませんから、いつまで経《た》っても日本人による支配に都合のいい秩序なんかできません。イライラくるから略奪や虐殺をやる。そうするとますます人心は占領軍から離れて、面従腹背で誰も言うことをきかなくなる。おまけにそうなるとようやく、「祖国を守るために立って戦え」という（最初は必ずしも相手にされていなかった）愛国者の声が響いてくる。こうしてさらに占領統治が行き詰まると、またキレてきて虐殺をやり……という悪循環に陥ります（これも、イラクやアフガンで起きたことと同じです）。

　つまり、こうです。江戸時代のごとくムラ単位に仕切って人々を動員できない中国社会を統治するには、ましてよそから侵入してきた新参の権力が支配するには、ちょうど清朝満洲族がやってみせたように、**中華の伝統となっている世界普遍的な道徳の体現者**としてふるまうしかないのです。逆にいえば、いくら首都や国土を失っても、この**中華の原理さえ手放さなければ最後は絶対に勝てる。**

　共産主義の大義に依拠してゲリラ戦を指導した毛沢東はいうに及ばず、最近では蒋介石《しょうかいせき》も戦争の初期から、短期決戦は利あらずとみて持久戦の覚悟と戦略を練っていた点が注目されています

（小林英夫『日中戦争』）。１９３８年5月20日、国民政府の中国空軍は「人道遠征」を敢行。これは西日本の領空に侵入しながら、爆弾ではなく反戦ビラを撒《ま》いて帰還するという作戦で、当時は中立だった（というか日本に武器や資源を輸出して**儲けて**いた）アメリカでも、中国評価が一気に高まります。戦時中の蔣介石は「儒教の本家たる中国に、儒教の分家たる日本が勝てるはずがない」と演説したこともある程で、力が通用しなければ道徳に訴えて国民を動員し、あわせて国際社会の支援先も日本から中国に切り替えさせて、世界を巻き込んで日本軍を撃破する戦略でした（菊池一隆『中国抗日軍事史』）。

すなわち、蔣介石も毛沢東も、まさしく**中華の伝統たるグローバルな正戦論で、日本の江戸時代型軍事動員を凌駕《りょうが》しようとした**のです——そして、実際に凌駕します。やがて米国は日本に大陸からの撤兵を勧告して経済制裁を発動、追い詰められた日本が対米英開戦に打って出て以降のお話は、あまりに自明ですからここでは語りません。

要するに、「あの戦争」とは**日本と中国のふたつの近世社会が文字通り命がけで雌雄《しゆう》を競った戦い**だったのであり、そして日本はアメリカに負ける前に中国に負けたのです。だって、アメリカとも戦わないと中国との戦争を続けられなくなった時点で、すでに負けじゃないですか。『あの戦争になぜ負けたのか』式の著作は山ほどありますが、負けた相手をアメリカだと書いている時点で、まったくわかってないのと同じ。対中戦線と対米戦線の両方を含んだ「あの戦争」をいかに呼ぶかについては、右派好みの「大東亜《だいとうあ》戦争」から左派好みの「十五年戦争」「アジア・

太平洋戦争」まで諸案がありますが、私の授業では**「日中戦争とそのオマケ」**と呼べと指導しています。対米開戦以降の太平洋戦争自体が、それまでの日中戦争の敗戦処理なのです。

この**「日本はなによりもまず中国に負けた」という本当の歴史の教訓**を語ってこなかった点では、戦後日本の左翼も右翼も大同小異で、たぶん、それだけ認めるのが悔しい事実だったのでしょう。そのもやもやした屈辱感にきちんと向き合ってこなかったから、今頃になって「赤化したアメリカは最初から中共とグルで、日本はいっつも国際社会でいじめられっ子の被害者なんだ！」とでもいいたげな逆ギレ史観が出てくる（ちなみに、こういう歴史認識こそ「自虐史観」と呼ぶべきだと思うのですが、いかがですか）。

21世紀、中国がますます強大化するにつれて——件《くだん》の新幹線事故を見るかぎり、技術的にはもうしばらく日本に分《ぶ》がありそうですが——外交や経済の面で「中国に負けた」と日本人が感じざるを得ない局面は、先年の尖閣問題あたりを皮切りに、たぶん従来よりも増えていくのでしょう。「あの戦争」での対中敗戦すら心情的に処理できていない人々が、そんな時代に正気を保って生きていけるのか、私は不安を感じています。

中国化の夢よふたたび？：真説「大東亜《だいとうあ》戦争」

もっとも、その多くは戦後になって忘れてしまっただけで、自分たちの戦っている相手が本当は何であるのか、同時代の日本人はうすうす気づきはじめていた節があります。

　中国戦線が行き詰まるにつれて、「東亜協同体《とうあきょうどうたい》」や「大東亜共栄圏」といった、グローバルとまではいかずともリージョナル（地域統合的）な政治理念が語られ始め、最後は「近代の超克」という形で、西洋近代をも超えた真の世界文明を東洋から築くのだという、**普段ならどっちかというと中国人がいいそうなこと**を口にする日本人まで現れたのは、その証左でしょう（米谷匡史『アジア／日本』）。

　むろん、尾崎秀実《ほつみ》のように本気で中国革命に共感していた（ためにゾルゲ機関に与《くみ》して死刑になった――ちなみに『スパイ・ゾルゲ』では準主役として本木雅弘が好演）ごく少数の例外を除くと、その多くは単なる跳ね上がりだったかもしれませんが、どうも**中華文明型に「国のかたち」を変えないとこの戦争は勝てない**のではないか、という直感を抱いた日本人は、必ずしも少なくなかったように思います（それが中国では伝統的な「国のかたち」であることには、無自覚だったと思われますが）。

　こうなると、当の中国人を殴りながら「東亜協同体」の看板を掲げるという状態は、日本の侵略非難の一点に特化した国民政府の大義名分に比べて、「中華」としてのアピール力の点で随分劣ることがいやでも目についてきますから、コンプレックスが溜まって鬱々としてくる。「**どう考えても日本人の方が、中国人より道徳的で高邁な理想を追求しているんだ！」という自信**が持てるような、憂さ晴らしがやりたくなってくる。

結果、日中戦争までの「暗い昭和」になんとなく悶々としたものを感じていた人々も、対米英開戦という「大東亜解放」への決断をみて大いに溜飲《りゅういん》を下げるというか、「ここまで壮大な大義に賭けるわけだから、もうこの戦争の遂行にウジウジすることはない」とばかりに気持ちがスカッとして、いかなる破滅が待とうとも勇んで戦線へまっしぐら――真珠湾攻撃（１９４１）に際して日本人の表情の曇りが晴れて、奇妙な爽快感が吹き抜けたとは、多くの文筆家や一般庶民が回顧するところです（加藤陽子『それでも、日本人は「戦争」を選んだ』）。

こうして、戦国時代以来の無思想で内向きな日本人が、めずらしく外向けで華々しい、世界で普遍的に通用することをめざした政治理念を掲げていくという流れのなかで、日本社会の一部に「中国化」の流れが甦ります。

たとえば、**知識人の政治参加**。科挙制度がなく地位の一貫性が低かった江戸時代以来、政治的な権力者と学問的世界の権威者はおおむね互いに疎遠だったのですが、首相となる近衛文麿が日本初のブレーン・トラストを作ったりして、日中戦争の頃からよくいえば「賢人政治」、わるくいえば「御用知識人」が日本でも幅を利かせるようになります。

儒者が筆先で政治を動かす近世中国に似た状況が、部分的にですが生まれはじめたのであり、その中で軍部や官僚の上層部に食い込み、やがて戦後には「歴代宰相の師」と仰がれるまでになった人物こそ、陽明学者安岡正篤《まさひろ》です。**明治初期に切り捨てられたはずのパンクロッカーが、政権中枢に返り咲いた**ともいえるでしょう（かような雰囲気の下、原理主義的な戦争指導や思想がかった政治運営が行われたことが、現実的な早期講和を不可能にし、国民に無残な犠牲を強いたのですが）。

加えて、江戸時代以上に分権的（ゴネ得的）な明治憲法体制では、とてもじゃないですが国家一丸になった戦争はできないので、集権的でトップダウンの政治体制を模索する動きが出てきます。東條英機が組閣当時に首相・内相・陸相を一人で兼務し、後には「統帥権の独立」を自ら侵して参謀総長まで兼ねたのは、閣内不一致と「首相押込」のメカニズムに対抗するためで（やはり政治がバラバラになりがちなイタリアで、ムッソリーニが6つくらい大臣を兼ねたのに似ています）、傘下の特高警察や陸軍憲兵を思うままに操って、自身に反対する勢力を脅迫し、力で抑え込む恐怖政治を展開します――まさに「皇帝専制」ですね。

東條はこのほか、ヒトラーに倣《なら》ってオープンカー・パレードや映像メディア（ニュース映画）への露出を繰り返す一方、「将軍様」ばりのお忍びで国民生活を観察し庶民派ぶりを演出するなど、彼なりに工夫しながら絶対権力の確立に力を注いでいます（吉田裕『アジア・太平洋戦争』）。戦争動員のための総力戦体制の下、**経済社会の構造が「再江戸時代化」していったのに対して、政治権力の面では「中国化」が進展していた**のです。

もっとも、ここからがブロン社会・日本の難しいところで、独裁者東條といえども完全な中国皇帝にはなれませんでした。第一に、日本には権力者である将軍様のほかに権威者としての天皇陛下が常にいますから、いくら東條でも昭和天皇の意向だけは無視できない。第二に、さすがに一人で全大臣の兼任はできないので、「首相押込」の構造を全廃することは叶わない。

そんなこんなで結局、宮中の内意を受けたかつての腹心・岸信介に閣内不一致の引き金を引かれて、戦争半ばで東條内閣は総辞職します（この点も、王室と連携しながらムッソリーニを一時引退させた、イタリアのバドリオ工作に近いといわれます。雨宮昭一『戦時戦後体制論』）。かように**無謀な戦争の遠因となった「長い江戸時代」の制度や思考様式が、一方で確かに独裁政治に対する歯止めとしても機能していた**ところに、近世以降の日本社会の功罪を論ずる際の難しさがあるのです。

彼らが遺《のこ》してくれたもの：ジャパニメーションをまじめに考える

この章の最後に、「あの戦争」が日本社会にもたらした**中国起源の文化**を紹介しましょう。それこそが、いわゆるジャパニメーションです。

日本軍支配下の中国上海で製作された、『西遊記』に材をとったアジア初の長編アニメ映画『鐵扇《てっせん》公主』（万籟鳴《ウォンライミン》・万古蟾《グチャン》兄弟監督、１９４１）――見る人が見れば抗日映画だが、しかし日本の官憲に対して言い逃れができなくもない作りになっていました――は、翌年日本でも輸入公開されて大ヒット。その刺戟によって日本初の長編アニメ『桃太郎の海鷲《うみわし》』（瀬尾《せお》光世監督、１９４３）の製作が決まります（佐野明子「漫画映画の時代」）。この「戦時下で生まれた」という出自を持つがゆえに、手塚治《おさむ》虫から宮崎駿に至るまで、日本のアニメが子供文化でありながら人の生死や戦争の当否といった重い主題を扱う独自の個性を有している点は、大塚英志《えいじ》氏らの評論によって知られるとおりです（『「ジャパニメーション」はなぜ敗れるか』）。かくて、『風の谷のナウシカ』が「あの戦争」をモデルとしていることの意味が、十全に理解できるでしょう。それは、日本のアニメが自らの起源に対して行った自己言及なのです。

近年、世界の映画史上の興収記録を塗り替える大ヒットとなったジェームズ・キャメロン監督の『アバター』（２００９）のストーリーが、事実上『ナウシカ』をはじめ『ラピュタ』や『もののけ姫』といった、宮崎駿作品のつぎはぎによって成立している点に気づいた日本人は多かったと思います。『アバター』はむろん、アメリカにおけるポスト・ベトナム、ポスト・イラクの心情を背景とした映画で、その意味でも日中戦争の教訓を体現した『ナウシカ』の後継といえる。

中国との戦争のなかで流入した文化が日本で大きな成熟を遂げ、好戦国家アメリカにまで自省を促しつつある、そんな時代をいま私たちは生きている。**もし「あの戦争」の中からなにがしかを誇るなら、かような系譜こそを『国民の歴史』として語りつぎたい**ものです。

派閥政治と利権構造で「長い江戸時代」を再現した田中角栄

第8章

続きすぎた江戸時代

栄光と挫折の戦後日本

それでもアンコールの声、未だ鳴り止まず。
喜びも悲しみも、
日本人は自らの近世とともに

「陽明学」を奉じて戦後民主主義に立ち向かった三島由紀夫

「復興」への2つの道

かくして「あの戦争」が終わった１９４５年8月、灰燼《かいじん》に帰したわが国土の上には相《あい》矛盾するふたつのシステムが残っていました。ひとつは、**「再江戸時代化」したムラ社会的な生計**のしくみ。もうひとつは、**「中国化」した普遍的な政治の理念とエートス**です。史上最悪の巨大なブロンの果実をつけた後に破裂したこのふたつのしくみを、いかにして寄りあわせていくのか――これこそが、復興に向けた「戦後」の課題となります。

たとえば、「再江戸時代化」した統制経済は、戦争末期の物資不足から一時は完全に破綻していたので、一方の極には、この際全面的に「中国化」してしまうという選択肢もあったのかもしれない。

当初「唯一戦争に反対した人々」として、出獄かなった共産党員たちの知的権威は圧倒的でしたから、亡命十六年にして中国・延安《えんあん》から帰国した野坂参三《さんぞう》あたりを国家主席に担いで、ソ連・中共の支援を基に共産化を推し進めていれば、「日本人民共和国」ができたでしょう。実際、25万人を動員したと伝えられる１９４６年5月の飯米《はんまい》獲得人民大会（食糧メーデー）では、野坂の発案に基づき大衆が天皇に請願するため皇居に殺到、一方では獄中十八年の徳田球一《きゅういち》らが首相官邸に乗り込み群衆の声援の中で交渉を開くなど、まさに**近世中国の民乱もかくやと思わせる情勢**

が出現しました。

——今日《こんにち》の「ネット世論」や「反原発デモ」を全部足しても鎧袖《がいしゅう》一触、まったく太刀打ちできないくらいの圧倒的な熱気が、珍しくもこの時、日本の街頭にもあったわけです。反共主義者にとっては悪夢の光景ですが、しかし保守政党が北朝鮮拉致《らち》や在日参政権の問題でしばしば大規模な「国民大会」を開催、国会でも野次や怒号や拍手が飛び交ってほとんど議論なんか聞きとれない昨今の様子を目にすると、**政治の「中国化」は共産党には限らんなあ**と思ったりします。

これに対してもう一方の極は、海外植民地を失い世界戦争も終わったことだし、グローバルな理想を云々する「中国化」の理念の方を放り捨てて、完全に「再江戸時代化」を貫徹させる道です。

江戸時代のように国境を閉ざし、巣鴨プリズンの中でＣＩＡの覚えめでたくなった満洲国経営の立役者・岸信介などを首班に、その満洲国の軍官学校に学んだ朴正熙《パクチョンヒ》がやがて韓国で打ち立てるような、軍事色の濃い開発独裁政権を作る手もあったろうと思います。ただでさえ、戦後日本は岸ら国家社会主義者の人脈による**満洲国の再現**だったとする評価もあるわけですから（小林英夫『満州と自民党』）、これもこれで充分に実現可能性の高いシナリオです。

本書は随分いろんな「人気の時代」を冷やかして書いているので、おそらくもうすでにかなり多くの「歴史ファン」のお怒りを買ったことと思いますが、私個人の趣味についていうと、この「中国化」と「再江戸時代化」の両極の間で揺れ動いた戦後直後の十数年間が、**ファンとしては**

一番燃える（萌える？）時代です。ほとんどあらゆる選択肢が視野に入るなかで、誰もが懸命に生きようとして日本の進路に口角《こうかく》泡を飛ばし、はたまたその裏で繰り広げられる国際的な駆け引きや陰謀の数々――

この本当の意味で血湧き肉躍る時代の魅力については、別著『帝国の残影――兵士・小津安二郎の昭和史』にもっと詳しく書いておりますので、よかったらご覧になってください。

「普通の国」の挫折：60年前の「政権交代」

現在の歴史学では終戦を「断絶」ではなく「連続」として考えます。つまり、「戦前の大日本帝国が滅ぼされて、戦後民主主義がアメリカからいきなりやってきた」と考えるのではなく、**戦時下で日本社会に生じていた巨大な変化が、戦争が終わった後も一貫して持続した**という風に考える。

たとえば、戦前の軍国主義は「軍部がやる社会主義」だったわけですが、確かに軍部は解体されたけれども、いわば議会政治家のやる「戦後社会主義」が後を継《つ》いだ、とみるわけです。実際に戦前、選挙ごとに倍増を繰り返して40議席まで伸びていた日本の無産政党は、戦後に日本社会党として再出発を切るや、最初の１９４６年の衆院選で92議席にまた倍増、翌47年には１４３議席に達して比較第一党に躍《おど》り出ます。

　これは、なにも驚くべきことではなくて、大戦末期の１９４５年７月のイギリス下院選挙で労働党が史上空前の圧勝で過半数を制し、救国の英雄チャーチル首相率いる保守党を追い落としてアトリー政権を作ったのと同じプロセスが、日本でも進行したに過ぎません（坂野潤治「『日本の社会民主主義』敗者の栄光」）。すでに述べたとおり、経済の隅々まで政府が管理し、社会の底辺まで国家が面倒をみてやらないといけない**総力戦体制は本来、社会主義と相性がいい**のです。

　こうして、社会党委員長の片山哲《てつ》を首班とする連立内閣が発足――奇《く》しくも２００９年成立当初の鳩山由紀夫内閣と同じく「民社国連立政権」でした（社会・民主・国民協同の三党が与党）。その清新さから発足当初、７割を超える高支持率を獲得したのも同じです。

　当時は吉田茂の率いる日本自由党が、市場経済志向の強い保守政党として最右翼にあり（片山政権時は野党）、これと社会主義を奉ずる日本社会党のちょうど真ん中に、文化的には保守だが経済的には再分配を重んじる民主党（芦田均総裁、片山政権では与党。ちなみに、今の民主党とは無関係）が中道《ちゅうどう》政党として存在するという三大政党制でした。これも、別に変なことではなくて、日本と同じ敗戦国の西ドイツでは、キリスト教民主同盟（保守）・自由民主党（中道、もちろん日本の自民党とは無縁）・社会民主党（革新）の三派鼎立《ていりつ》が戦後長く続き、選挙結果や折々の政局に応じて、「うちどこか２つ」が連立を組むという政権運営を行っています。

　いいかえると、「戦後直後は社会党が政権をとるなど例外的な時代もあったが、基本的にはずっと自民党政権が続いてきた」なんぞと考えているから日本人はイナカモノなのであって、片山政権までが本来、**戦後世界のグローバル・スタンダード**に則した政治の展開だったのです。自民党が結党されず、西ドイツのような三党制が続くことだってありえたし、むしろ社会・民主が合同して社会民主党を作って、英国労働党のように二大政党の片翼を担ってもよかった。

言い換えれば、**自民党が作られなかった戦後史**の方が、もともと西側陣営における「普通の国」のかたちだったのです。その意味でも、私はこの連立内閣だけは長く続いてほしかったと思います。２００９年の政権交代による（2度目の）民社国連立政権などというのは、**ようやっと自民党ができる前の状態に戻したに過ぎない**のだから、そのあいだにいかに無駄な時間が流れたことか。

ところが、片山哲から芦田均《あしだひとし》へと首班をリレーして続いたこの中道連立は、昭和電工疑獄事件という献金スキャンダルの結果、わずか1年あまりで潰れてしまいます。昭電《しょうでん》疑獄は、連立時の首相や官房長官や大蔵大臣まで逮捕される超弩級《ちょうどきゅう》スキャンダルだったのですが、ところが裁判をやったらほとんど全員、「献金の事実は確かにあったが、必ずしも違法な賄賂《わいろ》とはいえないから無罪」というグレーな事件で、ＧＨＱ内の反共主義者による倒閣工作とも見られています（推理作家の松本清張《せいちょう》が『日本の黒い霧』で書いた説で、この点に関しては、今は研究者にも支持者が多い）。

――むろん、だから鳩山由紀夫氏や小沢一郎氏だって何も悪くなかったんだ、などと当て推量をするわけではありませんが、身につまされる話なことは確かです。

ブロンとしての戦後民主主義：55年体制と平和憲法

こうして吉田茂と自由党が政権復帰した後も、民主・社会の再提携の芽はそれなりに残っていたらしいのですが、すべてを変えたのは１９５０年開戦の朝鮮戦争でした。「自由主義か社会主義か」というのは、それまでは主に経済政策の問題であり、だからこそ中道政党と社会主義政党の連立があり得たのですが、ここで一気に政治問題になってしまう。

つまり、「憲法九条を改正して、再軍備を行って、自由主義陣営の一翼を担う」のか、「憲法九条を維持して、非武装中立政策をとる（ないし社会主義陣営と連携する）」のか、が諸政党にとって最重要の分岐点となったのです（大嶽秀夫『再軍備とナショナリズム』）。かくして三党のバランスは急転、結局、改憲・再軍備賛成派の自由・民主の二党が保守合同という形で自民党を結党（１９５５）、ほぼ恒久的に過半数を握れそうな議席数を確保する反面、かつての主要三党のうち社会党一党のみが護憲・再軍備反対で孤立、政権から遠ざかり万年野党への道を歩みます（当然に、両者の議席比がおおむね「２：１」で固定されたため、二大政党制ではなく「１と１／２の政党制」という言い方も昔ありました）。

要するに、**社会主義が経済ではなく平和問題になってしまった**わけで、今でも社民党や共産党というと、「社会主義政党」よりも「護憲政党」のイメージが強いのは、かような経緯に由来します（そして近年も、「格差是正」で一致していたはずの2度目の民社国連立が、米軍普天間基地移設問題で決裂に至って、歴史は繰り返されたのです）。

さて、ここで驚くべき歴史の狡知《こうち》が働きます。日本国憲法の前文や九条に書きこまれている平和主義というのは、いうまでもなく世界的な理想を追求する普遍主義的な思想であり、その限りにおいて戦中以来の**政治理念の「中国化」の流れ**に則しています（そのこと自体をいいとか悪いとかいっているのではないのに注意。また、この文が「憲法九条は中国の侵略を可能にする親中派のイデオロギーだ」という意味では**ない**ことがわからない方は、本書を最初からお読みなおしください）。

強硬な護憲派の一部（全部ではありません）に、「非武装が正しい理想である以上とにかく守れ。米軍基地も自衛隊もいますぐ撤去しろ。その結果どうなるかなんて知ったこっちゃない。平和を願う美しい心が届けばきっとなんとかなる！」という、**戦時中の神風思想ばりに現実離れした原理主義**を振りかざす人がいるのも、動機だけを見て結果は考えない「気分は陽明学」の系譜でしょう。反革命の側から陽明学に親しんだ、三島由紀夫が鋭く見てとったように、戦後の絶対非武装主義は戦中の一億玉砕思想の裏返しになっていて、本来、ともに日本を破壊しかねないだけの毒を秘めていた（『文化防衛論』）。

ところが、戦後史上でもっとも重大な意味を持った条文は九条というよりはむしろ九六条の方で、憲法改正は衆参両院それぞれで3分の2以上の議員が賛成しないと発議できません。逆にいうと**「九条を守るだけなら3分の1の議席で充分」**だったので、護憲を至上命題にする限りは、三党制が崩れて「１と１／２の政党制」になっても社会党はなにも困らなかったのです。むしろ、下手に欲をかいて政権（過半数）を狙わないですむようになった分、憲法さえ守れればよいと割り切れば万々歳かもしれない（実際、社会党は１９５８年を最後に、衆院選で最初から過半数未満の候補者しか立てていません）。

もちろん、同じことは自民党にもいえて、**改憲さえ諦めれば常に過半数を社会党が譲ってくれる**わけですから、こんなに楽な政権与党はありません。こうして保守合同のなされた１９５５年以降、護憲の理想を社会党ほかの野党がとり、政権の実益を自民党がとる、絶妙なすみ分け状態としての「55年体制」が成立します。——なるほど三島のようなロマン主義者には鼻をつまむ不純さだったのでしょうが、しかしこれが実によくできていた。

つまり、**戦後民主主義とは新しいブロンだった**のです。憲法九条という形で「中国化」した理念が残る一方、あたかも「武士が富を商人に、商人が権威を武士に」譲りあった江戸時代の再来であるかのごとく、「政権選択では常に自民党が勝ち、憲法論争ではいつも社会党が勝つ」**地位の一貫性の低い政界の構図**が固定化することになる。

加えて、護憲というのは事実上、軍事的には一種の鎖国政策ですから、海外の紛争に日本人が巻き込まれる危険性は激減し、パクス・トクガワーナと同様の天下泰平の世が到来します。戦後日本は徴兵制ではないので、家職制度のもと軍事は武家だけの仕事とされていたのと同様、一般庶民は戦争に動員される心配はない。その一方で江戸時代の武士と同じく、**海外出兵の可能性を**

放棄し実質的に戦争はしないことにしているので、自衛官になってもそこまで命の心配はいらない。

結局は惨《みじ》めな敗戦に帰結した戦前のブロンと比べたとき、私は悔しいけれども結果的にみてこれ以上の選択があり得たかどうか、大いに疑問を感じます。社会党が過半数をとって日本を文字通りの非武装国家にしても、本当に大丈夫だったのか。憲法改正と再軍備を果たして韓国や台湾のような権威主義体制になり、ベトナム戦争に自衛隊（というか、もう自衛隊じゃなくて国軍になるわけですが）を投入して犠牲者を出した方がよかったのか。

なにかにつけて「戦後民主主義」の揚げ足をとる左右の論者には、これらの問いに答える義務があると思います——などといっても、詮《せん》なきことなのでしょう。どこにも完全な勝者がいないがゆえに、三島ならずとも**誰もが心のどこかに満ち足りぬ気持ちを抱えざるを得なかった**のもまた、「江戸時代」のエートスの特徴なのですから。

冷戦は長い平和か？：核保有問題をまじめに考える

蛇足になるかもしれませんが、ここで国際関係についても触れておきます。「江戸時代並みの外交しかできない」日本人が、戦後世界の荒波をある時期まで、そこそこうまく渡ってこれたのは、やはり当時の国際社会を規定した冷戦体制に、江戸時代に似通ったところがあったからでしょう。

冷戦は米ソという、ふたつの超大国を頂点とした東西陣営のにらみ合いです。ということは、日本がとりうる外交上の選択肢は単純で、「アメリカと組んで自由主義圏に入る」「ソ連と組んで社会主義圏に入る」「中立非同盟政策をとる」の3つしかない。

最初からここまで候補が絞られていれば、江戸時代レベルの頭でも正解を選べるのであって、先述した国内政界の「再江戸時代化」した構造にも助けられて、朝鮮半島やインドシナで血みどろの「熱戦」が展開されたアジア世界で唯一、「安保条約を結んでアメリカと組むが、憲法九条を維持してアメリカの戦争にはおつきあいしない」という、一番おいしい居場所を占めることができたのです*。

冷戦当初の国際環境がここまで（しつこいですが、江戸時代並みに）単純化されたことの背景としては、**米ソ両国の核保有独占**を欠かすことはできません。二人の親分だけが核を握っている以上、両陣営の子分は親分の意向を無視した独自行動はとれないので、日本としては片方の親分の庇護《ひご》下に入って（ただし、「出入り」への助太刀だけはやんわりとお断りしつつ）、他家とのおつきあいも親分のいうとおりにやっていればよかった。

もちろん、核保有国はその後ゆるやかに増加していきますが、おおむね米ソ並みの「大国」だけが持っている状況であれば、少々舎弟《しゃてい》関係が複雑になる程度で、どうということはない。むしろ核保有国としてお互い牽制しあうことで、第二次大戦までは頻繁に見られた大国間戦争が防止されているではないか、という考え方（核抑止論）さえありました。

今日の問題は、パキスタンや北朝鮮が核武装したことで、この「核を持っているのは大国だけ」という前提が壊れてしまったことです。さらにいうと、そもそも**「核保有の主体は国家に限る」という前提さえそのうち壊れる**のではないか、というのが、世界中の有識者が感じている懸念なのです（アメリカでも核廃絶の動きが出てきたのはこのためです。「オバマさんがいい人だから」ではありません）。

たとえば、テロリスト・グループのような非国家主体が、核兵器を保有したら、そのとき既存の国家というものの意義はどうなるのか（J・S・ナイ『国際紛争』）。私は、六者協議で金正日《キムジョンイル》総書記が**「北朝鮮という国家としては核兵器を放棄し、金《キム》家の私物として保有する」と宣言**したらどうなるのだろう、と本気で悩むことがあります。それは、彼らがなしとげた（と称する）社会主義革命以上に、人類の国家観や政治概念を根底から覆す「革命」となることでしょう。

最近の米国の政治学界では、冷戦期を「冷たい戦争」ではなく「長い平和」として捉えなおす議論が、しだいに主流の地位を占めつつあると聞きます（J・L・ギャディス『ロング・ピース』）。同じ時代に「熱い戦争」を経験した近隣の地域を思うと、日本人としてはおいそれとうなずけないのですが、「国家というもの自体を無意味化してしまうかもしれない核兵器の真に恐ろしい能力が、大国主導の下で抑え込まれていた、その後に比べれば**まだ**平和な時代」という意味でいうのであれば、悔しいですが賛同せざるをえない。実際、それ抜きに戦後日本の「江戸時代的な平和」はあり得なかったのですから。

＊逆に、その下で「割を食わされた」地域が、日米間での帰属の曖昧さにつけ込まれて山のような米軍基地と「核密約」を背負い込むことになった沖縄でした。これは、「日中間」での帰属の曖昧さが、一定の自主性や経済的利益を琉球王国にもたらしていた「本当の江戸時代」と比べたとき、戦後日本の「新しい江戸時代」が帯びていた明白な原罪だと思います。左右の立場を問わず、新旧の江戸時代の「平和」を語るときに、忘れないでほしい視点です。

封建遺《い》制《せい》としての中選挙区制：真説田中角栄

もっとも、徳川の平和が２５０年も続くと関ヶ原の合戦時に予想した人が（たぶん）いなかったのと同様、自民党が40年近くも武士階級のごとく政権を独占すると、最初から決まっていたわけではありません。実際、１９５０年代後半は三井三《み》池《いけ》闘争（１９６０年終結）に至るまでの労働攻勢と、やはり60年安保で絶頂をつけた、岸信介の親米再軍備路線に対する国民の反感を追い風にして、年々革新《かくしん》政党（社会党や共産党など、社会主義を奉じた政党。転じて、野党一般の意味）の支持率は増加傾向にありました。

かような状況下で１９６０年代、池田勇人《はやと》政権が打ち上げた高度成長路線とは、安全保障を争点から外し、かつ**地方のムラの人々を会社という「都市のムラ」へと引っ越しさせる**政策でした。いわば、都市化と経済成長を通じて「新しい江戸時代」への満足度を大幅に高めることで、保守政権の延命に成功したわけです。

しかし、そもそも農地改革（自作農の創出）によって江戸時代冒頭の状態に戻してもらって以来、（小作人時代には無産政党を支持した）零細農家は農協《のうきょう》という**新しい村請制**に組織されて、地方農村は保守政党の強力な集票基盤になっていますから、よく考えるとこれは、自民党にしてみれば自分で自分の地盤を切り崩すことで支持率を上げるという**タコが自分の脚を食って生きながらえるような話**だったのですね。実際、戦国時代（＝オリジナル江戸時代の形成期）と並ぶ日本人の生活の激変期と称する歴史家も多い高度成長期を通じて、自民党の衆院占有議席数は、当初の３分の２ラインから徐々に過半数ライン近辺へ、ジリジリと低下していきます。

かくして60年代初頭には、日本中世史家でもあった米国のライシャワー駐日大使や、岸政権で官房長官・労相を務めた石田博英《ひろひで》のような保守政治家さえ、60年代末には革新政権が誕生すると予想するありさまでした（中北浩爾『日本労働政治の国際関係史』）。総評《そうひょう》（社会党）や同盟（民社党）のような労組の連携機関が選挙を丸抱えしたり、宗教（公明党）や思想（共産党）を軸に都市へのニューカマーを組織したりして、野党の票田が堅固になっていったのに対し、同じ有権者団体でも、与党の支持母体である地方の農村共同体は衰弱していたのです（石川真澄・山口二郎『戦後政治史』）。

　この窮地を**「より徹底した再江戸時代化」**によって救った人物こそ、当時今太閤《いまたいこう》と持て囃《はや》された、かの田中角栄《かくえい》でした。「国土の均衡ある発展」を唱えた角栄は、種々の規制政策によって都市部大企業との競争から地方中小企業を保護する一方、公共事業を通じて経済成長の成果を農村地域へ一方的に還流させることで、よくいえば「わざわざ都会へ出稼《でかせ》ぎに来なくてもお百姓さんが田舎で暮らしていける社会」、悪くいえば「保守政治家が地元を補助金漬けにして永遠に支配し続ける社会」を築くことをめざします（「3・11」で可視化された過疎地の**「原発漬け」**もその一例で、田中内閣下で成立した74年の電源三法交付金によるもの。武田徹『私たちはこうして「原発大国」を選んだ』）。

　結果、実際に田中が首相となった１９７２年の前後から、**都市部への人口流入が止まり、都道府県間での所得格差が縮まったかわりに、経済成長率も鈍化する**という現象が出現します（増田悦佐『高度経済成長は復活できる』）。実は、これは**鎖国という貿易規制**によって沿海大都市の発展に歯止めがかかる一方、内陸諸藩の地方都市が中途から繁栄した江戸時代の経済史を、文字どおりそのままなぞりなおすものでした。

　かくして「地方は自民党、都市部は野党ないし無党派層」という、今日の選挙でもおなじみの勢力地図がいよいよ確定するのですが、これは選挙で自民党が（都市部を中心に）負ければ負けるほど、農村基盤のプチ角栄のような自民党議員の比率が党内で高まることを意味するので、田中流の再江戸時代化政策を転換することは、ますます困難になります。

田中自身は財政出動のやり過ぎがもたらした狂乱物価（インフレーション）と、金銭スキャンダルの打撃を受けて早期に首相を辞任するのですが、彼がその後も「闇将軍」として政界を支配し続けることができた理由として、ここで中選挙区制の説明をしておきます（年配の方にとっては自明ですから、読み飛ばしてください。ただし、昨今の大学生はいちいち教えないと、間違いなく知りません）。

１９００年、山縣有朋内閣下で実質的に導入されて以来、おおむね20世紀を通じて衆議院の選挙制度であった中選挙区制とは、**「ひとつの選挙区から複数の候補者（たとえば３人）が当選するにもかかわらず、有権者はひとりの候補者にしか投票できない」**制度のことです。この「１人１票」をあたりまえだと思っているのは日本人だけで、諸外国では当選枠が３人の選挙区なら、有権者も１人３票で３人の候補者に投票できるのが普通です（加藤秀治郎『日本の選挙』）。

この中選挙区制の場合、過半数を狙う政党（戦前の政友会、戦時中の大政翼賛会、戦後の自民党）は１つの選挙区に複数の候補者を立てて、同一政党のなかで支持者の票を奪いあう形となる（なぜなら、有権者は１人１票だから）のですが、そうすると**最初から過半数を諦めて候補者を１人に絞り込んでいる少数政党**は、支持者の票が割れない分、当選枠にすべりこめる可能性が極めて高くなります。戦時中にも非翼賛代議士が５分の１を占め、戦後には革新政党が護憲に必要な３分の１の議席数を堅持できたのは、この中選挙区制が最大の理由です（それを「国民の反省と非戦の誓い」だけが改憲を阻止してきた理由であるかのように語る、自称平和運動家のなんとそらぞらしいこと！）。

問題は、過半数政党である自民党の方で、とにかく**選挙ごとに同じ政党の候補者どうしで争う**わけですから、政策理念なんかにかまっていられません——党が同じなら、理念も大体同じなので、そんなものをいくら訴えても（党の得票にはつながっても）自分の得票にはつながりませんから。

それで結局、じゃあ自民党の候補は何を売りにして選挙戦を戦うかというと、一つめは「私は自民党の中でも田中派の所属ですから、あの田中角栄先生にご支援いただいております」という**党内の派閥**。二つめは、「この広い選挙区の中でも、生粋の本村生まれは私だけ、先祖代々この村のために尽くしております」という**世襲の地縁**。三つめは、「でありますからこそ、私が当選した暁《あかつき》には道路をわが村に、ホールをわが村に、補助金をわが村に」という**地元の利権**。

かくして、派閥さえガッチリ固めれば総理総裁など恐るるに足らず、場合によっては「首相押込」することもでき、「やっぱり地元んこつは地元の先生に限るべさ」という地盤があるなら（地元以外の）世論の動向などどこ吹く風、という「封建制」のようなしくみができたからこそ、角栄は首相をクビになろうが逮捕されようが一切お構いなしだったのであって、別に性格の図太さだけが理由ではありません。この意味でも、**田中政治とは「長い江戸時代」の象徴**です（野中尚人『自民党政治の終わり』）。

ジャパン・アズ・オンリーワン？

急伸していたはずの革新勢力はどうなったのか。実は、田中角栄の時代とは革新自治体の時代でもあって、１９６７年、社会・共産両党が共同推薦した美濃《みの》部亮吉《べりょうきち》が都知事に当選したあたりを皮切りに、70年代前半にかけて主要都市や府県の長を続々革新系が握ります——最近でも、国政選挙では事実上、二大政党の公認候補でないと当選できないけれども、地方首長選挙だと無所属なり何なりで、なんだか面白い人が当選しちゃったりするでしょう？　あれと似た感じで、国政では万年野党の革新勢力が、首長選では勝てた時代があった。

　なかでも知名度が絶大で、いわば当時の「地域主権」のシンボル的存在だったのが、この美濃部都知事です。どれぐらい人気があったかというと、75年の三選時、かの石原慎太郎候補まで撃破したのが有名ですが、しかし昨今の政権交代と同じく、重要なのは「チェンジ」した後なにをやるかなわけで、なにせ**日本の社会主義者も江戸時代好きでは人後に落ちません**から、これら革新自治体の目玉政策は、「老人医療無料化」という爺臭いものでした——「かわいそうなのはお年寄り」という、例の姥捨て山の発想ですね。

　ところが窮すれば鈍する、国政選挙で負けるわけにいかない田中自民党まで追随して、１９７３年の「福祉元年」には全国レベルで70歳以上の医療費がタダになるという、今思うと信じがたい現象が出現します（実際、私にも信じられません。また、学生にいっても信じてくれません）。むろん、きちんと増税で原資を確保するなら別にかまわないのですが、「政治はすべて武士にお任せ、ただし増税だけは一切拒否」は「検見《けみ》取りお断り」以来の百姓一揆の伝統ですから、選挙対策上、そんなことができるはずもない。

……こうして結局、せっかくの保革伯仲《ほかくはくちゅう》時代は財源なき福祉のバラマキ合戦に終わってしまい、国にも地方にも巨大な財政赤字だけが残ります。年金についても、このとき納付と給付のバランスを考えずにお年寄りに大盤振る舞いしすぎて、やがて維持不可能になることが最初から確実な制度を作ってしまったのが、今日の問題の最大の原因ですから、本当に**左右問わず、江戸時代ファンというのはどっちもどっち**です。

確かに江戸時代好きの日本人にとって、それははじめは居心地のよい秩序だったのかもしれません。ヨーロッパの福祉社会のように給付が手厚いかわりに税金が重いのでもなく、アメリカの自由社会のように税金が軽いかわりに全部自己責任というのでもなく、そこそこの税率でしかしなんとなくみんな安定した暮らしが営めるという、いわゆる一億総中流《そうちゅうりゅう》社会を出現させたのは、必ずしも高度成長の果実というバラマキの元手があったからだけではない。

では、なにがそれを可能にしたのか。当時、「失業者の面倒をヨーロッパでは国がみる、日本では会社がみる」という有名なジョークがあったように、企業が終身雇用で正社員のクビを切らず、奥さんは生活費だけでなく年金も旦那さんから分けてもらうのが前提という、**ムラ（会社）**

とイエが国の負担を肩代わりするしくみがあったから、国家が直接国民に給付する社会保障関連支出が少なくて済んだのです（ちなみにジョークのオチは、「アメリカでは刑務所がみる」です）。

　このような日本型福祉国家のあり方を、専門的には「福祉レジームを雇用レジームで代替する『仕切られた社会保障』」というのですが（宮本太郎『福祉政治』）、要は**「家職制と封建制ふたたび」**ということです。男はまともな職についていれば、女はまともな家庭に入っていれば、国のご厄介にならずとも死ぬまで食べていけるだろう。**そうじゃないやつは自己責任だから知らないけど、**ということですね。

　本当の江戸時代が、農家を継げなかった次三男に極めて冷たかったように、新しい江戸時代も、正社員になれなかった男性や離婚した女性にはつれない制度でした。ところがそんな日本をアメリカ人まで『ジャパン・アズ・ナンバーワン』（Ｅ・ヴォーゲル、１９７９）なんぞと持て囃《はや》したものだから、日本人はますます舞いあがって図《ず》にのります。

　要するに、愚かな敗戦も、その後の平和も、利権政治家の汚職も、市民運動の輝きも、中流家庭の豊かさも、独身女性の侘《わび》しさも、畢竟《ひっきょう》**昭和日本の栄光と悲惨のすべては江戸時代とともにあった**のです。問題は、それがかつての徳川の治世と同様、いつかは終わらねばならない社会だったことでした。

中国化する世界：１９７３年の前兆

　１９７３年、戦後日本が「再江戸時代化」の福祉元年に沸いていた頃、世界では人類史上の大転換の先触れとなる、２つの事件が起きていました。ひとつは、「トイレットペーパーが買えなくて大変だったんだよ〜」として高校でも必ず習う、第四次中東戦争にともなうオイル・ショック。もうひとつは、南米チリで起きた軍事クーデターです。

　オイル・ショックとは、西側陣営のイスラエル贔屓《びいき》に業を煮やした中東のアラブ諸国が、先進国への石油の輸出禁止措置をとって価格を急騰させたものですが、これがスタグフレーション（不況なのにインフレになること）を引き起こして、欧米諸国のケインズ政策を破綻に追い込みます。先述の通り、ケインズ主義とは、１９３０年代の大恐慌を克服するために生まれた発想でしたから、「景気が悪いときは必ず物価が下がる」ことを前提にしていました（だからこそ、国がお金を出して買い支えようという話になるわけです）。

　ところが、石油のようなありとあらゆる商品生産に利用されている材の値段が、政治的な事情でポンと跳ね上がれば、あたりまえですが景気が良かろうが悪かろうが物の値段は上がってしまうわけですね。これが、石油危機がもたらした本当の衝撃です。そんなとき、「ケインズさんのいったように不況のときは国がお金を出して……」をやっていたら、**景気が悪いまま物価ばかり**

が吊り上がっていって国民生活は崩壊します。かくして、西洋諸国の「江戸時代化」を支えていたケインズ主義の権威は失墜しました。

　いわばオイル・ショックとは、それこそオスマン帝国以来のレベルで、久しぶりに**イスラーム世界の側がヨーロッパから歴史の主導権を奪い返した大事件**だったのです。そんな世界史上の一大画期をこともあろうにトイレットペーパーで教えているのだから、日本の歴史教育の程度の低さが知れるというものです。

　同じ年、自由選挙を通じて民主的に選ばれていたはずの社会主義的なアジェンデ政権を暴力で倒して、チリでピノチェト将軍が実権を握ります（ＣＩＡがこれを支援したことは、アメリカ外交史の汚点とされています）。ピノチェトは反対勢力（と彼がみなした人）を平気で何千人も暗殺・誘拐・拷問・処刑した独裁者なのですが、しかし彼は20世紀としては画期的な独裁者で、**国民に政治的な自由は一切与えないが、経済活動はすべて市場の自由に任せる**政策をとります。

　それまでヒトラーもムッソリーニもスターリンも毛沢東も、20世紀の独裁者といえば強力な統制経済を敷いて、「飯を食わしてやるんだから、俺の指示どおりに働け」と命令するのが相場でした。ところがそれに反してピノチェトは、「自己責任でなんでも好き勝手にやれ、ただし俺の悪口だけは例外」という**政府からの見返りが何もないような独裁政治**を始めたわけです。

　そんなんでやっていけるのか。やっていけてしまうのです。むろん、冷戦下でアメリカが支援したことが大きな要因ですが、市場に丸投げする独裁者って現にいたでしょう——中国に。毛沢東の共産中国ではない、宋朝以降の皇帝専制の近世中国に。実際、社会主義政策の放棄と市場経済の導入によって、一時的にチリ経済は急速な発展を遂げたといわれています。ついに時代が、**近世中国を模倣しはじめた**のです。

中国化した世界：１９７９年革命

現在、世界で最も著書が売れる歴史家との評もあるハーバード大教授のN・ファーガソン氏は、今日の世界の起点は１９８９年の冷戦終焉ではなく、10年前の１９７９年にあると語っています（「世界史に真の転機をもたらした『１９７９年』」）。

この年、イギリスで保守党のマーガレット・サッチャーが首相に就任、社会福祉を削って国有企業をガンガン民営化する「新自由主義《ネオリベラリズム》」と呼ばれる市場主導の経済運営に着手し、２年後にはアメリカのロナルド・レーガン大統領が後に続きます――彼らはもちろん、ピノチェトのような独裁者ではありませんが、労働組合をとことん敵視して馘首《かくしゅ》を強行するなど、非妥協的な政権運営で鳴らしました。

しかしながら実は、この**国家による保護を打ち切って市場での競争に委ねる**という転換は、実は一年前の１９７８年に鄧小平《とうしょうへい》が改革・開放政策として、中国で実施していたところだったのでした。その翌年に当たる79年、鄧はアメリカを視察、ますます「経済だけは自由化させる」方針に舵《かじ》を切ります。

すなわち欧米で標準的な研究書に書かれているように、**新自由主義は英米中三国で同時に始まった**のであって（D・ハーヴェイ『新自由主義』）、アングロ・サクソンのやり方が世界の見習うべきグローバル・スタンダードだとするなら、いわば**ここで中国が日本を追い抜いた**のです。いまだに「日本は先進国、中国は後進国」などといっているのは、無知な日本人だけです。

さらにやはり１９７９年、ソ連がアフガニスタンに侵攻、社会主義体制もまた一個の帝国主義に過ぎないことを自ら証明して、レーニン理論の権威は地に墜ちます。この時アメリカが反共勢力として支援した過激派ムスリムたちが、のちのタリバーンやアル・カイーダになっていくことは有名ですね。

ところが同年、イランでホメイニがイスラーム革命に成功、アメリカは元国王パーレビ２世の亡命を受け入れ、こっちではイスラーム勢力の敵対者になってしまいます。イスラームとは、そもそも国家機構や居住地域にこだわらない信仰者の共同体であり、**アル・カイーダこそ世界最強の「国境を超えるＮＧＯ（非政府組織）」**ですから、大国主導で国ごとに仕切られた政治を行う冷戦体制は、まさしくここから崩れ始めることになります。

自分で育てたタリバーンに叛《そむ》かれ、イランを抑えるために支援したイラクのフセイン政権にも反逆され……というアメリカのイスラーム外交の下手さぶりは有名ですが、これは「傀儡《かいらい》政権さえ作ればうまくいく」といって中国大陸で自滅したかつての日本陸軍の忠実な再現です。地域ごとに仕切って「封建制」の枠組に住民を押しこめる、江戸時代のようなやり方は、日本人がやろうとアメリカ人がやろうと、そもそも「封建制」の伝統が弱い中国人やムスリムには相手にされないのです。

　内藤湖南から京大東洋史の学統を継いだ**宮崎市定《いちさだ》**は、内藤湖南がいう「宋朝から中国は近世」のさらに３００年ほど前、**イスラーム勃興期の西アジアが世界で最初に近世に入った**とする、独創的な歴史観で知られます（『アジア史論』）。えっ、ヨーロッパはって？　もちろん、そんなもん一番ビリです。

　本書をここまで読んでも、まだ信じられないという方、冷静に世界史を振り返ってみてください。ヨーロッパ人のいうルネッサンス（古典復興）とは、イスラームが保存してくれていたギリシャ・ローマ古典の再輸入に過ぎないじゃありませんか。法王庁の権威を否定し信者の平等を説いた宗教改革なんて、まさにイスラームがカーバ神殿を破壊したときにやったことじゃありませんか。主権国家にあれだけこだわった西欧人が、いまやイスラーム主義よろしくヨーロッパ主義を掲げて、「国境を超える共同体」を作ろうとしているじゃありませんか。政教分離と無差別戦争観の西洋近代が終わって、アメリカ人がジハードを始めてるじゃありませんか。

　――かくして、「西洋が常に東洋より進んでいる」という、**欧米人の「自慰史観」が所詮は単なる「お話」でしかなかった**ことが明らかになり、中国やイスラームのような「本当に進んでいた社会」が歴史の担い手として再浮上してきたのが、１９７９年なのです。

実際、この年にはフランスの哲学者リオタールが『ポスト・モダンの条件』を書き、前年にパレスチナ系アメリカ人の比較文学者サイードが発表した『オリエンタリズム』とあわせて、西洋近代が作り上げた「お話」の虚構性に一石を投じています（関一敏「宗教とはなにか」）。これだから、しっかり学術書の新刊くらいチェックして、**ちゃんと勉強はしておかないとダメ**なのです。

モジュール化した世界：漢字、コーラン、そして韓流

ここまで話しても「そんな御託《ごたく》はどうでもいい。現に、いまでも日本人や欧米人の方が、中国人や中東のムスリムよりもリッチに暮らしてるじゃないか。結局世の中を動かすのはマネーであって、歴史哲学じゃない」と仰る方は、ハッキリ言って考えが甘い。実はこの１９７０年代の転換はおカネもうけというか、ビジネスのしかたの変化とも大きく関わっています。

70年代以降、ようやっと世界の貿易比率が第一次大戦前の水準に回復します。しかし、これを受けて非西洋地域の一部が経済発展に向かったのは、単に輸送や通信上のコストが大幅に下がって、賃金水準の低い途上国へ生産拠点を移した方が安くつくようになったからという、周知のグローバル化の影響だけによるものではありません。

経済学の分野でもうひとつ注目されているのが、**ＩＴ技術の進展によるものづくりのモジュール化**です。これは、インテルのチップやマイクロソフトのウィンドウズ、最近だとグーグルのア

ンドロイドなどが典型ですが、**世界中どこの会社の製品（たとえばＰＣやスマートフォン）に組み込んでもらっても使っていただけます**という商品の売り方が、主流になったことを指します。

　実は、これはイスラーム的なのです。ヨーロッパの宗教改革が、俗語版聖書の刊行によって中世ラテン語世界を複数の国語共同体に分割してゆく作用を持ったのに対し（Ｂ・アンダーソン『想像の共同体』）、イスラームは神の言葉はアラビア語だったという信念から、経典『コーラン』（クルアーン）だけは何《なに》人の信徒だろうと、アラビア語で唱え続けるわけですね。

　つまり、居住地域がバラバラで、口語レベルでは全く異なる言語をしゃべっている人々を、コーランを唱えるときだけは共通のフォーマットで統一する。米国・日本・台湾いずれのメーカーのＰＣでも、ウィンドウズで動いているのと同じです。

　というか、さらに遡《さかのぼ》るとこれは中国も同様で、北京語と広東語は発音が全く違うのですが、しかし漢字という文字が共通しているがゆえに、口で喋る言葉がまるで異なる多様な人々を統合できたのが中華文明のユニークさだ、とは宮崎市定の指摘したところでした。

　すなわち、漢字とコーランこそ、**人類史上最古にして最強のモジュール製品**なのです――２００４年の押井守監督のサイバーパンクアニメ『イノセンス』が、記憶装置（メモリーチップ）の比喩として漢字を多用することで、このことを表現しています。

　この発想についていけないのが、口づたえレベルで「やまとことば」の情感を共有しないと日本人だという気がしてこない、われわれの江戸時代根性です。その結果、全製品を独自規格の自社ブランドでゴテゴテに固めようとしたSONYの経営が左前になって、グローバルな下請企業でかまわんと割り切った韓国のサムスン電子に追い抜かれた事例が有名です。

朝鮮半島は伝統的に日本よりも「中国化」の度合いがずっと高く、そのことが19世紀以降に辛酸《しんさん》を嘗《な》める一因ともなったのですが、今ようやくそれが「強み」として活きはじめているように思われます。各国語への吹替を駆使した「韓流」番組の輸出攻勢も同様で、日本で『嫌韓流』の鎖国主義者が衛正斥邪《えいせいせきじゃ》派（李朝末期の排外的超保守派）よろしくその排除を騒ぎ出したことこそ、**日韓の立ち位置が19世紀とまるで逆になった**ことの証明でしょう。

——そう、「中国化」の度合いが浅かったがゆえに明治日本が西洋化の流れに乗れた一方、骨の髄まで「中国化」済みだった朝鮮王朝が華夷秩序の伝統に固執して衰退した構図が、いまやちょうど裏返しになっているのです。

日本だけが江戸時代：真説バブル経済

要するに、**第一次大戦が世界を「江戸時代化」させる効果を持ったのに対して、第四次中東戦争以降の世界は顕著に「中国化」しはじめていた**のです（経済思想史では、「ケインズの世紀」が「ハイエクの世紀」に変わった、という言い方をします）。冷戦終焉以降の、まるで世界全体が宋朝になったかのような状態は、その終点であって始点ではない。

問題は、かような巨大な人類史の反転にいつ気づくかです。この**変化に気づかないまま70年代、80年代を過ごしてしまった**のが、その後にもたらされた『日本沈没』の一番の原因だというのが、社会科学系の研究者の標準的な見解です（高原基彰『現代日本の転機』）。

オイル・ショックが欧米諸国にケインズ政策の見直しを強いたのに対して、日本の「新しいムラ」であった企業社会はこれを乗り切ってしまう。それが可能だった理由は、終身雇用制では不況になってもクビにできないことを織り込んで、もともと**必要最小限の人員しか雇っていなかった**からです。だから、景気が悪化してもそんなに生首を切らなくてよく、失業者があまり出ないから社会保障も破綻せず、福祉国家を続けていけたわけです。

……と、これだけ聞くと素晴らしい話ですが、逆にいうとこれは好景気になっても追加人員を雇わずに、不況期と同じ人数のまま各自が死ぬ気で働きまくって対応するという意味ですから、日本人の残業時間はGNP伸び率と顕著に連動します（武田晴人『仕事と日本人』）。まさしく**勤勉革命ふたたび**なわけで、「過労死」や「社畜《しゃちく》」が流行語となり、やがて欧米諸国の目も「エコノミック・アニマル」に対して厳しくなっていきます――あの「自虐的」な『武士道残酷物語』も、封建家臣のマゾヒスティックな忠誠心のなれの果てを、高度成長期の会社人間に見出して幕を下ろした点だけは、優れた洞察力といえましょう。

その下で、ブロンが腐食をはじめていきます。80年代の日本を特徴づけるバブル景気は、人々が己の家職（本業）を忘れ、勝手気ままに財テク的なマネーゲームに狂奔した点、「中国化」の典型に見えるかもしれませんが、さのみにあらず。そもそも戦時動員のための40年体制下、日本企業は資金調達にあたり、**自社株の発行（直接金融）ではなく銀行からの借り入れ（間接金融）を中心とする慣行**が成立し、戦後もそれが続いて、日本の庶民は「預金はするが株は持たない」堅実な生活を送っていました。

もちろん、それだけなら江戸時代ゆずりの質朴さで結構な話なのですが、預金には株より劣る点が一つあって、インフレに弱い。好景気の下で物価が上がっても、銀行がその分まで額面を増やしてくれるわけじゃありませんから、景気に連動して値段が上がる材で財産を保有しないかぎり、年々資産価値は目減りしていくことになるのです。普通は、じゃあ株でも持とうかという話になるのですが、日本は間接金融優位で株式市場が発展していないから、十分な量の株がない。

それで、どうなったかというと、だったらもう**土地しかない**じゃないかという話になって、ありとあらゆる個人や企業や銀行が土地の買い占めと転売に走り、異常なほどの地価暴騰を見せた後にバブルが弾《はじ》けて、巨額の不良債権のみが残った……というのが、きちんと崩壊前にバブルを指摘していた野口悠紀雄氏の見立てです（『戦後日本経済史』）。

換言すれば、**部分部分を見ればそれぞれ手堅く暮らしているはずなんだけど、全体としては非効率でおかしな結果になっちゃう封建制根性**が、実は「中国化」のイケイケ消費市場主義と並んで、バブルの真犯人だったともいえるわけです（経営学でいう「部分最適の積み重ねが全体最適とは限らない」の好例）。政治的にも当時は旧田中派の全盛期で、サッチャー・レーガン式の改革を試みた中曽根《なかそね》康弘政権も、「田中曽根《たなかそね》内閣」と揶揄《やゆ》されるくらい角栄さんのグループに依存していましたから、社会党の基盤だった国鉄労組が不利益者になるＪＲの民営化はできても、自民党の支持母体には切り込めませんでした。

かくして、世界の「中国化」が進む中、日本だけは「新しい江戸時代」の基本構造を改めないまま、ダラダラと昭和最後の10年間を過ごしてしまいます——まさしく鎖国状態と言うか、（中国でなく）欧米との比較においていうのなら、「鎖国が日本を世界の趨勢から遅らせた」とは、本当の江戸時代よりもこちらの方に当てはまる記述かもしれません。

そんな時代でも、サブカルチャーは感度良好でした。１９７９年の映画『太陽を盗んだ男』（長谷川和彦監督）は、原案こそアメリカ人ですが、「個人が核保有の主体になる」というアイディアをかの敗戦以降、政治的に去勢された状態の日本国家の男性性をめぐる葛藤と重ねて描き、今日みると空恐ろしくなるほどの批評性を示します（「知識人」の清水幾太郎が核武装論ブームに先鞭をつけるのは、翌80年）。同じ79年放映の『機動戦士ガンダム』は、シオニズムがナチス式独裁に転じた奇妙な宇宙移民の国家を描いて、現実の中東情勢に冷や水を浴びせ、翌年連載開始の漫画『気分はもう戦争』では作家の矢作《やはぎ》俊彦とのち映画監督になる大友克洋《かつひろ》が組んで、「すべてが米ソの八百長だった平和な時代」としての冷戦を早くも皮肉ってみせました。

今まで機能していたなにかが、確実に壊れつつある——これまでマジメだと思われてきたものが、ただのジョークになりつつあることを、感じとる人は感じとっていたのです（バブル期の広告やＴＶを中心としたパロディ文化を、今も懐かしむファンが多いのはそのためでしょう）。

まさに同じ頃にハーバードの大先生が『ジャパン・アズ・ナンバーワン』を書き、日米の識者が「来るべき新世紀、アメリカ帝国没落後の覇権は日本に移る」式の文明批評を語っていたことを鑑《かんが》みると、**学者の仕事ってほんとに意味があるの**、と私は嘆息することがあります……やはり、勉強**だけ**していてもダメなようです。

小沢一郎の「普通の国」は「中国化」政策のはずだったが

第9章

「長い江戸時代」の終焉

混乱と迷走の平成日本

終わったはずの時代が何度でもプレイバック。
永劫回帰する二つの近世に、
日本停滞の真因を見る

小泉純一郎は中国皇帝ばりの統治術を身につけた

帰ってきた明治維新：真説政界再編

日本の「戦後」ほど、もう終わったとかまだ終わっていないとかいわれる時代も珍しいのですが、やはり冷戦の終結、バブル経済の崩壊、自民党一党支配（55年体制）の終焉などが相次いだ１９９０年前後に、ひとつの区切りをおくのが妥当でしょう。

船曳《ふなびき》建夫氏はこれ以降の時代に「戦後・後」というあまりパッとしない名称をつけていますが（『右であれ左であれ、わが祖国日本』）、私もそのネーミングの冴えなさに同意です。なぜなら、**何かが終わったことははっきりしているが、何が始まったのかはよくわからない時代**――「中国化」と「再江戸時代化」のブロンが随所で気まぐれに破けたり弾けたりしているだけで、ぐずぐずしたどっちつかずの混迷が繰り返される状況が、90年代以降の日本を規定しているからです。

はじまりは、「再江戸時代化」の方からでした。年号が昭和から平成に替わった１９８９年７月、初の女性党首である土井たか子氏の率いる社会党が参議院選挙で圧勝、自民党を単独過半数割れに追い込んだのです。増税（消費税導入）と市場競争（牛肉・オレンジの輸入自由化）に対する反発から、自民党の支持基盤が大きく切り崩されたのが要因でした。

結果的に、冷戦終焉と同年となったこの選挙は、前月に中国で天安門事件が起き、東側陣営のイメージが決定的に悪化する中で投票日を迎えたのですが、自民党の38議席に対して社会・共産・連合の会の革新系が計68議席の圧勝だったことは、彼らの存在意義が**社会主義である以上に百姓一揆**だったことを、何よりも雄弁に物語ります。一方で、汚職スキャンダル（リクルート事件）や政治家個人の道徳性（宇野宗佑《そうすけ》首相の女性問題）も与党批判に油を注いで選挙結果を左右した点は、そこはかとなく「中国化」を予見させるものがありました。

続いて、「中国化」の衝撃が日本を見舞います。この参議院過半数割れの危機を、公明・民社の中道二党との提携で乗り切ったのが、自民党の小沢一郎幹事長でした。この自民党内での小沢氏の全盛期にイラクで湾岸戦争が勃発、**グローバルな正戦論に支えられた「近世中国的」な戦争**に際して、小沢氏は自衛隊派遣を検討しますが果たせず、その他もろもろの不満が重なって、１９９３年には一派（新生党）を率いて党を出てしまい、幹事長時代に築いた公民両党とのパイプを活かして、政権交代を図ることになります。

当時、刊行されてベストセラーになった小沢氏の著書『日本改造計画』は、自衛隊を国連待機部隊として海外の紛争調停に当たらせるほか、アメリカの規制緩和やイギリスの小選挙区制を導入して、戦後日本の江戸時代的な55年体制を解体し、「普通の国」たる自由市場中心の競争社会へ再編することを唱えたもので、まさしく日本を「中国化」する提案でした（繰り返しますが、親中・反中うんぬんといった意味ではありません）。結局、小沢グループの造反で宮澤喜一《きいち》内閣への不信任決議案が可決、解散総選挙へと追い込まれて、自民党は衆議院でも過半数を失います――ところが、実は小沢氏らの新党は結果的には社会党の票を食っただけで、自民党は彼らの離党による選挙前の減少分しか、議席を減らすことはありませんでした。

要するに、**百姓一揆（革新政党）が殿様を追い出したのではなく、武家社会（自民党）を割って出た不平分子が政局を動かした**わけで、かような明治維新と同様の形でしか政権交代がありえなかったところに、私は戦後民主主義の江戸時代たるゆえんをみるのです。結局、日本新党の細川護熙《もりひろ》氏が小沢氏に担がれて非自民連立政権の首班となり、当初は史上空前の8割近い支持率を記録するのですが、この人気はあくまでも「ええじゃないか」だったので、次第に政権は足並みの乱れが目立ちはじめます。

郡県化する日本：真説政治改革

この細川内閣の最大の業績は、小沢氏のビジョンどおり、20世紀日本の「再江戸時代化」の核となってきた中選挙区制を廃止し、小選挙区制（ただし比例代表との並立制）を導入したことです。小選挙区制とは、**「1選挙区からの当選者が1名である選挙制度」**のことです。この場合、あらゆる政党は1選挙区から1人に絞って候補者を立てることになりますから、政党本位・政策重視の選挙戦が可能になり、中選挙区制のような自民党系候補どうしのバラマキ合戦がなくなって、政治がクリーンになるだろうと期待されたのです。

同じ目的から、セットで政治資金規正改革が行われ、派閥や政治家個人宛の献金に歯止めがかかると同時に、コーヒー1杯の値段がそのくらいだからという謎な理由で、国民1人あたり250円相当の税金を、議席数や得票率に応じて国から政党に配分する政党交付金制度が導入されます。

そして実はこれらの改革には、「政治の浄化」のほかにもう一つ、共通する狙いがありました。それは、小選挙区における候補を1人に絞り込むための公認権と、政党を通じて各議員にも分配される政党交付金の管理権を掌握《しょうあく》した、党中央（執行部）の権力が所属議員やその地元に対して強くなることです。

つまり、ここで日本の選挙と政党のしくみが、**「封建制」から「郡県制」に変わった**のです。この細川連立政権時も、小沢氏は政治運営が強権的だと批判されたのですが、中国史でいえば**貴族制を止めて皇帝専制に変えるような改革をやっている**のだから、そうなるのはあたりまえです（竹中治堅『首相支配』。以降、平成政治史の記述も主に同書による）。「日本もようやっと、中国と同じ社会にできるんだ」とわかって支持しているのなら、なにも驚くことじゃない。

ところが明治維新の時と同様、「ええじゃないか」に踊っていた人々の多くは「改革への情熱」に共感しただけのただのパンクロッカーで、そういう歴史的文脈がまるでわかっていなかったのと、日本人の江戸時代恋しさが例によってぶり返して来て、わずか一年余りで「非自民連立」は「自社さ連立」に取って代わられてしまいます。

国連が認める「正しい戦争」なら遠慮なく自衛隊を派遣せよという小沢氏の「中国化」政策を

嫌った社会党が、政権交代にともない業界団体の陳情・献金など、「封建制」の旨みを吸えなくなって窮地《きゅうち》に陥《おちい》っていた自民党と手を組んだものです。この連立、議員数が圧倒的に少ない社会党の委員長である村山富市《とみいち》氏を、与党第一党である自民党が首相に担ぐという地位の一貫性の低い政権だったことを考えても、*「長い江戸時代」を続けるための政権**と考えれば結構筋は通っていたのですが、**百姓一揆と代官所が幕府維持のために提携する**というのは、明治維新でさえみられなかったことですから、わかりにくさは否めませんでした。

一方、政権を失って野党に転落した旧連立政権の諸政党は、次の選挙からは小選挙区制ですので合同しなければ不利とみて、小沢氏のリーダーシップの下で1994年、新進《しんしん》党を結成します。この時点で**百姓一揆の旗は野党第一党の方に移る**ので、以降の社会党があっさり凋落してしまったのは周知のとおりです。

それならここで、「中国化」路線の新進党と、「再江戸時代化」路線の自民党の二大政党制ということに落ちつけばまだすっきりするのですが、そうハッキリわりきれないのがブロン社会の苦しいところです。

小沢さんはもともと田中角栄の愛弟子だったせいか、**選挙対策に関してだけはなぜか江戸時代的**なところがあって、業界団体や労働組合といった既成の組織に声をかけて、集団ぐるみで自分の基盤にしようという発想がある。新進党は、公明党を一時的に吸収合併する（これも、今となっては信じられない史実！）など、確かにかなり幅広い組織を傘下に集めたのですが、結局、1

９９６年の最初の小選挙区制での衆院選で自民党に敗北し、翌年には解党してしまいます。自社さ連立を離脱した鳩山由紀夫・菅《かん》直人両氏が結成した民主党（もちろん、現在の民主党の母体）と、野党票を食いあって共倒れになったのも大きな理由でした。

逆にいうと、この時に新進・民主で協力していれば、今の民主党とほとんど同じ面子で政権交代していたかもしれないわけですから、そこから数えても２００９年の政権交代などというのは10年以上遅いことになります――つくづく、日本の政党政治は「普通の国」から遠いこと。なんとなく、今から10年後には「政権交代を果たした民主党という政党があった」という事実も、**日本新党や新進党並みの歴史トリビア**になっていそうな気もします。

しかし、衆議院でいくら過半数を回復しても、１９８９年の大敗を挽回できない以上は参議院で過半数に届かないため、この後、自民党はあの手この手の連立工作にでることになります。最終的には、公明党と手を組む形に落ち着いていたのですが、それでもまた参議院で過半数を割ってしまったのが、安倍晋三氏が『美しい国へ』と絶叫した２００７年の選挙でした。

多くの日本人にとって**『美しい国』のイメージは江戸時代**なのですが、安倍首相は自分でもよくわかっているとは思えない「構造改革」やら「再チャレンジ」やらの、市場競争志向で規制緩和的な**「中国化」の旗印を立てて戦うという支離滅裂な戦術**をとり、かつての『日本改造計画』の面影を捨てて田中角栄以来の「再江戸時代化」路線一本に徹した小沢一郎代表（当時）の民主党に敗北したのです。

ところがその後、２００９年の衆院選圧勝を経てやっとこさ「衆参のねじれ」を解消したはずの民主党も、日本人の江戸好みに頭が及ばなかったのは同じで、また振り出しに戻ってしまう。続く２０１０年の参院選では「なにがなんでも増税拒否」の百姓一揆の民意をつかみそこねて、消費税増税を口走った菅政権が惨敗。安倍政権と同様、ともに勝敗を決したのはいわゆる「一人区」（＝要は**田舎**）の当落でしたが、お百姓さんの末裔《まつえい》に政権運営の手綱を握らせ続ける現行の選挙制度が続くかぎり、なかなか完全に江戸時代を脱するのは難しそうです。

　言い方を変えると、日本を「中国化」させて自由競争中心の社会にしたいのか、「再江戸時代化」を維持して多少停滞気味でも安定した社会にしたいのか、政治家自身がよく考えないまま**「維新の志士」気取りの動機オーライ主義**で行動し、有権者もわかっていないまま**百姓一揆根性の「ええじゃないか」**で踊り狂っているだけだから、首相や党名は入れ替わっても日本社会はぜんぜん変わらず、政治不信ばかりが募るという話になっているのです。

　昨今話題になる政界再編も、そのあたりを踏まえてしっかり「中国党」と「江戸党」にでも分かれていただかない限り、輪をかけてひどい混乱が続くだけでしょう——とはいえ、この名称だと前者が選挙のとき不利かなという気がしますので、私自身としては**「郡県党」と「封建党」の二大政党制**を提案しておきたいと思います（たとえば、現時点では少数党の負け惜しみとしかとられていない中選挙区制復活論の可否などが、両者を分けるリトマス試験紙となるべきでしょう）。

＊そもそも社会党が細川非自民政権を離脱したのは、議席数では与党第一党にもかかわらず政策面で冷遇された不満が原因でした。一方、社会党首班の村山内閣がいわゆる「村山談話」などで謝罪外交を一歩進めると、今度は与党第一党の自民党の方で憤懣が高まり、後の保守化路線への導火線となっています。「地位の一貫性の低さ」ゆえのストレスに政治が振り回されるのは、この国ではいつも同じのようです。

中国化する帝王学：真説小泉王朝

こうしてコロコロと短命内閣が続くなかで、例外的に２００1年から5年以上に及ぶ長期政権を担ったのが、小泉純一郎氏でした。

その理由は、比較的はっきりしていると思います。それこそ明治以降、歴代首相の中で彼だけが、どうせ**放っておけば日本社会は「中国化」するものだと見切りをつけて、いかにその流れの中で権力を手放さずにいられるか**を研究し、ついに中国皇帝ばりの統治術を身につけたからです。

……いよいよ、叙述が現在に近づいてきました。それではその仔細を振り返りながら、長かった歴史語りをいったん閉じましょう。

①中間集団をあてにしない

この家は代々この地域をまとめ、わが王室を支えてきてくれたのだから、今後も私の忠実な配下であろう……などと考えるのは「封建制」の考え方です。いまや、地域（古いムラ）や企業（新しいムラ）の結束力なんて大して強くなく、人口移動や流動的雇用によってやがてバラバラになるものなんだから、そんなものには頼らない。

要するに、「ムラをまとめてあげるから、ムラぐるみで支持してね」という**保護主義とのバーターで団体ごとに交渉するやり方はいずれ行き詰まる**のだから、もうやらない。むしろ逆に、ムラなんか潰れてしまっても、個人ごとに支持してもらえる方法を考える。

「郡県制」とは、本来そのための政治制度です。小泉政治の象徴とされるのは、郵政民営化法案への賛否が争点になった２００５年の衆院選で、自民党公認を剥奪された造反議員の地元選挙区に次々と落下傘候補を送り込み、勝利をおさめた「刺《し》客《かく》」戦術でしょう。

いまさら江戸時代でもあるまいし、どうせ地方の地盤なんてガタガタなんだから、遠慮せずガンガンやればいいのです。首相ご本人のお墨つきと「改革」の旗印さえあれば、所属するムラのない衆庶が群がってくれるのですから。また、組閣や党人事にあたっても派閥の推薦を受けずに「一本釣り」の抜擢登用を行い、**「殿試」ばりに忠実な科挙官僚**を手にしています。

細川政権で導入された「郡県制」の政治システムを、初めて巧みに使いこなしてみせたのが、小泉氏の権力の源泉だったというのが、政治学者の一致した見解です。

②生活以外で満足してもらえる方法を考える

ムラがバラバラになるのは、社会自体が流動化しているからだけではなく、ムラごとにまとめて生活を保障してやれるだけの原資を、お上が提供できないからでもあります。もちろん、論理的には増税してその資金を集めるという選択肢もありえますが、どうせ国民は**「あらゆる税は悪い税」という百姓一揆レベルの民度**なんだから、そういう無理はあえてしない（無理をしていたら、たぶん後の菅直人首相と同じ末路）。

ここでも、発想の逆転が必要です。むしろ、生活すら守ってくれない王権にも、忠節を尽くそうという気にさせるやり方はないか、と考える。

要するに、おカネで物質的な利益を分けてやれないなら、コトバで象徴的な充足感を与えてやることです（高瀬淳一『武器としての〈言葉政治〉』）。タウンミーティングという巡幸《じゅんこう》を繰り返し、歴史上類例のない王権儀礼のパフォーマンスを行って、「この方が支配される国にいられるだけですごい！」と庶民に思わせる。また、絶対に相手に妥協せず「この世界で正しいのは私だけだ」とあくまでも言い張って、**夷狄ではなく中華の側に自分はついているのだ**という感覚を支持者に提供してあげるのも重要です。

③支持者を一種類に限定しない

ただし、その論理は、できるだけ融通無碍《ゆうずうむげ》にしておく必要があります。あまり具体的で個別的な中身を指定してしまうと、中華の徳を慕って馳《は》せ参じようとする人々の範囲が狭くなってしまいますから、なるだけ曖昧で、できるだけ多様な種類の人が**勝手に自分の理想を投影して共感してくれる**ようなものの方が望ましい……

――そう、たとえば「構造改革」、とか（これも、あと数年で死語になるのでしょうか）。

何が「改革」だかわからないだなんて、気にする必要はありません。だって、たとえば**何が「仁」かをめぐって千年以上も儒学者が論争してまだ結論がでない**のですから、政治理念なんてそんなものと諦める。郵政民営化こそが改革だと思った人と、靖国神社参拝こそが改革だと思った人では、同じ小泉支持者でもずいぶん立場が異なるわけですけど、それでも別にかまわない。「漢族には儒教の保護者、チベットには仏教の保護者」で使い分けた王朝もあるのですから。

もはや「封建制」ではないのだから、支持者は多種多様、バラバラでかまわないのです。むしろ、内政が争点のときは「リベラル」を釣り、外交の場合は「保守」を動員するなど、その都度ごとに支持母体を切り替えるゲリラ戦術的な柔軟さが必要です。頼るなら業界団体よりもＴＶ視聴者やネットユーザー、足利尊氏よりも楠木正成なのです。

儒教化する日本外交：靖国問題をまじめに考える

④道徳的に劣った存在にだけは見せない

しかし、具体性ではなく抽象論で勝負する以上、しばしば**論理の中身自体よりも発言する人の権威が説得力を左右する**ことになりますから、「この人のいうことなら」という印象を相手に与えることに全力を注がなければならない。逆に「あんなやつのいうことなんか」とだけは思われてはいけないので、スキャンダルは絶対に禁物。むしろ、自分の**対立相手こそ人格的に劣った存在だ**というメッセージを発することが重要です。

小泉政権の場合、閣僚の金銭スキャンダルが滅多になく、逆に仮想敵にした「古い自民党」の方に利権汚職のイメージが強かったことも幸いしました。イラク戦争への派兵や北朝鮮との交渉など、冷戦時代なら国論が左右に二分されそうな難局も、米国主導の国際社会の下で**「フセイン」や「ジョンイル」が絶対悪の代名詞になっていた**おかげで、なんとなく乗り切れてしまった。逆に、自身の年金問題が発覚した時だけはさすがに苦しくて、２００４年の参院選では一敗地にまみれています。

⑤結果よりも動機の美しさを強調する

もちろん、かような態度で臨んでも目に見える成果がすぐあがるとは限らず、やがて自らが進む路線を批判する人も出てくるでしょう。しかし、そこで引き下がらず**「こんなに純粋な気持ちで努力しているのにそれがわからないのか！」と一喝する**のがポイントです。「気分は陽明学」な人々は、絶対にこれでついてきてくれますから。現に、解散直前までは民主党有利との予想が圧倒的だった郵政選挙も、これで大逆転しています。

ほかにも、総理大臣が靖国神社に参拝することの可否は、今日もなお国内に意見の対立がある問題で、実際に朝日新聞のみならず、他の面では保守的な読売新聞の渡邉《わたなべ》恒雄《つねお》主筆までが猛反対でした。普通は、多くのメディアが一致して批判する行動を強行した時点で、いかに本人なりの理屈があっても支持率が急降下し（小沢一郎氏をみればよくわかるでしょう）、最後は軌道修正せざるを得なくなるのですが、小泉氏は高い人気を維持したまま、首相退任まで参拝し続けてしまった。

ここで重要なのは、「だから偉い」とか「ダメだ」とかいう前に、なぜそんなことが**可能**だったのかを考えることです。岩波書店や朝日新聞的な答えは「日本が右傾化したからだ」ということになるのでしょうが、私はそうではないと思います（現に、この「右傾化」を当て込んだ安倍政権や麻生太郎政権は、短期間で凋落しています。菅原琢『世論の曲解』）。

それまで靖国神社に参拝する政治家というのは、その場で歴史認識としても「右翼的」とされる発言をすることが多かったのですが、小泉氏の場合は「Ａ級戦犯は戦争犯罪人」と即答するなどそちらの面では主要メディアの線に沿って発言した上で、「二度と戦争を起こしてはいけないという気持ちで参拝しているのに、なにが悪いのか」という方向に持っていった。「あの戦争は侵略戦争か自衛戦争か」というおなじみの構図を避けて、**善意でやっている行動を非難する中国人や韓国人や「サヨク」の方が偏狭な人間ではないか**、という枠組に持ち込んだから、民意が離れなかったのです。小泉本・靖国本は（主として批判者の立場から）多く出ましたが、この点を指摘したのは小島毅氏の陽明学研究だけだったと思います。

かように考えてくれれば、小泉政権を明治維新以来久々の、「中国化」政権と呼ぶことの妥当性がおわかりいただけるかと思います。一般に小泉政治を評する言葉は、「グローバリズム」や「新自由主義」だと思いますが、そもそも**グローバル化の世界秩序というのが宋朝中国の拡大版にすぎず、新自由主義は米英中三国の同時発明品**なわけですから、どちらも同じことです。その当否は、今も人によって評価が異なるし、最後は歴史が決めることでしょう。

ただ、（当時の私も含めて）多くの日本人が、「中国経済を復活させた鄧小平に見習おう」といったら誰もついていかないかもしれない話を、「レーガン政権下でアメリカを甦らせたような規制緩和が日本にも必要だ」とかなんとかいわれたら、何となく素晴らしい政策なのかなと思い込んでしまったというレベルの、**恐ろしく世界史の流れに無知な人々**だったということは、いくら強調してもし過ぎることはないと思います。

あたりまえのことですが、実質的に同じものを「アメリカニゼーション」という名前だったら賛美（容認）するが、「中国化」といわれた途端に拒絶するのは、単なる**人種差別主義**でしかありません——日本社会の構造そのものを「中国化」している総理大臣を、「中韓にガツンと言ってやったのは小泉サンだけだ！　中国人の言いなりにならないためには断固小泉支持だ！」程度の「反中感情」で持て囃《はや》していた人々は、その最も恥ずかしい事例です（ちなみに当時この点を指摘されたのは、西尾幹二氏だけでした）。

もちろん、小泉氏自身の頭の中に「宋朝以降の中国皇帝の統治術を目標にしよう」などという自覚はなかったでしょう。というか、英米型の新自由主義についてすら、意識的に目標においていたかどうかは疑問です（「殿試」合格者の筆頭として権勢を極めた竹中平蔵氏は、意識していたと思いますが）。

むしろ、小泉氏のキャリアは「再江戸時代化」政策の権化《ごんげ》である田中角栄とその一派にイジメぬかれた、福田赳夫《たけお》元首相の人脈を汲んでいたので、その時のお返しだとばかりに徹底的に角栄流の逆を貫いたら、期せずして「中国化」の流れに乗れてしまったということかな、という気がします。この**ただの私怨をもっともらしい公憤にみせる**政治技術も、陽明学以降の東アジアではしばしば社会変動の担い手になったところで、わが国の「維新の志士」たちのやり口はもちろんのこと、文化大革命期の紅衛兵《こうえいへい》による吊《つる》し上げなどもその典型といえそうです。

行き詰まる「長い江戸時代」：真説格差社会

最近はあまり聞かなくなりましたが、その小泉政権の末期になると活字メディアで「格差社会批判」がブームになりました。小泉政権の市場原理主義的な自由競争政策が、弱肉強食の世の中を作り、勝ち組と負け組のあいだの格差を拡大している、というものです。

「中国化」なんだと思えばしごくあたりまえの話ですが、小泉さんは日本を「グローバル・スタンダード」に引き上げる理想的な政治をしてくださっているのだ、と思い込んでいた人々には効果てきめんで、あの幕末維新の「中国化」熱が冷めた明治後期と同様に、民意はずるずると「江戸時代」への郷愁の方に引き戻されはじめます。同じ頃から映像メディアを中心にはじまった「昭和ブーム」もその一例で、「構造改革なんかやめて一億総中流のあの時代に帰れ」と本気で主張する方まで出てきました（浅羽通明『昭和三十年代主義』）。

ところが、社会の不平等度の目安として一般的なジニ係数（完全平等を0、完全不平等＝一人による全財産独占を1として富の偏在度を測る指数）で見るかぎり、**格差は１９８０年代から一貫して拡大してきた**のであって、とりたてて小泉政権下でそのペースが加速したという事実はありません。また、小学生どうしのお小《こ》遣《づか》いの差と、企業重役と万年平社員の給与差のどちらが大きいかを考えればすぐわかるように、一般に若年層よりも高齢者の方が所得格差は大きいので、ジニ係数の増加のかなりの部分は、**少子高齢化の結果**として説明がつきます（大竹文雄『日本の不平等』）。

——というところまで聞いたところで、「なんだ、格差批判なんて嘘なんじゃん」と調子に乗って選挙に臨んで大敗したのが、後継の安倍晋三政権でした。人の話は最後まで聞く。「小泉改革が特に格差拡大を推進したわけではない」というのは、日本人にとって朗報ではなく、本来絶望しないといけないことなのです。構造改革が格差拡大の原因なら話は簡単で、構造改革を止めれば平等社会に戻れることになります。そうじゃないから、政権交代や政策転換をやっても、なにも元に戻らないのです。

大竹文雄氏が当初から指摘していたように、ここ30年近くにわたって一貫して（見かけ上の）格差が拡大してきた原因は、個別の内閣の政策云々というより、日本人の**家族構造の変化**にあります。もともと、田中角栄の絶頂期だった70年代初頭から一貫して、日本で最も多い家族構成は「４人世帯」で、全世帯の実に４分の１を占めていました。日本人の標準的な家族イメージは、「お父さんは正社員、お母さんは専業主婦かせいぜいパートで、２人の子供を育てる」といったところでしょうが、実際にそれが主流といえる状況があったのです。

ところが、奇《く》しくも最初の非自民連立政権が成立した93～94年の前後から、これを「１人世帯」および「２人世帯」が逆転し、今や２人以下で暮らす日本人の方が遥かにメジャーになっている。そして、今日の日本で最も高い貧困率を示すのは、若年ないし高齢者の単身世帯か、母子世帯です（橘木俊詔『格差社会』）。

要するに、ライフスタイルの変化に伴って、どこかの「イエ」に入ればなんとか食っていけるという**江戸時代以来の「封建制」のセーフティ・ネットが破綻してしまった**のが、90年代半ば以降の格差社会化の最大の要因なのです――そういえば、侵略者との戦闘よりも**親子喧嘩を優先**する奇妙なＳＦアニメ『新世紀エヴァンゲリオン』の初放映も95年でしたね。

これだけでも十分大変なのに、加えて不況が追い打ちをかけます。日本の社会保障は「正社員をクビにしない」という雇用レジームの形でなされてきたので、クビになったりそもそも正社員になれなかったりした場合は、なにも手当てをしてもらえないということになる（湯浅誠『反貧困』）。これもまた、男はどこかの会社に入って、女は正社員の旦那を作って離婚しなければ、あとは定年までやっていけるという「『新しい江戸時代』のネオ封建制」が、時代とあわなくなっていることを意味します。

　まとめると、こういうことです。平安時代まで、荘園やイエといった「封建制」の特権に与《あずか》れたのは貴族だけで、鎌倉時代でそこに武士が加わる（逆に「封建制」自体を否定しようとした武将や貴族や天皇は、排除される）。さらに江戸時代になると、イネの普及によって百姓もイエを持つようになりますが、そこから排除された次三男の不満が、明治維新を起こす。ところが大正以降は重化学工業化のおかげで、彼らにもイエを持たせてやれるようになり、昭和にかけて企業の長期雇用と低い離婚率とによって、みんなが「封建制」の恩恵を受けられることになる……といっても実のところ、フリーターやシングル女性は例外ですが、彼らについては「自己責任」ということにして、面倒はみない。

　――おおむねかような形で維持されてきた、「長い江戸時代」のしくみがとうとう行き詰まり、今度こそ日本社会も「中国化」する番が、ついに来てしまった。

　これこそが、たとえば小泉現象が起き、南北朝や幕末維新並みの政治の混乱が生じている本当の理由なのです。**小泉政治は「中国化」の結果であって原因ではない。**だから、小泉改革を止めたはずなのに、格差が元に戻らないのです。

安倍内閣を継いだ福田康夫・麻生太郎の自民党政権も、取って代わった民主党の鳩山・菅政権も、いずれも改革路線を明白に修正し、格差是正や生活保障を強く打ち出しましたが、格差の真因が「封建制」の終焉という日本史上の巨大な画期にあることを見落としていた点で共通します。麻生政権下で選挙対策の目玉とされた「定額給付金」も、民主党の看板政策だった「子ども手当」も、ともに事実上**「世帯」（イエ）を単位として支援するという発想**で制度が作られており、しかもそのイエには子供がいることが前提となっています（定額給付金は子供がいると増額され、子ども手当はそもそも子供がいないともらえません）。

江戸時代のままなら、それでいいでしょう。しかし、それはもう終わったのです。そのことに気づいていないから、どちらも巨額の財源を投入しながら効果が見えず、かえって国民の不平等感を煽る結果に終わったのです。

結局のところ、小泉改革とは何だったのか。私は小泉政権の格差社会に対する「貢献」とは、格差自体を作りだしたとか拡大したとかいった経済上の問題ではなく、**「格差なんて気にしなくたっていいじゃないか」という中国社会のようなエートス**を公言して、それでもなおやりようによっては、当の底辺層をも含む人々の支持を集め、権力を維持し続けられるという先例を作った点にあるように思います。

今のところ、彼並みに中国化した社会を自在に操縦できる政治家が出現していないので、「格差自体はあまりいいことではない」という穏当な常識が戻ってきつつありますが、やがて今の福祉行政が財源的に行き詰まったとき（そのタイムリミットはそんなに遠くないのですが）、小泉氏の前例を自覚的に踏襲《とうしゅう》する統治者が現われるような気もします——そのときこそ、日本社会もついに完全に「中国化」するのでしょうか。

「二度目はみじめな笑劇として……」

この国の歴史を振り返るといつも、曲げても折っても捻《ねじ》じっても潰しても**形状記憶合金が入っている**かのように元に戻ってしまう「（長い）江戸時代」のおかげで、日本史上の「革命」や「改革」は中途半端に終わってきたことがわかります。

講座派マルクス主義の歴史学はその原因を「封建遺制《いせい》」と呼んで、一世を風靡《ふうび》したのですが、これはある意味で正しかった——**「封建制」も「革命」も、西洋語ではなく中国語として理解するかぎり**においては。日本という東アジア世界のなかの歴史環境で、「封建制」が妨げてきたのは「資本制」ではなく「郡県制」の確立であり、「封建制」が崩れた後に起きるのは「市民革命」ではなく「王朝革命」なのです。壮大な理論はいつもおおむね正しく、しかし常に決定的なところで勘違いするのです。

そもそもマルクスは、「歴史は繰り返される、一度目は偉大な悲劇として、二度目はみじめな笑劇として」という有名な言葉を残しました（『ルイ・ボナパルトのブリュメール18日』）。これは、歴史を人類がよりよい方向に向かって「進歩」していく過程だと捉える教科書的なマルクス主義史観とは異なり、むしろ歴史とは常にかつておきた何かの「反復」であり、しかもそれは**繰り返されるごとにショボくなっていく**のだという洞察を示したものですが、隣国に宋朝が成立して以来のこの国での「中国化」と「江戸時代化」の闘争を振り返っても、確かに首肯《しゅこう》せざるを得ません。

「中国化」なら明治維新と小泉改革を比べたときの、「再江戸時代化」なら青年将校と政権交代を並べた際の、このガクッと来るようなスケールの小ささを思えば、平素は反共主義の方でも、今回のマルクスの至言にはご納得いただけるかと存じます。もっとも、そのショボさゆえに、われわれは**革命の副作用の少なさ**——端的にいえば、巨大な戦争や粛清や飢餓がもたらされないこと——をも享受しているのだから、そのことだけを私たちは「進歩」と呼ぶべきなのかもしれませんが。

日本人に「中国化した世界で生きる」厳しさを教えた東日本大震災

第10章

今度こそ「中国化」する日本

未来のシナリオ

日本は、世界は、
中華文明の最盛期に回帰するのか？
怖れるべきは、「中国」でなく「中国化」

日中両国の「中華」の競い合いは、新たな「東亜協同体」を生み出すのか

「中国化」脅威論？

さて、ようやく結論です。いよいよ封建制や再江戸時代化の力でも、「中国化」の流れを押しとどめられなくなった日本社会は、これからどうなるのか。もしくは、どうしていくのがよいのか。これまでの歴史を踏まえて、そのことについて考えてみたいと思います。

これまで論じてきたとおり、私は日本の「中国化」自体を、**歴史の必然**としてみる立場です。もちろん、それを日本人はあの手この手で抑制してきたわけだし、それが効果を上げて、中国大陸と比べて相対的に豊かといえる社会を築けた時代もあった。しかし逆に、その中途半端さが奇怪《きっかい》な日中社会の混合体制＝ブロンを生んで、史上稀にみる惨禍を経験した時代もあった。そういう最悪の事態を回避しながら、今や世界全体が「中国化」しつつある時代を、どうやって日本は生き残っていくべきなのか……

――かようなあたりが、私の問題意識です。

本を結論から読む（私のような）横着《おうちゃく》者がいると困るので、ここでも繰り返しておきますが、本書でいう「日本の中国化」とは、「在日米軍の抑止力が効かなくなったら、中国軍が攻めてきて日本を占領する」という類《たぐい》の話では、まったくありません。現在の中華人民共和国の意向云々《うんぬん》とはまったく無関係に、日本国の社会が「中国社会と同じような状態になる」ことを指して使っています。

そして、私はその方が数段恐ろしく、また本当に実現する可能性が遥かに高いと懸念しているのです。

人権は封建遺《い》制《せい》である

中国社会の怖さ、とはなんでしょうか（しつこいですが、中国という国家の軍事力の怖さ、とは無関係です）。おそらくそれは、法の支配や基本的人権や議会制民主主義の**欠如**でしょう。私たち日本人は、少なくとも日本国憲法ができて以来、これらの制度をそれなりにきちんとした形で持っているので、それがまるで欠けているように見える中国を、軍事的・経済的には超大国になったとされる今でも、どこか「怖い国」「遅れた国」「野蛮な国」とみてしまう癖がついています——こと中国関連となると、チベット／ウイグル地域での民族問題や、高速鉄道事故など「いかにも」なネガティヴ・ニュースにばかり飛びついてしまう人が多いのは、その証左でしょう。

しかし歴史的に考えれば、これは逆なのです。

中国というのは本来、人類史上最初に身分制を廃止し、前近代には世界の富のほとんどを独占する「進んだ」国だったわけですから、むしろ、「なぜ遅れた野蛮な地域であるはずのヨーロッパの近代の方に、法の支配や基本的人権や議会制民主主義が**ある**のか」を考えないといけないのです。中国近世の方がより「普通」の社会なのであり、西洋近代の方が「特殊」なんだと思わないといけない。

実は、その理由は簡単に説明できます。西洋型の近代社会を支えるインフラであり、また他の社会と比べてその最大の魅力となっている法の支配や基本的人権や議会制民主主義とは、もとはといえば、どれも**中世貴族の既得権益**なのです（村上淳一『近代法の形成』）。

俺様は貴族だから、公平な裁判なしに、王様の恣意で処刑されたりしない（法の支配）。俺様は貴族だから、不当に自分の財産を没収されたり、令状なしに逮捕されたりしない（基本的人権）。俺様は貴族だから、自分たちが代表を送った議会で合意しない限り、王様の増税や戦争には従わない（議会制民主主義）――そう、身分制という「遅れた」時代に生まれた特権が、実は現在の人権概念の基礎をなしている。

逆にいえば、ヨーロッパ型の近代化とは、このような**貴族の既得権益を下位身分のものと分け合っていくプロセス**だったわけです。最初は有資産者の平民男性（制限選挙）、次は貧乏でも男性一般（男子普通選挙）、さらには女性も含めて国民一般（完全普通選挙）、と順々にその対象が拡大してきて、じゃあ今度は隣国の人や移民の人とも分け合おうかな（地域統合・外国人参政権）、いやそれはどうしたものかな、という点で多くの欧州諸国が今、試行錯誤しているところなのです。

とすれば、中国にそれらがない理由もまた自明でしょう。だって宋朝の時代に「近世」に入って以来、そもそも**中国には特権貴族なんかいなくなった**のですから。だから、経済的には成長をとげて西欧諸国と肩を並べるようになったのに、政治の面では全然「西洋化」が進んでいるようにみえないのです。

実際、昨今の経済発展によって形成された中産階級の意識をみても、むしろ共産党の一党制による安定した支配を望む声が強い（園田茂人『不平等国家中国』）。経済的に豊かになってブルジョワジーが台頭すれば、やがて市民革命が起きて政治の民主化が進む、などというのは「遅れたヨーロッパではかつてそうでした」という類の**「お話」**です。「進んだ中国」には、あてはまらない（だから、中国の民主化を望む人たちが、世界中で頭を痛めているのです）。

中国化する民主主義

「なーんだ、やっぱり中国ダメじゃん。経済一流、政治三流じゃん」と思われたでしょうか？　そういう**日本人こそいい面の皮**です。なぜか。実は**「近世に貴族が絶滅した」という点では、日本も西欧より中国の方に近い**からです。

たとえば、近世大名の城郭は彼の私物ではなく、国家の公共建築です。近世の武士は全員官僚化して城下町に住んでおり、給与も大名から定額を受け取るという形でサラリーマン化しているので、自身に固有のものとしての荘園や領地を持っているわけではない——つまり西洋の貴族に比べて、近世日本の大名や武士は、基本的人権の最大の基礎となるべき**財産権**がそもそも弱い。
それだけでなく、こうして近世に武士が大名家の行政実務に食い込んで、その運用を通じて自己の利益を守るという選択をし、西欧の貴族（騎士）のように議会を結成して国王に対抗するという道を選ばなかったから、民主主義の基盤となるべき議会政治の伝統がない。**行政府依存**が強く、立法府に権威がない。そうすると、法の支配の要《かなめ》となるべき、司法の独立性もあやしい。

それでは、なぜ日本は中国と同じような社会に、今のところなっていないのか？

――こちらの答えも、本書を読んでこられた方には簡単です。「江戸時代」があったから、「封建制」があったからです。一言でいえば、既得権益や生活保障の担い手として、ムラやイエといった**集団が貴族の代わりをした**のです。

この土地は家産だから、とりあげられない。この職は家職だから、新規参入者との競争から保護され、どうにか食べていける。村ぐるみでまとまって直訴すれば、最低限の要求は聞いてもらえる。戦争は武家集団の職分だから、百姓は動員されない。これらのしくみが、明治以降も中選挙区制や終身雇用企業や会社内組合や近代核家族といった形に再編されることで、なんとなく日本でも西洋近代的な議会政治や社会福祉ができているのかなあ、という状況を作り出してきたのです。

しかし、それは「西洋的な近代化」ではなく、あくまでも「再江戸時代化」にすぎない。だとすれば、その「長い江戸時代」が終わり、貴族の不在を代替してきた集団がガタガタに崩れ去ってしまえば、**あとは中国と同じ**ということになります。

現実に「3・11」の災害で職や住居を奪われた「国内難民」の人々はいうに及ばず、従来より平成の長期不況の下、正規雇用の対象とならない若者の増加は、彼らに対する社会保障の貧弱さを顕在化させていました——ネットカフェをねぐらに日雇い派遣で出勤する人々は、難民というよりは**中国の都市スラムに伝統的な流民**《りゅうみん》のような存在で、だからワーキングプアの人たちが「自分たちに人権はないのか」と叫んできたのです。

かような時代に政治の「中国化」を加速させた小泉純一郎首相は、「参議院の議決（郵政法案の否決）が気に入らないから衆議院を解散する」という、議会政治の原則としてはめちゃくちゃな行動をとったのですが、国民は批判するどころか喝采を送りました。議会を通じて行政を牽制《けんせい》するというヨーロッパ式の伝統が弱く、**封建貴族の既得権益を取り上げることこそ行政の長の使命だという皇帝専制寄りの民意**の方が強かったからです。

また、特にポスト小泉以降の政局が、政策論争よりもスキャンダル攻撃によって左右されているのも、**政教分離がなされず徳治主義の伝統が強かった中華世界の政治様式**に近いといえましょう（溝口雄三・池田知久・小島毅『中国思想史』）。本来、西欧近世の身分制議会というのは、もともと貴族が既得権保護のために王様と話しあうための場所です。したがって、近代西洋産の政治学で考えても、アクターがそれぞれに利権を持っているのは最初から前提で、政治とはそれらをネゴシエートするためのプロセス、ということになるはずです。

ところが、今日の日本ではそれが通用しない。逆に、「こいつらはこんなに汚く儲けている」というのを群衆の前で暴き立てて、一切の私心を捨てた清廉潔白《せいれんけっぱく》の士が汚職を徹底追及するワンサイド・ゲームを展開する方がウケるわけですが、実はこれは、中国近世の民衆運動によくみられたあり方なのです（岸本美緒『明清交替と江南社会』）――とすればもちろん、本当の意味での綱紀粛正につながることもある反面で、それ自体がより強力な支配者の道具となる危険性にも、注意が必要でしょう。たとえば、毛沢東の整風《せいふう》運動（40年代前半に延安で行われた、党紀粛正を名目とした思想統制。毛が政敵を排除し独裁権力を確立）のように。

中国化する地方自治

実際、国政に対する期待がしぼむ中、今の日本で人気が出る政治家は、地方行政の長で議会や下部組織との対決姿勢をとる人が多い。大阪府の橋下《はしもと》徹知事や、（私も住んでいる）名古屋市の河村たかし市長などがそうでしょう。

橋下氏は府市統合（大阪市役所や大阪市議会の分割・解体）、河村氏は議員報酬半減が持論で、ともに自分個人の人気を背景にした地域政党を作り、新たな議員を大量に送りこんで中央突破を図ろうとする点も共通です。**「郡県制」の小泉政治を、地方レベルで試みている**ともいえます。今のところ、万年議員の既得権益に果敢に切り込んでよくがんばっている、ということで、多くの住民の支持も得ているようです。

ただ私が気になるのは、**行政の長は一人しか選べないが、立法府構成員は複数選べる**ことの意義を、彼らやその支持者がどの程度わかっているのかという点です。議員数が多いというのは単にムダなのではなくて、本来多様な意見をすくいあげて討論の場に載せるという意味があるのですから、やたらめったら減らせばいいというものではないでしょう。

特に河村市長の方は、議員の給料が高すぎるから減らせと主張していますが、そもそも議員は落選して無収入になる可能性が常にあるわけだから、ある程度はその際の保険も込みで報酬を支払わないのなら、私産で食べていける自民や民主の某元首相のような巨額資産家以外は、誰も選挙に出ることができなくなります。はたしてそれが、本当に「庶民革命」につながるのでしょうか。——しかし、国政レベルでも議員定数削減や報酬カットを公約に掲げる政党が増えていますから、この流れは止まらないのでしょう。

確かに、**中華思想式に「正しい論理は世界でひとつ」と考える**のなら、君主は自分ひとりで十分、あとは自分が抜擢した手下がいればいいだけで、対立党派などというものは一切不要ということになります。さすがに知事や市長本人がそう思っているわけではないと信じていますが、熱烈な支持者のなかには本気でそう主張する方がいそうで心配です。

あるいは、公務員バッシングも国と地方を問わず、今や人気政治家になるための必須手段です。特に、民間と比べてその高給ぶりを叩いた後で、歳出削減の一環に持っていく手法が定番。

ただし、**公務員を薄給にしすぎて失敗したのが近世中国の経験**で、科挙官僚が現地で雇う幕友《ばくゆう》とよばれる実務スタッフの給与を公的に手当てしなかったので、「役得」で稼がざるをえない役人が増加して汚職官吏が増え、行政の信頼性が失墜して法の支配が崩壊しました（実はこれは、ある程度まで江戸時代も同様で、大名家は老中職を出すとかえって藩財政が悪化したといわれています。山本博文『江戸に学ぶ日本のかたち』）。そのあたりの経緯も知らずに、「役人は本来ボランティアでやるべきだ」といった類《たぐい》の暴論を、「正論」と取り違えている政治家や有権者が、最近いかにも多い。

さらにいうと、大富豪というよりはせいぜい小金持ち程度の官僚の給料が下がったからって、その分自分の給料が上がるわけでもないのに、とにかく**他人の特権がなくなり自分並みに引きずりおろされること自体に快哉を叫ぶ民衆**が増えてきたのも、なんだか人民中国のプチブル糾弾みたいな感じがして、私は不安です。市場を広げてパイを増やすのではなく、農地を区切って限られたパイから分捕りあう（＝他人の損が自分の得になる）のは、どちらかというと近世中国というより戦国以降の日本の「封建制」的な百姓根性だと思うのですが、それが中国皇帝式の「道徳者による専制」への志向と、妙な形で組み合わさっている。

――なんだか匙《さじ》加減を間違えると、このあたりからまた悪性のブロンが育ってしまうような気がします。現に大正期の「政治主導」は、政治家も官僚もボロボロになり、軍部に油揚げをさらわれるだけにおわったのですから。

ブログ（インターネット）という中国的なネットワーク社会に適した手段で人気者になった、鹿児島県阿久根《あくね》市の竹原信一市長の事例は示唆的です。徹底的に議会を軽視し、人民裁判ばりにブログで議員を「不人気投票」にかけて糾弾闘争をやる。公職選挙法の改正を待たずに、「おかしな法律はやぶっていいじゃん」とネットで選挙活動を行う。慣例を無視して恣意的に公務員を馘首・降格させ、労働組合を追い出し、司法の判断が出ても従わずに裁判所の権限を否定する。障害者の生存権を否定したとも受けとれる発言をする。

注目するべきは竹原氏個人の資質云々というより、これでも**庶民の味方で既得権益と戦う改革者だと思えば支持してしまえた住民の民度**です。要するに日本における、法の支配や人権や議会政治の定着度なんかはその程度だということで、**大して中国社会と異なるとは思えない**。

さすがに、最後は地元でも批判が高まり解職されましたが、同じような政治をもっと巧みな演出で、もう少しは国民にも具体的な「分け前」があるような形に展開する政治家が現われた際に、日本の有権者はどう行動するのでしょうか。

もうひとつの『隷従《れいじゅう》への道』？：ベーシック・インカムをまじめに考える

たとえば、格差批判ブームのうち唯一、現実的な政策提言につながりそうなベーシック・インカムの問題。これは、国から**個人**に対して直接、一定の現金を給付する生活保障制度です（それだけで食べていけるくらいの高額にすべきか、パート代とあわせれば暮らせるくらいの額面に抑えるべきか、高収入者は給付から除外すべきか否か、などについては論争があります）。年金を全廃して原資にあてれば、財源としても今より安くつくのではないかという試算もあります。

姥《うば》捨て山の幻影に踊らされた結果、お年寄りに手厚くしすぎて破綻しかけている年金制度や、不況の下で福祉代替機能を失った企業（ムラ）、離婚や非婚の増加でもはやセーフティ・ネットの受け皿たりえない家族（イエ）など、**江戸時代的な生活保障がことごとく崩壊してしまった**今日においては、国家が直接ひとりひとりに定額収入を保証してくれるのは、魅力的でしょう。

いわゆる左派的な人々だけではなく、新自由主義の経済学者だったフリードマン（『資本主義と自由』）など、ケインズ主義的な既存の福祉国家体制に批判的な識者からも類似の提案があり、支持層の裾野が広い点も注目に値します（山森亮『ベーシック・インカム入門』）――国政政党のなかでは、田中康夫氏の新党日本がマニフェストに取り入れていました。私も、ポスト「長い江戸時代」の社会保障は、結局これしかないのかなと思っています。

ただ、私がどうしても気になるのは、団体ごとではなく個人に対して直接国家がお金を出すことにした場合（それも、生計の維持に関わるお金の場合）、それは**政府の匙加減一つが生死を左右する状態の人間を大量に生み出す**ことになるわけで、特に日本社会の**（中国と同等の）**民度を斟《しん》酌《しゃく》した場合に、それってホントに大丈夫なの？　ということです。

確かに、これまでのように業界団体や労働組合ごとに、規制や既得権で生活を守ってもらう場合は、守られている側の方も一定の人数を組織して（要は、選挙時の票数をカードにして）政府と交渉できるわけですから、まあそれなりのところでお互い妥協するのだろうと期待できた。したがって、組織内のひとりひとりがそこまで結果を心配する必要もなかった。——しかし、企業も労組もなく裸の個人がバラバラに国からお金をもらって食べさせてもらうとなると、これは話が別になってきます。

　たとえばそういう状態で、カリスマ的な人気を誇る総理大臣に「この選挙で郵政民営化に賛成（反対）しないなら、ベーシック・インカムの給付額を減らす」と宣言されたら、どうなるのか。郵政民営化程度ならどっちでもよかったとしても、外国人参政権や憲法改正だったらどうなのか。フリードマンなどはハイエクの影響を受けているはずなのですが、「国家が生活保障するなら、いちばん効率的な個人宛の現金に限る」という自分の提案が、社会主義とは異なる**もうひとつの『隷従への道』**になってしまわないのかという点、どうも無頓着な印象を受けます。

　この懸念、どうしても私は気がかりだったので、ちょうど２００９年の政権交代の直後、たまたまご一緒した日本思想史の研究者に聞いてみたのですが、「当然ですよ、**郡県制は基本的に専制のための制度**ですから」と、即答されてしまいました——むべなるかな、というところでしょうか。

　もちろん、集団ごとに現状を維持してあげる護送船団方式的な「封建制」がもはや機能しないからこそ、組織に属さない人々にも政府直轄で給付がいきとどく「郡県制」の社会保障が必要とされているという現状は、変わりません。これは、民主党政権が農協行政に替えて戸別所得補償を導入したのと同様、時代の流れとしては必然なのですが（山下一仁『「亡国農政」の終焉』）、やっぱりその行く末に待つものは日本社会の「中国化」なのか、どうにも気になるところです。

中国化の三段階論：日本の未来予想図①

「だったらやっぱり、江戸時代を立て直せばいいじゃないか！」と思われるかもしれませんが、そうもいかないのが苦しいところです。企業は派遣や日雇いを一切使わず正社員だけを雇い、雇われた方も必ず会社別組合に入り――という時点で、昨今の経済情勢ではかなり苦しい。

……というか実際のところ、昔でさえそういうことができたのは**男女差別をして男性しか正社員にしてなかったせい**なんですから、そもそも全国民を平等に正社員にするような枠は、最初からありません。

さらにいえば、国家にとって死活的に重要な要素ふたつが、いつまでも江戸時代が終わらない社会に愛想を尽かして、もう「封建制」の籠《かご》の鳥はいやだとばかりに日本から逃げ出していっているのです。ひとつは**資本**で、高賃金で解雇困難な日本人労働者を嫌って、生産拠点を海外に移す日本企業が増えているのはご存知のとおり。

そして意外に見落とされがちですが、実はもうひとつが**女性**で、「ダンナと離婚したら食べていけない」イエ単位で男性優位の福祉制度をギュウギュウやり続けた結果、**専業主婦化のリスクをとるくらいなら結婚なんてしないわよという当然の反応**がおき、非婚率は上がって出生率は下がっています（L・ショッパ『「最後の社会主義国」日本の苦闘』）。

資本が国内企業という籠から、女性がイエという箱から我先《われさき》にと逃げ出してゆく状況で、「封建制」を続けていこうだなどというのは、土台無理な相談です。だとすると、やっぱり中国化が必然ということになりそうです。先ほども述べたように、国政レベルで構造改革ブームが下火になっても、地方首長にはどういうわけか、プチ小泉的な方々が続々当選して、意気軒昂になっているのは示唆的です。

おそらく小泉改革というのは、平成の**中国化の第一段階**に過ぎなくて、これからは全国の知事や市長がこぞって橋下氏のようなタイプになって、「（地域名）維新」を連呼し始める**中国化の第二段階**がくるのではないか。

そういうメディア露出重視のコストカッター首長が、行政主導のトップダウン形式で、議会政治の弱体化と公務員の待遇切り下げを進める。明治以来の地方名望家として県議・市議の実権を握ってきた地元の親分の力は衰弱し、いよいよもって地域社会は空洞化し、江戸時代の伝統から遠ざかる。お役所では「副業を解禁するから自力で稼げ」が職員共通のスローガンになり、薄給の本業は放り出して「役得」の追求に専念するエートスが末端の役人まで浸透し、「心づけ」の多寡《たか》が申請の可否を決める慣習ができる。

それでクレームは出ないのかって？　いえ、たぶん大丈夫。一般庶民は、ときどきメディアに流される大物の汚職事件をスケープゴートに満足し、「清貧かつ清廉《せいれん》」な行政府の長には、もっとやれもっとやれと拍手喝采の嵐……個人的には、それほど違和感のないシナリオのように思うのですが、いかがでしょうか。

　しかし、本来議員報酬や公務員の給与というのは削ったところでタカのしれた額面で、庶民の憂さ晴らしのタネにはなっても、破綻する福祉財源や不況で減少する歳入を賄《まかな》うには全然足りないのですから、そのうち国家も地方も本当に経営が回らなくなって、いよいよ**中国化の第三段階はＩＭＦ（国際通貨基金。財政破綻国家への融資も担当）の登場**かな――という気もします。

　先述のとおり、新自由主義に関しては中国が先進国でしたが、そうなるとＩＭＦ管理下に入る経験でも韓国（１９９７～２００１年）の方が先進国になるわけで、ここに日本は中華世界のなかで一番未開で遅れた「東夷《とうい》」の暮らす地域という、古代以来の位置づけへと回帰するわけです。あとはその下で、徹底した市場主導で自己責任の社会を作る改革が有無なく強要されて、やがて日本も完全な「中国化」を果たした上で、「グローバル・スタンダード」に復帰するでしょう。めでたし、めでたし。

　……これは、私が数年前から口にしてきたジョークだったのですが、どうも最近は本当に冗談ではなくなってきたようで、知人の中国研究者に振ってみたところでは、**「むしろ第三段階の方が第二段階より先になると思う」というマジレス**が返ってきてしまいました。確かにギリシャの財政破綻や米国債の債務不履行《デフォルト》回避騒動を報ずる際、「次は日本かも」と一言添えないメディアの方が珍しくなってきた昨今、自分の勘もそう悪くなかったのかな、と嬉しいやら悲しいやらの感慨をつぶやいてみたりします。

北朝鮮化する日本？：日本の未来予想図②

「ふざけるな！」というお叱りの声が飛んできそうです。いわく、

……日本が中国や韓国なんぞの後追いだなんてあってたまるか。なにがなんでも**「再・再江戸時代化」**して、かの誇らしき武士道のエートスに満ちた日本独自の品格ある国柄を守るべきである。家庭に入らないフェミニストの女は非国民だ。教育基本法も改正したことだし、良妻賢母の家族道徳を復活させて教育現場で徹底的に教え込め。子ども手当だなんて飴で釣る財源はないのだから、産めよ増やせよ運動の鞭でやればいい。御皇室にモデルになっていただいて、国父・国母と崇拝させるのも悪くない。企業が外国に逃げるというなら規制しろ。正社員を派遣で置き替えたり、まして外国人を雇用したりなどとは買弁勢力、反民族資本のやることだ。国策で日本民族の法定雇用率を設定しろ。自主的にできないなら計画経済で雇用割当だ。そもそも平気で国富を海外に移す経営者の愛国心に問題がある。管理職以上は忠誠テストを実施し

て、不合格者は再教育機関に放り込んで強制労働させたらどうか。普段政府の批判ばかりする極左の連中も一緒に始末できるし悪くない。そもそもサヨクやフェミニストまで一票を持っているから、民主主義ではこういう真の保守が育たないのだ。ここまで断行するには議会だけでなく、当然憲法も停止する必要がある。サムライが政治の責任をとった伝統にのっとり、ここは自衛隊を国軍と改め、クーデターでもなんでもやって軍政を確立、先軍政治の形をとってはどうか……

――って、そこまでやったら**北朝鮮と変わらないジャン**。そうなのでした。中国化とはグローバル化の別名ですから、あくまでも対抗して江戸時代風の社会を維持するとなったら、それは北朝鮮のように鎖国するほかない。

むりやり日本を「再・再江戸時代化」するには、要するに「北朝鮮化」しか方法がないのです。というよりもむしろ、**建国当初に「江戸時代化」したまま一切の変化を拒絶して、来るところまで来てしまったのが現在の北朝鮮**だということもできます。

北朝鮮についての学術的な研究書なら、著者の政治的な立場を問わず書いてあることですが、北朝鮮のあの特異な体制というのは、李朝の儒教原理主義的な王権や檀君《だんくん》神話があったところに、帝国時代の日本の天皇制や国体論、戦時下の総力戦体制や軍国主義、独立後はソヴィエト＝ロシアのスターリニズムや共産中国の毛沢東主義……といった、近代の北東アジア全域からさまざまな経路で流れ込んだイデオロギーのアマルガム（ごった煮）です。

よくもまあここまでダメなものばかり摂取したなあとも思いますが、これは笑いごとではなくて、ある意味で政治と思想は中国様式、経済と社会は日本様式という形で戦時期に実をつけた昭和日本のあのブロンが、当時植民地だったかの地域でだけその後も育ち続けたとみることもできる——国体護持のためには餓死をも辞せず、という「あの戦争」を支えた日本人が、あの地域にだけはまだ残っているのだと考えれば、かの国の一見非合理な行動様式も理解がつこうというものです（和田春樹『北朝鮮』）。

いわば私たちが敗戦時に捨ててきた過去、パラレルワールドのような「ありえたかもしれないもうひとつの日本」がそこにあるともいえるのであって、北朝鮮に言及しない昭和ブームなんてなにほどのもんなのだろう、と私は思います。

さる朝鮮研究者の方も仰っていたことなのですが、どういうわけか昨今のわが国では、**北朝鮮が嫌いな日本人ほど日本を北朝鮮にしたがる傾向**がある気がします。北朝鮮でさえ核武装したのだから日本もそうしろ、経済封鎖で飢えても国家独立のためなら我慢すべき、とか。強力な外交のために報道の自由も規制しろ、政府の命令に従えない人間に人権なんか認めるな、とか。徴兵・徴農で過酷な現場に放り込んで甘ったれた国民性を叩きなおせ、とか。

たとえばかような人々の存在が、私が北朝鮮を東アジア史上におけるブロンの一類型と見、近隣社会の歴史的文脈ではいつでもそうなる可能性があると、判断する所以《ゆえん》なのです。

近世以降の中国社会の魅力は、アナーキーなまでに野放図《のほうず》な経済社会の自由さであり、逆にその欠陥は、その自由を統御する「正しい思想の原理」を一種類しか認めないことです。一方で、日本的な近世社会の無思想性は、これに比した際にはそれなりに多様な存在を（相互の無関心のうちに）包摂できる柔軟性ともいえるものであり、逆にそのデメリットは、地域や職業の面での各人の「正しい居場所」を、一箇所に固定してしまう点でしょう。

この二種類の社会構成を、強引にいっしょくたに混ぜてしまって、**「属するべき組織も奉ずるべき信念も世界にただ一種類の正解しかない」**という両者のわるいとこどりのブロンを実らせてしまった結果が、昭和日本の軍国主義や、共産中国の文化大革命や、今日までの北朝鮮がもたらした巨大な人的損失ではなかったかと思うのです。それだけは、やはりなんとしても避けなければなりますまい。

人口開国という選択肢：外国人参政権をまじめに考える

日本という否応なく「中国化」と「再江戸時代化」の双方が混じってしまう環境で、そうならないために必要なのは、このふたつの類型のなかで、それぞれに思考のボトルネックというか、社会の発展を阻害してきた部分を意識して取り除くことではないかと思います。

まず、江戸時代的な日本社会の欠点はどこにあるか。おそらく、それは正しい意味での「封建遺制」、すなわち**自給自足的な思考によって社会のあり方を捉え、他人の得は自分の損と思い込んでしまう百姓根性**ではないでしょうか。

たとえば外国人参政権というのは、私はそう安易にほいほいあげていいものとは思いませんが、しかし反対のロジックとして「今ある家産を盗まれる」式の発想でものをいわれる方が多いのには辟易します。参政権ってのは定額の財産じゃないんだから、そういうゼロサム・ゲームで考えるべきものじゃないでしょう。「他の奴らに取られて減る」という性格のものではなくて、**あげたらバーターになにを得られるか**で判断するべきものでしょう——これは、ふたつの文脈から考えることができます。

ひとつは、いわゆる歴史問題としての文脈で、そもそも戦前には普通選挙法施行以降、内地在住の朝鮮・台湾人男性が享受していた参政権を、**戦後になってとりあげてしまった**ことへの補償をどうするか、という問題です。しかもこのとりあげ方がまずくて、韓国や北朝鮮の独立（１９４８）すら待たずに、国籍法上彼らはまだ日本人である状態のままで参政権だけ先にとり上げて（１９４５）、後から国籍も召し上げる（１９５２）という形にしてしまった。「国籍喪失と同時に参政権も消滅」だったら一応筋は通るわけですが、そうではなかったわけで、これはやっぱり問題があるでしょう。

ただ、私はこちらに関しては、謝罪決議なりなんなりで解決のしようがあろうと思います。「また謝罪か」と文句をいう方が出そうですが、そういう人は謝罪と参政権付与とどっちがいいんですか。**政治的な**謝罪というのもまた、「やったら減るもの」じゃなくて、本来そのことによって何か（たとえば**道徳的な名声**）を得るためになされる一種のバーターなわけですから、植民地を失う際にこちらに手落ちがあった以上、そこのところを考えていただきたいなと思います。

　在日参政権への反対は主として右派に目立ちますが、大帝国を築いた戦前の日本を本当に誇らしく思うなら、内地移住者の参政権を容認していた伝統も誇りに思ってほしいし、逆に付与賛成の左派の人は、「なんでもかんでも戦前の悪口」をちょっとは改めて、議論の前提となる史実をきちんと教えてほしい（ちなみに、私は大学の教養科目で教えています）。

　それよりも、むしろ私が重要だと思うのは未来志向の文脈で、すでに**人口減少社会に入った日本国をこれ以上「日本人」だけで本当に経営していけるのか**、という問題です。少子高齢化が止まらなければ、最初から納付と給付がつりあっていない現行の年金制度は加速度的に破綻していきますから、「納付負担急増による孫捨て都市の復活」か、「制度崩壊と給付停止による姥捨て伝説の現実化」か、**その両方**が起きることになります。

　民主党政権は「だから子ども手当を」という話にしていたわけですが、もはやイエから女性が逃げ出している状況で、そういう封建制復活みたいな構想が最初から無理筋だったのは先述のとおり。江戸時代をむりやり長びかせようとすればするほど、事態は悪化して**オリジナルよりひどい江戸時代**になりかねないのが今の日本なのですから、ここは江戸時代型の鎖国的な発想を外すしかないのではないでしょうか。

要するに、移民労働力を受け入れて、年金の財源も消費税化して納付漏れがないようにして、**世界中から来た人が日本のお年寄りを支えてくれる**しくみに「変革」しないかぎり、私たちは敬老精神なる「伝統」も守れないのです。実は、これは中国も含めてアジア諸国に共通の問題で、これまでの経済発展の主力となってきた高い比率の労働年齢人口（**人口ボーナス**という）が、そのままごそっと老齢人口に移行してしまうと、成長と福祉の双方をいっぺんに失う危険性が高い（大泉啓一郎『老いてゆくアジア』）。

その結果、今後の世界では**優秀な移民の獲得競争が起きる**、とみるのが人口学の見解です。あえて露骨な言い方をすれば、世界の過剰人口地域のトップレベルが競って日本に来てくれるのか、それともトップは欧米や中国にみんないってしまって、アンダークラスの引き受け地域が日本になるのか、がこの国の将来を左右するかもしれないわけです。

この場合、日本語は世界でマイナーな言語ですから、初期条件はかなり不利です。逆にいうと、わざわざ日本語習得のコストを払ってでも、「働くなら、欧米ではなく日本が第一志望」「どうせだったら、中国の老人より日本のお年寄りを支えたい」と思ってもらえるような国づくりが必要になるわけです。

参政権を含めた、国内の外国人労働者の待遇・環境についても、そういう長期的な観点から考えるべきなのであって、「あいつらが来たら俺らの取り分が減るから」式の収縮志向で鎖国モードに入ったら、最後は**北朝鮮だけがお友達**になるだけです——国家主権の問題に関しては、今日の主流案は国政と地方選挙で区別するという話になっていますし、またそれこそ相手国での日系移民の参政権とバーターにするといった提案もあるわけですから、感情的にならず冷静な議論を望みたいところです。

と、いうと「だって、中国なんぞはそもそも民主主義じゃないだろ。だったらやっぱり、こっちが一方的にあげるだけで、全然バーターにならないじゃないか」との不平が聞こえてきそうです。しかし、私はそういう発想こそが、悪い意味で江戸時代的だと思います。

未来ある中国化をめざして：憲法改正をまじめに考える

一方、近世中国的な思考様式のボトルネックもまた、はっきりしています。それは要するに、いわゆる中華主義・自尊主義の欠陥、すなわち**世界最高にして絶対唯一を僭称《せんしょう》する現実離れした理想を掲げて自滅する**ことなんですが、これに対する対応策は、ある意味で最初から実践されています。

それは、「どうせ高すぎる理想なんだから、ほとほどにつきあって、実現を急がないこと」でしょう。

よく考えてみてください。だって、現実の皇帝が朱子学道徳の体現者にして世界一の完璧な人格者だなんて、ありえると思いますか？ **あるわけないでしょうが**。そんなことは百も承知です。

それでも理想としては掲げておいて、あるときは国政を正す道具に、またあるときはナショナル・プライドにする。

　また、なにせ世界に通用する教えですから、よそから入ってきた奴らに「取られて分け前が減る」とは考えない。むしろ、**われわれの正しさが彼らをも惹きつけたのだ、という自身の普遍性の証《あかし》**と考えて、ますます全世界大で流通するような、大言壮語に磨きをかける。

　……かようなあたりが、中国化する世界をゆるゆると生き抜く方法ではないでしょうか。

　この辺の間合《まあ》いになれていないのが、やはり日本人です。だから改憲問題がヒステリックになる。「九条を変えなかったら、中国が攻めてきても何ひとつ防衛ができない！」と叫ぶ右派がいれば、「九条がある以上、今すぐ安保も自衛隊も廃止！」と騒ぐ左派もいる。バカバカしいことこの上ありません。

　憲法九条というのは中国化の産物なのだから、**もともと儒教国家の統治理念と同じたぐい**、今すぐ実現しないのはあたりまえ、理想ってのはそんなものと鷹揚《おうよう》にかまえて、実際にはそこそこに安全保障策を講じておればよいのです――これはもともと、保守派でリアリストの論客だった高坂正堯《こうさかまさたか》氏なども事実上そう言っていたのですが（『海洋国家日本の構想』）、左右ともに江戸時代人の多い日本の論壇では、主流にならなかったようにみえます。

　前文に国際社会についての話があるのは変だ？　書いたのがアメリカ人だから気に入らない？　そんなこと、どうだっていいじゃありませんか。だって**人類普遍の教え**なんだから、どこの国に向けて誰が書こうと正しいものは正しい。儒教社会の近世中国にあなたが生きていたら、孔子の出自は何民族か、なんて気にしますか？　満洲族に朱子学を「盗られた」だなんて思ってどうします？　もちろんその理想は全然実現には遠いわけですが、そんなのはまだ夷狄《いてき》どもがまつろわぬゆえと考えて、泰然自若《たいぜんじじゃく》としておればよいのです。

そしてここに、中国化する世界、および隣国としての中国と日本がつきあう際のヒントもあるように思います。せっかく、儒教並みに現実離れしているけれども妙に高邁でスケールの大きな憲法を持っているのだから、この際それを「ジャパニズム」の核にすればいい。独立宣言やゲティスバーグの演説が「アメリカニズム」のコアにあるのと同じです。

要はその理念を使って、中国やアメリカと自国の文明の普遍性を競いあえばいいわけです。「世界の移民が向かう先は、アメリカでも中国でもなく日本だ！」というのを、「愛国心」の基礎におけばいい。――にもかかわらず現在は、国際ニュースの話題でようやく久しぶりに現れた「日本贔屓《びいき》の欧米人」が、なんとノルウェーの移民排斥テロリストだったなどという笑えない現状（2011年7月22日、オスロ・ウトヤ島連続テロ。逮捕された容疑者が理想の国として、移民規制の強い日本を挙げた）。いくらなんでも、淋しすぎるとは思いませんか？

どうせグローバル化した世界が中国みたいな状態なら、その中で**日本が中華になる**ことを考えればいいのではないでしょうか。もちろん、理想を文字通りにとり過ぎて現実がお留守になることなしに。

そしてそれは、日本の戦略的好機であるだけではありません。実は同じことこそが同時に、やがてはアメリカを凌駕《りょうが》するほどに超大国化するとまでいわれる、現在の中国の死角でもあるのです。

自身アメリカ人であるP・スタロビン氏は、中国が経済や軍事でアメリカを追い抜くことは可能、また西洋型の民主主義とは異なる「賢明な専制支配」が、今後は社会発展のモデルになることすらあり得る、とあっさり認めた上で、かような中国にとって真の覇権を築く上での最大のネックは、アメリカニズムに相当する普遍理念がないことだと指摘しています（『アメリカ帝国の衰亡』）。もちろん、共産化にともなって儒教を捨て、その共産主義も改革・開放で事実上放棄して、軍拡とお金儲けに狂奔しているからですね。

だとすれば、**その分をたまたま日本に残っている「中国的」な理念で補ってあげる**のが、本当の日中友好であり、また「中国化」する世界で日本のめざすべき進路ではないか。「憲法九条はアメリカの押しつけか」とかいう議論をぐだぐだやっているヒマがあったら、「いかにして憲法九条を中国に押しつけるか」を考えるのが、真の意味での憲法**改正**ではないか、と私は思います。

わが国の憲法の理念からして、こういうことはよろしくない。お宅もかつては儒教の国だったはずですが、その普遍主義は、道徳精神はどうしましたか。今や中華はわが国の方に移ったという理解でよろしいか——こういう競争の結果、たとえば東アジア共同体のビジョンはやはり中国ではなく日本の憲法をベースに、というシナリオがありえないものでしょうか。

その結果として、現憲法にある人権や議会制が中国にも入っていくなら、万々歳でしょう。それでこそ「東亜協同体」なり「大東亜共栄圏」なりの理念に、初めて現実が伴うことになるでしょう。

「中国化」が進む平成の日本のなかでも、しかし妙にこの理念の普遍性、政治の世界性という点でだけは逆行し、全体に日本人が萎縮《いしゅく》思考でみみっちくなっているような節があるのが、私は残念です。**そんなところだけしっかり江戸時代化してどうする**。

どうせ中国化するなら、こういう明るく前向きな中国化にしたいものだと思います。誇大妄想的で現実性がない？　中華思想なんだから、そんなことは気にしないでよいのです。それに、この地域の歴史を振り返ってみれば、必ずしも現実性がないこともないだろうと思います――『聖書』や『コーラン』の布教が半分くらいは剣とともにあったのに対して、『論語』はおおむね、文の力だけで広まったのですから。

おわりに　ポスト「3・11」の歴史観へ

変わらなかった課題と変えてゆく未来

いま本書の原稿を入稿するにあたって振り返るとき、つくづく２０１０年春から11年夏にかけての一年とは、史上稀《まれ》に見る激しい季節だったと痛感します。おそらく多くの日本人がそうであるように、いったいこの一年間の狂騒とはなんだったのだろう、その自責にも諦念にも近いような思いに憑《つ》かれながら、この後記を書いています。

２０１０年5月の大型連休の頃には、日本人にとってもっとも熱いテーマといえば米軍普天間基地の移設如何《いかん》だったのですが、その後、この国で人々の耳目を集める問題は、めまぐるしく変わりました。参院選で問われた消費税増税の可否、結果として再び生じた「ねじれ国会」、そこに発生した尖閣沖中国漁船衝突事件、青年将校よろしく「純粋な」憤りからビデオを流出させた海上保安官、土建行政との癒着が疑われた大物政治家の出処《しゅっしょ》進退、地方政治を舞台に繰り返された首長と議会の対立、そして、あの２０１１年3月11日の大震災と原発事故。

——おそらく、これからの私たちはしばらくのあいだ、長く深いトラウマの中でなによりもまず、この最後の問題に向き合い続けることになるのでしょう。しかし、だからといってそれ以前の問題が、消えてなくなったわけではありません。

本書の「はじめに」に、『２０１０年代』を迎える前後から1～2年間をかけて、『日本社会の終わり』が徐々に明らかになりつつあったのであり、『3・11』はそのことをあからさまにする、**最後の一撃**となったに過ぎない」と記したのは、そのことです。むしろあのような未曾有《みぞう》の天災の前後においても、私たちの社会が抱える問題の構図は、表層的には変化していても、その根幹においては変わっていないのだと思います。

なるほど、日本人が在日米軍に対して感じる親近感は、「辺野古《へのこ》へリポート反対」と「トモダチ作戦」のあいだで真逆になりました。しかし、沖縄という島嶼《とうしょ》に基地が偏在し、福島の沿岸部に原発が立地してきた理由は、同一のまま何も変わっていない。「中国に屈するな！」という「右寄り」のスローガンが、「原発即時全廃！」という「左巻き」な旗印に変わろうとも、合理的戦略よりも情動的倫理感情に突き動かされた群衆行動が放つ熱気と危うさは、やはり一貫しています。

この意味で、「震災前」から一貫して「中国化」という観点で、日本がなぜ行き詰まったのかを考えようとしてきた本書の試みは、「震災後」も決して無意味にはなっていないと思っています。否、むしろ「ポスト3・11」においてこそ、「長い江戸時代の終焉」という視点は、ますます重要になってくるものと判断しています。

あの巨大震災の後でも、ひとまずは自らの統治機構を信じて秩序整然と「城郭」への避難行動をとることのできた、戦国時代以来の日本人。物資が窮乏する中で、村ぐるみで助け合って地域の灯を守り続けようとした被災地の人々。それらにまつわる挿話を聞くと涙がこぼれます。

しかし一方で、被災地でもないのに「わが家に備蓄を」とばかりに買い占めに走る姿、放射能汚染が噂される事物や避難者を「この土地には来るな」として排除しようとする地域、そして縦《たて》割《わり》行政と前例踏襲《とうしゅう》、コンセンサス重視の組織慣行に阻《はば》まれて強いリーダーシップを取れない指導者。これらもまた（「郡県制」に対する）「封建遺制」、ないし**「長い江戸時代」という同じコインの表と裏**なのです。

そして、ついに多くの日本人が、政府の公式発表も選挙を通じた議会への信託をも信頼せず、むしろ統治者に対する道徳的糾弾《きゅうだん》と直接行動のみによって、やり場のない怒りを民意として表出しようとしているように見えます。それを、歴史上これまで何度も生じてきた**「中国化」の最後のリフレイン**として把握してはいけない理由は、私には見出せません。

この国の人々が生活の基盤を置いてきた地域という共同体が丸ごと飲み込まれてしまうような大津波の経験、さらに政府や企業の公的機構では行き届かないケアの不足の中で、ある意味で**日本人は初めて、中国のような社会で生きるとはどのようなことかを、理解しつつある**のかもしれません。そもそも、生活地域が丸々消滅してしまうような洪水・旱魃《かんばつ》・疫病等は、地形が比較的平板かつ大河の多い中国では古代から頻繁《ひんぱん》に起きたことで、だからこそ中国人は危機の時には「一箇所に家族で肩を寄せ合う」のではなく、「宗族のツテを辿ってバラバラに他の土地へ逃げる」選択をしてきました（上田信「危機状況下の同族集団」）。そして公的政府がほとんど生活の面倒を見てくれず、永続性のある企業共同体も乏しかったからこそ、いざという時は既存の制度や組織ではなく、個人でポンと寄付をしてくれるような「有徳者」のネットワークに望みを託してきた（ないし、託さざるを得なかった）。

そのような状況にまさに今、日本社会は入っていきつつあります。もともと行き詰まっていた「長い江戸時代」の崩壊が、不幸にも大地震という、悲惨な災害によって加速されたことで。

たとえば津波に生産手段のすべてを攫《さら》われてしまった沿岸部はもとより、原発事故による放射能汚染（および風評被害）が拡大する地域において、もはや江戸時代の職分制と同様の「公共事業や規制政策による**雇用維持を通じて**生活保障を代替する」やり方が、通用しないのは自明でしょう。ましてこれから「脱原発」を真剣に考えるのであれば、原発産業の撤退による地元経済の停滞、さらには電力コストの増大による日本全体の産業空洞化がもたらす雇用の減少も視野に入れつつ、いまこそ**「雇用に依存しない福祉」**を一から作っていかねばならない（赤坂憲雄・小熊英二・山内明美『「東北」再生』）。

しかし、これまで地域や職場ごとに結ばれてきた絆《きずな》を失ってもなお、私たちは生きていけるだろうか。あるいは中間集団なき流民と化した国民と、生活の手綱を一手に握る国家とが対峙した時、そこには日本史上かつてない専制権力が生まれはしないだろうか。

たとえばこういった問題を探るヒントを、かような状況の大先輩とも言える中国の歴史にも求めながら、われわれは模索を続けていかざるをえない。もはやそこに安易な希望はなく、ただただ陳腐で気の遠くなるような反復があるだけだとしても。

私たちが進歩しているという考え方は、端的にいって間違っていました。そして進歩すれば「正しい答え」が自ずと発見されて、なにひとつ悩む必要のない理想的な暮らしが実現するという想定は、徹底的に誤っていました。

私たちが生きていかなければならないのは、おそらくは**１０００年も前に「歴史の終わり」を迎えて変化の止まった中国のような世界**であり、そしてそのような社会にいかなる正負の側面があり、なにをなすことが可能でなにをやったら危険なのかを過去の事例から学ぶことこそ、いま歴史というものに求められている使命と確信します。

そして、それこそが自ずと、この国の復興のみでなく、隣国の人々との共生、さらには彼らが置かれている状況の改善にもつながってゆくものであると。

それこそ流民のごとく様々な版元のあいだでさまよい続けた本書の出版を受け入れて下さったのは、文藝春秋の細井秀雄氏であり、同氏をご紹介いただいたのは、１９９８年度に東大駒場の「中国語クラス」で机を並べて以来の畏友、坂本一馬氏でした。以来、幕末維新史の三谷博先生のゼミで明治期の沖縄問題に取り組みつつ、「満洲」研究者の安冨歩先生の主宰で『岩波講座日本通史』を古代から通読する中で、おぼろげながら見えてきた新しい「東アジアの中の日本史」を最初に講義することになったのは、現職着任後、２００８年４月からの一年度。

「中国が進んでるだなんてありえない」「まして日本が追い抜かれるはずはない」「待っていれば景気はよくなるから日本は大丈夫」「政権を変えれば政治もよくなるから日本は甦る」……教え始めた当初はまだまだ多かった、脱亜入欧の幻想が信じられていた時代の「古い歴史観」に固執する学生さんたちは、その後の時代の流れによって自ずと淘汰され、いまではむしろある種の緊張感を持って、「新しい歴史観」に足を踏み入れる姿が目立つようになりました。本書はこれらすべての人々に支えられた成果である旨、記して感謝申し上げます。

また、本書執筆にあたっては「『中国化』の観点からの日本近現代史の再構築：『集団』と『物語』を焦点に」（若手スタートアップ、２００８～09年度）と「『反・明治維新』感情の系譜学：同時代から今日に至る思想とメディア」（若手B、２０１０～13年度）の、ふたつの科学研究費補助金の支援を得ています。

特に後者の研究費は、「事業仕分け」の対象費目となる中での採用でした。記して感謝するとともに、本書が、しばしば一部のオタク向けのマニアックな雑学、ないしは平常時のお遊びであって危機の時代の有用性に乏しい虚学と勘違いされがちな歴史研究が、本当はこれからの国家国民の再建にとっていかに**必要**な学問であるかを、少しは証明することにつながってくれればと願っています。

末尾に、このたびの災害で落命された方々のご冥福を心よりお祈りしつつ。

２０１１年8月　著者識す

主要参考文献

著者自身が「中国化」について文語調（学術フォーマット）で書いた論考には、以下のものがあります。いずれも本書に組み入れていますが、そちらではより丁寧な注記の形で、もっと多数の元ネタの出典を表示していますので、ご関心のある方はぜひご参照下されば幸いです。なお、これらの論文に関しても、本書の「上級編」として一冊に集成したものの刊行を予定しています。

「中国化論序説　日本近現代史への一解釈」『愛知県立大学文学部論集』57号（日本文化学科編11号）、２００９
「中国化の季節　戦後思想文化史の一断章」黒川みどり編『近代日本の他者と向き合う』解放出版社、２０１０
「中国化する公共圏？　東アジア史から見た市民社会論」『法政研究』77巻1号（九州大学法学部）、２０１０
「再近世化する世界？　東アジア史から見た国際社会論」大賀哲・杉田米行編『国際社会の意義と限界』国際書院、２００８
「世界史からみた琉球処分　『近代』の定義をまじめに考える」村井章介・三谷博編『琉球からみた世界史』山川出版社、２０１１
「荒れ野の六十年　植民地統治の思想とアイデンティティ再定義の様相」苅部直ほか編『近代』（日本思想史講座4）ぺりかん社、２０１２春予定
「無縁論の空転　網野善彦はいかに誤読されたか」『東洋文化』89号（東京大学東洋文化研究所）、２００９
「書評：黒川みどり編著『〈眼差される者〉の近代』」『大原社会問題研究所雑誌』５９６号、２００８
「書評：陶徳民ほか編『東アジアにおける公益思想の変容』」『史学雑誌』１１９編８号、２０１０

以降は、本書の中で具体的に名前を出した文献のみの一覧です。増補版・文庫化や日本語訳などに関しては、できるかぎり最新の（入手しやすい）ものの書誌を掲載しています。また煩瑣《はんさ》を避けるため、副題や翻訳者名等を割愛していることをご了承ください。

はじめに

『歴史学研究』８２１・８２２号（特集：「近世化」を考える）、２００６
趙景達・須田努編『比較史的にみた近世日本』東京堂出版、２０１１

井川義次『宋学の西遷』人文書院、２００９
Ｅ・Ｌ・ジョーンズ『ヨーロッパの奇跡』名古屋大学出版会、２０００（原著１９８１）
田中明彦『ポスト・クライシスの世界』日本経済新聞出版社、２００９
榊原英資『ドル漂流』朝日新聞出版、２０１０

第1章

内藤湖南『東洋文化史』中公クラシックス、２００４
宮崎市定『科挙』中公新書、１９６３
橋本秀美『論語』岩波書店、２００９
井上進『中国出版文化史』名古屋大学出版会、２００２
小島毅『中国思想と宗教の奔流　宋朝』（中国の歴史７）講談社、２００５
――『義経の東アジア』トランスビュー、２０１０（原著２００５）
井上章一『日本に古代はあったのか』角川選書、２００８
佐藤進一『日本の中世国家』岩波現代文庫、２００７（原著１９８３）
桜井英治・中西聡編『流通経済史』（新体系日本史12）山川出版社、２００２
三谷博ほか編『大人のための近現代史　19世紀編』東京大学出版会、２００９
Ｆ・フクヤマ『歴史の終わり』三笠書房、２００５（原著１９９２）
――『アメリカの終わり』講談社、２００６（原著２００６）
藤原帰一『「正しい戦争」は本当にあるのか』ロッキング・オン、２００３
宮台真司・仲正昌樹『日常・共同体・アイロニー』双風舎、２００４
岡本隆司『中国「反日」の源流』講談社選書メチエ、２０１１
中根千枝『タテ社会の人間関係』講談社現代新書、１９６７

第2章

杉山正明『遊牧民から見た世界史』日経ビジネス人文庫、２００３（原著１９９７）
Ｊ・Ｌ・アブー＝ルゴド『ヨーロッパ覇権以前』岩波書店、２００１（原著１９８９）
岸本美緒ほか編『東アジア・東南アジア伝統社会の形成』（岩波講座世界歴史13）岩波書店、１９９８
上田信『海と帝国　明清時代』（中国の歴史９）講談社、２００５
羽田正『東インド会社とアジアの海』（興亡の世界史15）講談社、２００７
三浦徹ほか編『比較史のアジア』（イスラーム地域研究叢書４）東京大学出版会、２００４

平野聡『清帝国とチベット問題』名古屋大学出版会、２００４
高島俊男『中国の大盗賊　完全版』講談社現代新書、２００４
網野善彦『異形の王権』平凡社ライブラリー、１９９３（原著１９８６）
――『歴史と出会う』洋泉社新書、２０００
――・谷川道雄『交感する中世』洋泉社ＭＣ新書、２０１０（原著１９９８）
今谷明『室町の王権』中公新書、１９９０
小島毅『足利義満・消された日本国王』光文社新書、２００８
橋本雄『中華幻想』勉誠出版、２０１１
村井章介『中世日本の内と外』ちくまプリマーブックス、１９９９
――『海から見た戦国日本』ちくま新書、１９９７
山本七平『山本七平の日本の歴史』ビジネス社Ｂ選書、２００５
――（イザヤ・ベンダサン名義）『日本人と中国人』祥伝社ノンセレクト、２００５
高澤秀次『戦後日本の論点』ちくま新書、２００３

第3章

内藤湖南『日本文化史研究』講談社学術文庫、１９７６（原著１９２４）
渡辺京二『日本近世の起源』洋泉社新書、２０１１（原著２００４）
斎藤修『比較史の遠近法』ＮＴＴ出版、１９９７
速水融『歴史人口学で見た日本』文春新書、２００１
岩本通弥「都市化に伴う家族の変容」沢山美果子ほか『「家族」はどこへいく』青弓社ライブラリー、２００７
勝俣鎮夫『戦国時代論』岩波書店、１９９６
黒田基樹『百姓から見た戦国大名』ちくま新書、２００６
藤木久志『刀狩り』岩波新書、２００５
今谷明『信長と天皇』講談社学術文庫、２００２（原著１９９２）
山室恭子『中世のなかに生まれた近世』吉川弘文館、１９９１
――『黄金太閤』中公新書、１９９２
尾藤正英『江戸時代とはなにか』岩波現代文庫、２００６（原著１９９３）
水谷三公『江戸は夢か』ちくま学芸文庫、２００４（原著１９９２）
笠谷和比古『主君「押込」の構造』講談社学術文庫、２００６（原著１９８８）
渡辺浩『東アジアの王権と思想』東京大学出版会、１９９７
Ｊ・ジェイコブズ『市場の倫理　統治の倫理』日経ビジネス人文庫、２００３（原著１９９２）
星新一『きまぐれロボット』角川文庫、２００６（原著１９６６）

第4章

A・マクファーレン『イギリスと日本』新曜社、２００１（原著１９９７）
T・C・スミス『日本社会史における伝統と創造』ミネルヴァ書房、２００２（原著１９８８）
水谷三公「近代社会を育んだ『統治の作法』」『中央公論』１２２巻7号、２００７
渡辺京二『逝きし世の面影』平凡社ライブラリー、２００５（原著１９９８）
三谷博・山口輝臣『19世紀日本の歴史』放送大学教育振興会、２０００
渡辺浩『日本政治思想史』東京大学出版会、２０１０
小川和也『牧民の思想』平凡社選書、２００８
齋藤希史『漢文脈と近代日本』ＮＨＫブックス、２００７
兵藤裕己『太平記〈よみ〉の可能性』講談社学術文庫、２００５（原著１９９５）
安丸良夫『日本の近代化と民衆思想』平凡社ライブラリー、１９９９（原著１９７４）
須田努『「悪党」の一九世紀』青木書店、２００２
G・ハインゾーン『自爆する若者たち』新潮選書、２００８（原著２００３）
蒲島郁夫『戦後政治の軌跡』岩波書店、２００４
盛山和夫『年金問題の正しい考え方』中公新書、２００７
赤木智弘『若者を見殺しにする国』朝日文庫、２０１１（原著２００７）
八幡和郎『本当は恐ろしい江戸時代』ソフトバンク新書、２００９
木村光彦『北朝鮮の経済』創文社、１９９９

第5章

三谷博『明治維新を考える』有志舎、２００６
宮嶋博史「日本史認識のパラダイム転換のために」『思想』１０２９号（特集：「韓国併合」100年を問う）、２０１０
川勝平太『日本文明と近代西洋』ＮＨＫブックス、１９９１
山本茂実『あゝ野麦峠』角川文庫、１９７７（原著１９６８）
岩手県農村文化懇談会編『戦没農民兵士の手紙』岩波新書、１９６１
R・ルビンジャー『日本人のリテラシー』柏書房、２００８（原著２００７）
坂本多加雄『市場・道徳・秩序』ちくま学芸文庫、２００７（原著１９９１）
渡辺浩『近世日本社会と宋学』東京大学出版会、２０１０（原著１９８５）
小島毅『近代日本の陽明学』講談社選書メチエ、２００６
――『靖国史観』ちくま新書、２００７
牧原憲夫『民権と憲法』（日本近現代史2）岩波新書、２００６

瀧井一博『文明史のなかの明治憲法』講談社選書メチエ、２００３
飯尾潤『日本の統治構造』中公新書、２００７
坂野潤治『近代日本政治史』岩波書店、２００６
――・田原総一朗『大日本帝国の民主主義』小学館、２００６
季武嘉也『選挙違反の歴史』吉川弘文館（歴史文化ライブラリー）、２００７
水谷三公『官僚の風貌』（日本の近代13）中央公論新社、１９９９
入江昭『日本の外交』中公新書、１９６６
安冨歩・本條晴一郎『ハラスメントは連鎖する』光文社新書、２００７

第6章

Ｅ・ホブズボーム『20世紀の歴史』三省堂、１９９６（原著１９９４）
猪木武徳『戦後世界経済史』中公新書、２００９
Ｊ・Ｍ・ケインズ『雇用・利子および貨幣の一般理論』岩波文庫、２００８（原著１９３６）
Ｆ・Ａ・ハイエク『隷従への道』東京創元社、１９９２／『隷属への道』春秋社、２００８（原著１９４４）
池田信夫『ハイエク』ＰＨＰ新書、２００８
Ｈ・アレント『全体主義の起原２　帝国主義』みすず書房、１９８１（原著１９５１）
仲正昌樹『日本とドイツ　二つの全体主義』光文社新書、２００６
有馬学『帝国の昭和』（日本の歴史23）講談社学術文庫、２０１０（原著２００２）
渡辺京二『北一輝』ちくま学芸文庫、２００７（原著１９７８）
原彬久『岸信介』岩波新書、１９９５
保阪正康『五・一五事件』中公文庫、２００９（原著１９７４）
三輪泰史『日本ファシズムと労働運動』校倉書房、１９８８
野村正實『日本的雇用慣行』ミネルヴァ書房、２００７
川東英子「日本的労使関係の源流」三宅義子編『日本社会とジェンダー』（現代の経済・社会とジェンダー３）明石書店、２００１
坂本佳鶴恵『〈家族〉イメージの誕生』新曜社、１９９７
湯沢雍彦・宮本みち子編『データで読む家族問題』ＮＨＫブックス、２００８（原著２００３）
岩本通弥「血縁幻想の病理」岩本通弥ほか編『混沌と生成』（都市民俗学へのいざない１）雄山閣、１９８９
野口悠紀雄『１９４０年体制』東洋経済新報社、２０１０（原著１９９５）
福間良明『「戦争体験」の戦後史』中公新書、２００９
沢木耕太郎『テロルの決算』文春文庫、２００８（原著１９７８）

藤原正彦『国家の品格』新潮新書、２００５
西尾幹二『国民の歴史』文春文庫、２００９（原著１９９９）
切通理作『宮崎駿の〈世界〉』ちくま文庫、２００８（原著２００１）

第7章

安冨歩『複雑さを生きる』岩波書店、２００６
――・深尾葉子編『「満洲」の成立』名古屋大学出版会、２００９
Ｇ・ドゥルーズ＆Ｆ・ガタリ『千のプラトー』河出文庫、２０１０（原著１９８０）
木谷勤『帝国主義と世界の一体化』山川出版社（世界史リブレット）、１９９７
服部龍二『東アジア国際環境の変動と日本外交』有斐閣、２００１
加藤陽子『それでも、日本人は「戦争」を選んだ』朝日出版社、２００９
吉田裕『アジア・太平洋戦争』（日本近現代史６）岩波新書、２００７
雨宮昭一『戦時戦後体制論』岩波書店、１９９７
米谷匡史『アジア／日本』岩波書店（思考のフロンティア）、２００６
増田弘『石橋湛山』中公新書、１９９５
岸本美緒・宮嶋博史『明清と李朝の時代』（世界の歴史12）中公文庫、２００８（原著１９９８）
水野直樹『創氏改名』岩波新書、２００８
――「朝鮮人の国外移住と日本帝国」杉原薫ほか編『移動と移民』（岩波講座世界歴史19）岩波書店、１９９９
本野英一「歴史の変奏としての東アジアの現在」貴志俊彦ほか編『「東アジア」の時代性』渓水社、２００５
小林英夫『日中戦争』講談社現代新書、２００７
菊池一隆『中国抗日軍事史』有志舎、２００９
笹川裕史・奥村哲『銃後の中国社会』岩波書店、２００７
前田哲男『戦略爆撃の思想』凱風社、２００６（原著１９８８）
佐野明子「漫画映画の時代」加藤幹郎編『映画学的想像力』人文書院、２００６
大塚英志・大澤信亮『「ジャパニメーション」はなぜ敗れるか』角川Ｏｎｅテーマ21、２００５
與那覇潤『帝国の残影』ＮＴＴ出版、２０１１

第8章

宮崎市定『アジア史論』中公クラシックス、２００２
関一敏「宗教とはなにか」『宗教とはなにか』（岩波講座宗教１）岩波書店、２００３
Ｂ・アンダーソン『想像の共同体』書籍工房早山、２００７（原著１９８３）
Ｊ・Ｓ・ナイ『国際紛争』有斐閣、２００３（原著１９９３）

J・L・ギャディス『ロング・ピース』芦書房、２００２（原著１９８７）
大嶽秀夫『再軍備とナショナリズム』講談社学術文庫、２００５（原著１９８８）
松本清張『日本の黒い霧』文春文庫、２００４（原著１９６０）
石川真澄・山口二郎『戦後政治史』岩波新書、２０１０（原著１９９５）
加藤秀治郎『日本の選挙』中公新書、２００３
小林英夫『満州と自民党』新潮新書、２００５
野中尚人『自民党政治の終わり』ちくま新書、２００８
坂野潤治「『日本の社会民主主義』敗者の栄光」『中央公論』１１５巻11号、２０００
中北浩爾『日本労働政治の国際関係史』岩波書店、２００８
増田悦佐『高度経済成長は復活できる』文春新書、２００４
宮本太郎『福祉政治』有斐閣、２００８
武田徹『私たちはこうして「原発大国」を選んだ』中公新書ラクレ、２０１１（原著２００２）
三島由紀夫『文化防衛論』ちくま文庫、２００６（原著１９６９）
N・ファーガソン「世界史に真の転機をもたらした『１９７９年』」『Newsweek』日本版11月18日号、２００９
D・ハーヴェイ『新自由主義』作品社、２００７（原著２００５）
野口悠紀雄『戦後日本経済史』新潮選書、２００８
武田晴人『仕事と日本人』ちくま新書、２００８
高原基彰『現代日本の転機』NHKブックス、２００９
E・ヴォーゲル『ジャパン・アズ・ナンバーワン』阪急コミュニケーションズ、２００４（原著１９７９）
E・サイード『オリエンタリズム』平凡社ライブラリー、１９９３（原著１９７８）
J-F・リオタール『ポスト・モダンの条件』書肆風の薔薇、１９８６（原著１９７９）
矢作俊彦・大友克洋『気分はもう戦争』アクション・コミックス、１９８２

第9章

船曳建夫『右であれ左であれ、わが祖国日本』PHP新書、２００７
竹中治堅『首相支配』中公新書、２００６
高瀬淳一『武器としての〈言葉政治〉』講談社選書メチエ、２００５
菅原琢『世論の曲解』光文社新書、２００９
浅羽通明『昭和三十年代主義』幻冬舎、２００８
大竹文雄『日本の不平等』日本経済新聞社、２００５
橘木俊詔『格差社会』岩波新書、２００６
湯浅誠『反貧困』岩波新書、２００８
小沢一郎『日本改造計画』講談社、１９９３

安倍晋三『美しい国へ』文春新書、２００６

K・マルクス『ルイ・ボナパルトのブリュメール18日』平凡社ライブラリー、２００８（原著１８５２）

第10章

村上淳一『近代法の形成』岩波全書、１９７９

山森亮『ベーシック・インカム入門』光文社新書、２００９

M・フリードマン『資本主義と自由』日経BP社、２００８（原著１９６２）

L・ショッパ『「最後の社会主義国」日本の苦闘』毎日新聞社、２００７（原著２００６）

山下一仁『「亡国農政」の終焉』ベスト新書、２００９

山本博文『江戸に学ぶ日本のかたち』NHKブックス、２００９

溝口雄三・池田知久・小島毅『中国思想史』東京大学出版会、２００７

岸本美緒『明清交替と江南社会』東京大学出版会、１９９９

園田茂人『不平等国家中国』中公新書、２００８

和田春樹『北朝鮮』岩波書店、１９９８

大泉啓一郎『老いてゆくアジア』中公新書、２００７

P・スタロビン『アメリカ帝国の衰亡』新潮社、２００９（原著２００９）

高坂正堯『海洋国家日本の構想』中公クラシックス、２００８（原著１９６５）

おわりに

赤坂憲雄・小熊英二・山内明美『「東北」再生』イースト・プレス、２０１１

上田信「危機状況下の同族集団」吉原和男ほか編『〈血縁〉の再構築』風響社、２０００

言及した映像作品一覧（公開年順）

J・フォード監督、R・レウェリン原作『わが谷は緑なりき』１９４１（正式の日本公開は１９５０）

万籟鳴・万古蟾監督『鐵扇公主』１９４１（邦題『西遊記鉄扇姫の巻』、日本公開１９４２）

瀬尾光世監督『桃太郎の海鷲』１９４３

黒澤明監督『一番美しく』１９４４

阿部豊監督『あの旗を撃て』１９４４

今井正監督、石坂洋次郎原作『青い山脈』１９４９

溝口健二監督、上田秋成原作『雨月物語』１９５３

黒澤明監督『七人の侍』１９５４

溝口健二監督、吉川英治原作『新・平家物語』１９５５

今井正監督『米』１９５７

木下恵介監督、深沢七郎原作『楢山節考』１９５８
黒澤明監督『用心棒』１９６１
黒澤明監督、山本周五郎原作『椿三十郎』１９６２
小林正樹監督、滝口康彦原作『切腹』１９６２
今井正監督、南條範夫原作『武士道残酷物語』１９６３
Ｓ・レオーネ監督『荒野の用心棒』１９６４（日本公開１９６５）
深作欣二監督、飯干晃一原作『仁義なき戦い』１９７３
高畑勲演出、Ｊ・シュピリ原作『アルプスの少女ハイジ』ＴＶ放映１９７４
テレビ朝日製作『暴れん坊将軍』ＴＶ放映１９７８～２００２
長谷川和彦監督『太陽を盗んだ男』１９７９
富野喜幸総監督・原作『機動戦士ガンダム』ＴＶ放映１９７９～８０
今村昌平監督『ええじゃないか』１９８１
今村昌平監督、深沢七郎原作『楢山節考』１９８３
宮崎駿監督・原作『風の谷のナウシカ』１９８４
宮崎駿監督『天空の城ラピュタ』１９８６
庵野秀明総監督『新世紀エヴァンゲリオン』ＴＶ放映１９９５～１９９６
宮崎駿監督『もののけ姫』１９９７
神山征二郎監督『郡上一揆』２０００
篠田正浩監督・原作『スパイ・ゾルゲ』２００３
神山征二郎監督『草の乱』２００４
押井守監督『イノセンス』２００４
山崎貴監督、西岸良平原作『ＡＬＷＡＹＳ　三丁目の夕日』２００５
Ｊ・キャメロン監督『アバター』２００９（日本公開同年）
ＮＨＫ製作、司馬遼太郎原作『坂の上の雲』ＴＶ放映２００９～２０１１
三池崇史監督、滝口康彦原作『一命』２０１１

史	ヨーロッパ史／世界史	
「江戸時代化」的要素	「中国化」的要素	「江戸時代化」的要素
	622 ヒジュラ（マホメットの聖遷、イスラームによる「宗教改革」）	
1185 壇ノ浦で平氏滅亡 源頼朝、守護・地頭を設置 （鎌倉幕府成立）		
1274 1281 元寇		
反中国化」の抗争時代】		
【日本的近世の形成】		
1467 応仁の乱	1517 ルター『95ヶ条の論題』 （プロテスタントの宗教改革）	
1508 大内義興入京、 後柏原天皇を無答責に （象徴天皇制の起源）	1545 スペイン、ボリビアでポトシ銀山開発	
1580 石山戦争終結、正親町天皇の和平斡旋で織田信長が勝利		
1603 徳川家康、江戸幕府開府		1648 ウェストファリア条約（三十年戦争終わる、主権国家体制の起源）
1754 郡上一揆始まる（日本的百姓一揆）	【西洋近代の形成】	
	1789 フランス革命	
	1853 ペリー、日本に開国要求	
「西洋的近代化」への圧力		1867 マルクス『資本論』第１巻 （社会主義運動の本格化）
【「再江戸時代化」としての日本近代】		
1884 秩父事件（中国化政策への反乱）		
1889 大日本帝国憲法発布		
1890 帝国議会開設		【「江戸時代化」する世界】
1900 山縣有朋、中選挙区制 （名目上は大選挙区制）導入 伊藤博文、立憲政友会結党		1914 第一次世界大戦勃発 （総力戦体制の成立）

「中国化する日本」関連年表（I）

中国史／東アジア史		日本
「中国化」的要素	「江戸時代化」的要素	「中国化」的要素
【中国的近世の成立】		
960 宋朝成立		
1069 王安石、青苗法実施		1086 白河上皇、院政開始
1130 朱熹（朱子学の祖）誕生		1173 平清盛、大輪田泊（神戸）を改修、日宋貿易本格化
銅銭流入による「中国化」圧力		
1277 元朝、国内での銅銭使用を禁止（紙幣専用政策）		
	【中国史上の例外時代①】	【日本中世＝「中国化」と
	1368 朱元璋（洪武帝）、明朝建国	1333 鎌倉幕府滅亡 後醍醐天皇、建武新政開始
1392 李成桂、朝鮮王朝建国	1381 里甲制始まる（賦役黄冊の作成）	1392 足利義満、南北朝統一
1405 永楽帝、鄭和を第一次航海に派遣		1404 勘合貿易開始
1472 王陽明（陽明学の祖）誕生		
		1533 石見銀山、灰吹法導入
「銀の大行進」による相互作用		
		1592 豊臣秀吉、第一次朝鮮出兵（環日本海統一構想）
1644 満洲族の清朝、北京入城		
1729 雍正帝『大義覚迷録』		
		【「中国化」としての日本近代】
		1790 松平定信、寛政異学の禁（朱子学の採用）
	1860 英仏軍、一時北京占領（アロー戦争）	1866 武州一揆（中国的内乱起きる）
「西洋的近代化」への圧力		1868 明治維新始まる
		1871 廃藩置県（地方制度の郡県化）
	【「後進国」中国の時代】	1872 福沢諭吉『学問のすすめ』初編
		1873 地租改正（土地売買自由化）
		1876 秩禄処分（武士身分廃止とリストラ）
		1890 教育勅語発布（天皇の皇帝化）
	1894 日清戦争 1904 日露戦争	1894 高等文官任用試験開始（科挙の導入）

次ページへ続く

前ページから続く

史	ヨーロッパ史／世界史	
「江戸時代化」的要素	「中国化」的要素	「江戸時代化」的要素
	1789 フランス革命	
	1853 ペリー、日本に開国要求	
「西洋的近代化」への圧力		1867 マルクス『資本論』第1巻（社会主義運動の本格化）
「再江戸時代化」としての日本近代】		
1884 秩父事件（中国化政策への反乱）		
1889 大日本帝国憲法発布		
1890 帝国議会開設		【「江戸時代化」する世界】
1900 山縣有朋、中選挙区制（名目上は大選挙区制）導入 伊藤博文、立憲政友会結党		1914 第一次世界大戦勃発（総力戦体制の成立）
		1917 ロシア革命
1932 五・一五事件	「総力戦」への圧力	1933 ヒトラー政権成立 ローズヴェルト、米国大統領就任、ニューディール政策開始
1936 総選挙で社会大衆党躍進 二・二六事件		1936 ケインズ『雇用・利子および貨幣の一般理論』
		1937 ドイツ軍、ゲルニカ爆撃
による混乱時代①】		
1942 東條英機、翼賛選挙実施	1944 ハイエク『隷従への道』	
1945 ポツダム宣言受諾、敗戦		1945 英国労働党、単独政権獲得
1947 衆院選で社会党第一党、片山哲内閣成立		
1955 自由民主党結党、55年体制はじまる		
1967 美濃部亮吉、革新都知事に		
1972 田中角栄内閣発足	【「中国化」する世界】	
1973 「福祉元年」（年金拡充、高齢者医療無料化）	1973 チリでピノチェト将軍クーデター（新自由主義の開始） 第四次中東戦争、世界にオイルショック	
	1979 イラン・イスラーム革命 英国保守党、サッチャー政権成立 リオタール『ポスト・モダンの条件』	1979 ソ連、アフガニスタン侵攻 ヴォーゲル『ジャパン・アズ・ナンバーワン』
による混乱時代②】		
	1981 レーガン、米国大統領就任	
1989 参院選で社会党圧勝、自民党過半数割れへ（ねじれ国会の起源）	1989 東欧革命、冷戦体制終焉	
	1991 湾岸戦争	
1994 村山富市内閣（自社さ連立政権）発足、自民党が政権復帰	1992 フクヤマ『歴史の終わり』	
	2003 イラク戦争	
2009 衆院選で民主党圧勝、鳩山由紀夫内閣発足	2008 オバマ、黒人初の米国大統領就任（翌年にノーベル平和賞）	
	2011 中東革命	

「中国化する日本」関連年表（Ⅱ）

中国史／東アジア史		日本
「中国化」的要素	「江戸時代化」的要素	「中国化」的要素
		【「中国化」としての日本近代】
		1790 松平定信、寛政異学の禁（朱子学の採用）
	1860 英仏軍、一時北京占領（アロー戦争）	1866 武州一揆（中国的内乱起きる）
「西洋的近代化」への圧力		1868 明治維新始まる
		1871 廃藩置県（地方制度の郡県化）
	【「後進国」中国の時代】	1872 福沢諭吉『学問のすすめ』初編
		1873 地租改正（土地売買自由化）
		1876 秩禄処分（武士身分廃止とリストラ）
		1890 教育勅語発布（天皇の皇帝化）
	1894 日清戦争 1904 日露戦争	1894 高等文官任用試験開始（科挙の導入）
1911 辛亥革命	1910 韓国併合	
	1931 満洲事変	
	「江戸時代」輸出としての戦争／植民地支配	
	1937 日中戦争始まる	1937 近衛文麿、第一次組閣（ブレーン政治の始まり）
1938 中国空軍、「人道遠征」	1938 日本軍、重慶爆撃開始	【日中混合体制＝ブロン
		1941 太平洋戦争（大東亜戦争）開戦
	【中国史上の例外時代②】	
	1949 毛沢東、中華人民共和国建国 1950 朝鮮戦争開戦	1946 食糧メーデー、25万人動員 日本国憲法公布（翌年施行）
	1958 大躍進政策開始	
	1966 文化大革命開始	
【「中国の台頭」の時代】		
1976 毛沢東死去、文化大革命終わる		
		グローバル化による共鳴作用
1978 鄧小平、「改革開放」開始		
		【日中混合体制＝ブロン
		1982 中曽根康弘内閣発足
1989 天安門事件		1987 国鉄（JR）民営化
		1993 細川護熙内閣（非自民連立政権）発足
		1994 細川内閣、衆議院に小選挙区制を導入（選挙制度の郡県化）
		2001 小泉純一郎内閣発足
		2005 「郵政解散」で小泉自民党圧勝
2010 劉暁波、ノーベル平和賞		
		2011 東日本大震災

索　引

與那覇 潤（よなは・じゅん）

1979（昭和54）年生。東京大学教養学部超域文化科学科卒。同大学院総合文化研究科地域文化研究専攻博士課程単位取得満期退学、博士（学術）。日本学術振興会特別研究員等を経て、現在、愛知県立大学日本文化学部歴史文化学科准教授。専攻は日本近現代史。東アジア世界に視野を開きつつ、フィクションという形に結晶した経験をも素材とした、歴史学の新しい語り口を模索している。

著書に『翻訳の政治学――近代東アジア世界の形成と日琉関係の変容』（岩波書店、2009）、『帝国の残影――兵士・小津安二郎の昭和史』（NTT出版、2011）。

中国化《ちゅうごくか》する日本《にほん》　日中《にっちゅう》「文明《ぶんめい》の衝突《しょうとつ》」一千年史《いっせんねんし》

2011年11月20日　第一刷発行
2012年3月1日　第五刷発行

著者　與那覇《よなは》 潤《じゅん》
発行者　細井秀雄
発行所　株式会社文藝春秋
〒102-8008 東京都千代田区紀尾井町3-23
電話　03-3265-1211（代表）

印刷所　理想社（本文）
大日本印刷（カバー・帯）
製本所　加藤製本

 ISBN 978-4-16-374690-6